병원목회와 치유

병원목회와 **치유**

김영림 지음

코람데오

병원목회 사역에 구체적 도움 되기를!

'병원목회와 일반목회는 무엇이 다른가?'

필자는 박사학위 심사를 받을 당시 심사위원으로부터 이 같은 질문을 받고 그 후부터 병원목회에 대해 더 깊이 생각하게 되었다.

실천신학 측면에서 보면 병원목회와 일반목회는 그다지 차이가 없으나 기능적인 측면에서 보면 차이가 있다. 일반목회는 교회라는 영역 안에서 장소에 구애받지 않고 목회할 수 있지만, 병원목회는 기독병원이라고 할지라도 교회가 아니기 때문에 사역이 자유롭다고 단정할 수 없다.

일반목회가 장소 외에 인적·물적인 것에 구애받지 않는 반면, 병원목회는 이 세 가지 조건이 모두 확보되어 있지 않은 경우가 많다. 그러나 병원목회는 병원에 있는 모든 환자들이 전도 대상이기 때문에 '황금어장'이라 할만하다. 이미 현대목회는 교회에서만 이루어지는 것이 아니라 병원, 군대, 학교, 회사, 야외 등 어디든지 장소에 구애받지 않고 이루어지고 있다. 예수께서도 장소에 구애받지 않고 복음을 전파하셨으며, 예루살렘 교회도 최초에 노방전도에서 시작되었다. 베드로 사도와 스데반 집사도 거리에서 복음을 전파하며 하루에 3천 명 이상 전도하였다.

병원목회가 일반목회와 근본적으로 다른 점이 있다면, 목회 장소와 그 대상에 있다. 우리나라 병원목회의 태동은 의료 선교사들에 의해 시작되었다. 1920년대는 미국 사회가 개혁과 변혁을 위한 열풍에 몸살을 앓고 있던 시기로, 전통적인 신학 교육에도 변화의 바람이 불기 시작하였다. 당시 몇몇 의사들은 신학교 교육의 문제점을 지적하였다. 신학 교육만으로 환자들에게 도움을 주는 데 한계가 있다고 보았고, 그 결과 신학교를 졸업한 이들이 병원에서 훈련할 수 있도록 그 기회를 제공하기에 이르렀다. 그 출발점이 오늘날의 '임상목회교육'(CPE)이다.

병원목회이든 임상목회이든 사역 현장은 병원이며, 그 대상은 환자 집단과 그 가족, 병원 경영자를 포함한 의료진과 병원 구성원이다. 또한 병원목회의 대상은 교인과 비교인이 혼재되어 있을 뿐만 아니라 종교와 민족을 초월한 만남이 수시로 이루어진다. 이와 같이 병원목회는 교파를 초월하며 모든 이들에게 열려 있는 목회이다.

오늘날 한국교회는 비교인과 타종교인들로부터 엄청난 도전을 받고 있다. 교회는 정부와 지방자치단체 등이 할 수 없는 일들을 담당하면서도 직·간접적으로 매스컴의 공격 대상이 되고 있고, 교회의 성장마저 정체되고 있다. 이유는 시대적 환경 변화에 따른 복합적인 요인들이 있겠지만, 교회만큼 세상에서 빛과 소금의 역할을 해온 공동체가 없으나 이제 교회가 더 이상 사회의 기대치에 미치지 못하니 비판을 받는 것이다. 이미 우리나라 초대형 교회는 동남아시아를 비롯한 아프리카, 남미 등에 의료 봉사와 선교 활동을 통해 끼치는 영향력이 매우 크다. 그러나 많은 교회들이 개교회의 성장주의와 독자적인 선교 활동에 치중함으로써 상대적으로 국내 선교가 확장되지 못하고 정체되어 있다.

한국교회의 미래는, 독일의 노이슈반스타인 성(Schloss Neuschwanstein-백조의 성)처럼 그 위용만 자랑하다가 그 성을 건축한 루트비히 2세와 같이 종말을 고할 것인지, 아니면 1907년 평양 장대현교회에서 일어났던 '성령의 역사'가 다시 일어날 것인지 알 수 없다. 한국교회가 한일병합 조약과 6.25 전쟁에서 치렀던 고난과 순교가 결코 헛되지 않게 다시 일어서야 한다는 것은 자명하다. 그동안 한국교회는 '라오디아교회'처럼 물질적으로 부유하였으나 영적으로 부패하고 빈곤 상태에 이르렀다. 그로 말미암아 세상 사람들에게 돌팔매질을 당하고 있으며, 이에 편승해 믿음의 뿌리가 연약한 이들은 교회를 떠나기 시작하였다.

'한국교회의 회복을 위한 길은 무엇일까?' 무엇보다 잃은 양부터 찾는 운동이 일어나야 하고, 선교의 사각지대를 찾아 '빛과 소금'이 되어야 할 때이다. 한국교회의 위기도 환자가 병 고침을 받으려면 병원을 찾듯이, 교회 안에서 찾아야 하고 성령 운동도 다시 일어나야 한다. 지금까지 심혈을 기울여 오고 있는 해외 선교도 중요하고 북한 선교도 중요하지만, 대한민국 구석구석에 방치되어 있는 복음의 사각지대를 찾아 선교하는 일도 매우 시급하다.

　1960년대 한국교회 대부분은 가난하였지만 교인들은 믿음과 사랑, 성령이 충만하였다. 교회당 건물 안에 의자가 없는 교회도 많았고, 천막 교회의 바닥에 가마니를 깔고 눈물, 콧물 흘리면서 나라와 민족을 위해 기도하는 곳도 많았다. 이같이 기도하였던 신앙 선배들의 정신으로 돌아가야 한다. 그러한 교회들이 오늘날 대형 교회가 되었다. 한때 한국교회의 교인 수는 전 국민의 25퍼센트 이상이었으나 지금 한국교회는 영적으로 깊은 잠을 자고 있다. '고인 물이 썩는다.'는 속담이 현실이 되고 있다.

　한국교회는 선교 강국으로서의 저력을 인정받고 있다. 그럼에도 불구하고 '왜 병원목회는 안정되지 못할까?'라는 숙제를 안고 필자는

1981년부터 원목으로 사역해 왔다. 돌이켜 보면 모두 하나님의 은혜이다. 그래서 하나님 앞에 '빚진 자'로서, 병원목회의 미래를 위해 사역하는 원목으로서 지난 논문과 17년 동안 출신 대학에서 후배 양성을 위해 강의한 자료들을 정리하였다.

　막상 책으로 출판하려고 하니 매끄럽지 못한 부분들이 많지만, 『서울지구 원목협회 어제와 오늘』과 『사단법인 한국원목협회 50년사』를 편찬하였던 책임자로서 500여 명 한국원목협회 회원과 병원목회를 하고자 하는 목회자들에게 조금이라도 보탬이 되었으면 하는 염원에서 이 책을 발간하였다. 이 모든 영광을 하나님께 돌리며, 한국원목협회 사단법인 설립에 함께하셨던 발기인 목사님들(유기성, 정경진, 이석영, 장황호, 윤영일, 허홍구, 김무년, 손정자)과 성결대학교 전요섭 교수, 서인선 교수, 유진열 교수께 감사한다. 끝으로 이 책을 출판할 수 있도록 지원해 주신 코람데오 출판사 임병해 사장님께도 감사의 말씀을 드린다.

지은이 김 영 림

contents

contents

chapter 1

/

병원목회의 이해

병원목회는 예수 그리스도가 명령하신 사역이며,
환자와 그 구성원을 위한 전인적인 치유 사역이다.

chapter 1

병원목회의 이해

병원목회의 이해

1 / 왜 병원목회인가!

병원은 교회가 아니라 환자의 병을 치료하는 의료 시설이라는 점에서 원목의 역할과 병원목회의 기능이 제한되어 있는 장소이다. 교회 담임 목회자는 교인들의 신앙 교육과 양육에서 독립적이며 자율적인 권한을 갖고 있다. 그러나 환자들이 기독교인이라 할지라도 입원해 있는 한 각자의 주치의와 간호사의 보호 아래 있으므로 그들의 협력 없이는 원목 사역이 원활하게 이루어지지 않는다. 근래에는 과거에 비해 타종교를 믿는 병원 경영자들도 병원목회의 필요성을 인정하고 기독교인 환자의 신앙을 존중해 병원 사역에 협력하고 있다는 점이 매우 고무적이다.

병원목회는 의료 선교와 병원 선교라는 용어와 혼동되기도 하지만, 엄연히 구별된다. 병원목회는 원목이 병원에 입원한 환자와 그 보호자, 의료진과 병원 구성원을 대상으로 한다. '병원목회는 왜 필요한가?, 병원목회의 초점은 무엇인가?'에 대한 해답은 성경에서 찾아야 한다. 병원목회는 환자의 질병을 치료하기 위한 목회가 아니라 질병으로 고통당하는 환우들을 위한 영적 돌봄이며, 원목이 환자를 찾아가는 목회라는 점에서 임상목회인 동시에 전인적인 목회이다. 투병하는 교인들 중에는 과거 신앙생활을 중요하게 여기지 않고 이탈한 삶에 대한 죄가 얼마나 크고 무거운 것인가를 깨닫고 회개하는 이들도 있다. 하나님이 죄책감에 대한 고통과 두려움으로 숨어 있는 아담을 부르신 것처럼 원목을 통해 "나는 치료하는 여호와 하나님이라고 말씀하시며 하나님의 품으로 돌아오라."고 말씀하시고 있다 할 것이다. 병원목회는 예기치 않은 질병으로 말미암아 가족과 사회공동체에서 떠나 투병하는 이들을 찾아가는 목회요, 이들의 상처를 하나님의 인도하심으로 치유하는 목회이다.

병원목회의 기원은 "여호와 하나님이 아담을 부르시며 그에게 이르시되 네가 어디 있느냐 이르되 내가 동산에서 하나님의 소리를 듣고 내가 벗었으므로 두려워하여 숨었나이다."(창3:9-10)에서 찾을 수 있다. '벗었다'는 것은 이미 하나님의 창조적 질서를 이탈하였다는 것이며, 그 결과 질병으로 고통당하고 있다는 것으로 이해할 수 있다. 병원에 입원한 것이 하나님께서 부여하신 온전함이 파괴된 상태라고 본다면, 병원이라는 도피처를 찾아 숨어 있는 상태와 같다. 이들에게 필요한 것은 하나님의 부르심에 대한 응답이요, 하나님과의 관계를 새롭게 복원하는 것이다.

이스라엘 민족이 애굽에서 해방되고 가나안 복지에 들어가기까지 그들은 선민이 되기 위한 고된 훈련을 받아야만 하였다. 그 훈련은 하나님이 주신 것이 아니라 이스라엘 민족이 스스로 선택한 결과이다. 이스라엘 백성은 애굽에서의 노예생활을 청산하는 과정에서 살아계셔서 역사하시는 하나님의 놀라운 기적을 목격하였다.

하나님은 출애굽 과정에서 단번에 애굽 왕 바로와 그의 술사들을 제압하실 수 있으셨으나 열 가지 재앙을 차례대로 내리신다. 그것은 먼저 히브리 민족에게 '하나님이 어떤 분이신가'를 가르치시는 교육적 차원에서의 단계적인 가르침이었다.

하지만 히브리 민족은 처음부터 인간의 입장에서 하나님을 보았다. 그들은 열 가지 재앙을 목격하고도 홍해 앞에서 바로의 군대를 보고 두려움에 사로잡혀 모세를 향해 "애굽에 매장지가 없어서 당신이 우리를 이끌어 내어 이 광야에서 죽게 하느냐 어찌하여 당신이 우리를 애굽에서 이끌어 내어 우리에게 이같이 하느냐 우리가 애굽에서 당신에게 이른 말이 이것이 아니냐 이르기를 우리를 내버려 두라 우리가 애굽 사람을 섬길 것이라 하지 아니하더냐 애굽 사람을 섬기는 것이 광야에서 죽는 것보다 낫겠노라."(출14:11-12)고 원망하였다. 히브리 민족은 하나님으로부터 택함을 받았으나 하나님을 신뢰하기보다 애굽 바로 왕의 지배를 받는 것을 당연한 것으로 믿고 있었다.

또한 히브리 민족은 홍해를 건너므로 완전히 노예의 삶(죄악의 삶)을 청산하였음에도 불구하고 하나님의 은혜를 망각해 버렸다. 그들은 눈앞에 닥친 현실적인 어려움과 인간적인 욕망 때문에 하나님의 보호 아래 있는 것보다 애굽인의 노예로 살았던 생활을 그리워하였다. 히브리 민족은 하나님의 선택을 받은 민족이었으나 과거의 죄악을 청산하지 않으므로 말미암아 광야에서 40년 동안의 고난의 삶을 자초하였다.

영적인 의미에서 히브리 민족의 고난은 현대인이 겪고 있는 질병의 투병 과정과 유사하다. 히브리 민족 스스로 자신의 죄악으로 고난을 자초하였음에도 불구하고 그 고통의 책임을 하나님과 모세에게 전가하였던 것이다. 오늘날 현대인들은 자기에게 찾아오는 질병이 자신의 부주의와 무지로 인해 스스로 만들어 낸 병이며, 하나님이 주신 천부적인 건강을 남용한 결과라는 사실을 깨닫지 못하고 있다.

하나님이 창조하실 당시에 인간은 온전한 존재였다. 그러나 아담과 이브가 하나님의 명령에 불순종함으로써 그 온전함(wholeness)이 파괴되고 말았다. 그 결과 인간은 생로병사(生老病死)에 시달리며 사는 삶을 운명처럼 받아들이며 살아가고 있다.

애굽에서 해방된 히브리 민족은 광야에서 사흘 동안 물을 찾아 헤매다가 마라의 쓴 물을 생수로 확신하고 허겁지겁 마셨다. 그리고 복통이 일어나는 고통을 당하였다. 그럼에도 불구하고 그들은 그 책임을 모세에게 돌렸고, 모세가 하나님 앞에 절망 가운데 부르짖으며 기도하자 놀라운 기적이 일어났다. 하나님은 마라의 쓴 물이 생수로 변하는 것을 보여 주셨다. 하나님은 그들에게 "이르시되 너희가 너희 하나님 나 여호와의 말을 순종하고 내가 보기에 의를 행하며 내 계명에 귀를 기울이며 내 모든 규례를 지키면 내가 애굽 사람에게 내린 모든 질병 중 하나도 너희에게 내리지 아니하리니 나는 너희를 치료하는 여호와임이라."(출15:26)고 말씀하셨다. 나아가 '놋뱀 사건'(민21:4-9)을 통해서 인간에게 찾아오는 질병과 죽음은 하나님의 명령에 대한 불순종의 결과에서 비롯되었다는 것을 증명하고 계시다.

히브리 민족이 광야에서 겪은 고난이 하나님께서 주신 것이 아니라는 것을 알면서도 그들은 고통이 찾아올 때마다 자신의 죄를 망각하고 반복적으로 불평불만을 터트렸고 그때마다 모세는 하나님께 기도하였다. 이것은 인간이 죄에 길들어 있는 존재라는 것을 증명한다. 그럼에도 불구하고 하나님은 히브리 민족을 결코 포기하지 않으셨다. 그 이유는 하나님의 속성은 사랑과 용서이며, 하나님은 치유와 화해의 하나님이시기 때문이다.

이와 같은 관점에서 병원 사역은 질병으로 고통당하는 환자와 하나님과의 관계적 회복에 초점을 두고 있다. 에스겔은 "너희가 그 연약한 자를 강하게 아니하며 병든 자를 고치지 아니하며 상한 자를 싸매 주지 아니하며 쫓긴 자를 돌아오게 하지 아니하며 잃어버린 자를 찾지 아니하고 다만 포악으로 그것들을 다스렸도다."(겔34:4)라는 말씀에서 원목의 소명을 어디에 두어야 할지를 가르쳐 주고 있다. 병원 목회자는 연약한 자, 병든 자, 상한 자, 쫓기는 자, 소외된 자에게 깊은 관심을 가져야 함을 알려주고 있다. 예수께서도 자신의 사역을 통해 그 중요성을 강조하셨다. "내가 주릴 때에 너희가 먹을 것을 주지 아니하였고 목마를 때에 마시게 하지 아니하였고 나그네 되었을 때에 영접하지 아니하였고 헐벗었을 때에 옷 입히지 아니하였고 병들었을 때와 옥에 갇혔을 때에 돌보지 아니하였느니라 하시니."(마25:42-43)라고 하셨다.

병원목회는 질병으로 말미암아 고통받고 있는 이들을 위한 영혼 구원에 초점을 두고 있다. 예수님은 4복음서에서 치유의 핵심이 영혼 구원에 있다는 것을 선포하셨다. "건강한 자에게는 의사가 쓸 데 없고 병든 자에게라야 쓸 데 있느니라 너희는 가서 내가 긍휼을 원하고 제사를 원하지 아니하노라 하신 뜻이 무엇인지 배우라 나는 의인을 부르러 온 것이 아니요 죄인을 부르러 왔노라."(마9:12-13)고 하셨으며, 제자들에게도 병 고치는 능력과 권위를 위임하심으로써 복음을 전파하려고 하셨다. "예수께서 열두 제자를 불러 모으사 모든 귀신을 제어하며 병을 고치는 능력과 권위를 주시고 하나님의 나라를 전파하며 앓는 자를 고치게 하려고 내보내시며"(눅9:1-2), 또한 바울도 '병 고치는 은사'(고전9:9)를 강조하였고, 야고보도 "믿음의 기도는 병든 자를 구원하리니"(약5:15)라고 하였다. 이는 병 고침과 모든 은사는 영혼 구원에 초점을 두고 있다는 것을 말해 주는 것이다. 기독교에서의 치유는 영혼 구원을 위한 수단에 지나지 않는다.

21세기 현대 의학과 의료 기술은 눈부시게 발전하고 있으며, 제4차 산업혁명 시대를 앞두고 인공지능(AI, Artificial Intelligence)에 의한 빅 데이터(Big Data)로 말미암아 질병의 원인과 진단, 치료는 그 끝을 예측할 수 없을 만큼 발전할 것이다. 치매나 암도 발병하기 전에 유전자 검사로 질병의 근원을 차단하는 시대가 도래할 것이고, 지금까지 난치병으로 인식되었던 질환들도 완치가 가능하게 될 것이다. 이처럼 의학과 생명공학의 결합으로 인해 머지않아 인간의 질병이 정복될 날이 다가올 것이다. 그것은 '정밀의학을 통해 개별 환자에 대한 맞춤형 치료가 가능해진다.'는 의미이다.[1] 하지만 지구촌에는 기존의 질병보다 더 진화된 새로운 전염병과 불치병이 생겨날 것이고, 여전히 인간은 생로병사의 고통에서 벗어나지 못할 것이다. 생명공학의 발달에 따라 인간의 삶이 풍요로워지고 의술의 혜택으로 인간의 수명이 늘어난다 할지라도 인간은 모두 생물학적 죽음에 이르기까지 질병의 고통에서 자유로울 수 없다.

2/ 병원목회의 성경적 근거

인류 문명은 질병의 역사와 함께 발전되어 왔으나 그 근원은 성경에서 찾을 수 있다. 인류 문명의 발상지로 알려진 티그리스 강과 유프라테스 강 유역에서 형성된 최초의 국가는 메소포타미아이다. 당시 메소포타미아의 설형문자로 된 함무라비 법전에는 의술에 관한 처방도 기록되어 있다. 그러나 그보다 앞서 기록된 성경에는 질병에 관한 내용이 많다.

어쩌면 히브리 민족이 출애굽 당시에 머물렀던 '마라'가 최초의 병원이 아닐까 싶다. 히브리 민족이 탈진한 상태에서 '마라의 쓴 물'을 마시고 복통을 일으킨 것은 인간의 질병은 '하나님을 떠나서는 치유될 수 없다'는 사실을 입증하신 것이다(출15:22-24). 그 치유 방법을 보면, 하나님께서 모세에게 한 나무를 가리키시어 그가 꺾어 마라의 쓴 물에 던지자 마라의 쓴 물이 단물이 되었다. 하나님은 이 사건으로 인간의 질병의 근원과 치유의 처방(법도와 율례)의 중요성을 가르쳐 주셨고, '곧 하나님 자신이 인간의 질병을 치료하시는 분이심'(출15:25)을 선포하셨다. 하나님은 "너희에게는 머리털까지 다 세신 바 되었나니"(마10:30), "우리의 체질을 아시며 우리가 단지 먼지뿐임을 기억하심이로다."(시편103:14)라고 하시므로 인간의 모든 병과 병으로 인한 고통과 죽음에서 인간을 구원하시는 치유자이심을 가르쳐 주셨다. 또한 "내 영혼아 여호와를 송축하며 그의 모든 은택을 잊지 말지어다 그가 네 모든 죄악을 사하시며 네 모든 병을 고치시며"(시103:2-3)라고 말씀하셨다.

그럼에도 불구하고 히브리 민족은 하나님의 명령보다 자신들의 목마름을 중요하게 여겼고 그 결과, '마라의 쓴 물'이 질병의 원인이 된다는 것을 깨닫지 못하였다. 마치 여름철 횟집에 가서 오염된 어패류를 먹고 패혈증에 걸린 환자처럼 히브리 민족은 하나님의 인도하심보다 인간의 성급함과 결단 때문에 고통을 받게 되었으며, 불평과 불만의 죄를 짓게 되었다. 하나님은 마라의 쓴 물을 마시고 고통을 당하는 히브리 민족의 지도자인 모세에게 '한 나무'를 가리키시며 '마라'에 던지라고 처방하셨다. 그리고 '물이 달게 되었고 거기서 여호와께서 그들을 위하여 법도와 율례를 정하셨다.'(출15:25)

마라의 쓴 물이 단물로 변화하는 과정은 오늘날 환자가 의사를 찾아가서 처방을 받는 과정과 유사하다. 곧 '거기서'는 치유의 장소를 지칭하며, 그 장소는 영적으로 병원을 상징하고 있다. 광야에서 마실 수 없는 물을 무턱대고 성급하게 마시는 행동은 하나님께서 죄악에서 해방해 주신 은혜를 망각한 인간의 탐욕에서 비롯된 것이다. 그러나 하나님은 그들의 고통을 외면하지 않으시고 치유의 하나님으로서 '쓴 물'을 깨끗하게 정화해 주셨다. 곧 하나님께서 가리키신 나무를 마라의 쓴 물에 던졌을 때 마실 수 있는 물로 변화된 것이다. 쓴 물을 마셨던 히브리 민족은 다시 정화된 단물을 마시고 살아났다. 물은 약 중에 약이요, 인간의 몸은 90퍼센트가 물로 이루어져 있다는 사실로 미루어 볼 때 물은 인간의 생명을 유지하게 하며 질병을 치료하는 데 가장 중요한 요소 중 하나이다.

또한 예수께서 들려주신 '선한 사마리아인의 비유'에 등장하는 장소도 질병을 고치는 병원으로 묘사되고 있다. 한 유대인이 강도를 만나서 상해를 입고 위급한 상태에서 살려 달라고 소리치고 있을 때 그 옆을 지나가던 제사장과 레위인은 외면하였다. 그러나 사마리아인은 그 유대인에게 다가가 강도에게 다친 상처에 기름과 포도주를 부은 다음

싸매고 응급 처치함으로써 한 생명을 구하였다. 게다가 그를 방치하지 않고 주막으로 데리고 가서 주막 주인에게 도움을 요청해 안전하게 보살펴 주었다(눅10:25-37). '주막 주인'(πανδοχεî, innkeeper)이라는 말은 라틴어의 '손님'에 해당되는 host(바깥주인), hostess(안주인), hotel(집, 여관) 등에서 파생되어 오늘날 hospital(병원)이 되었다. 곧 병원은 상처를 입은 나그네를 치료하는 장소요, 상처가 나을 때까지 머물며 쉬는 안전한 공간을 의미한다.

하지만 오늘날 병원은 철저하게 경영 원리에 따라 운영될 뿐만 아니라 질병 치료에 초점을 맞추어 발전되어 왔다. 병원의 최첨단 의료 장비와 탁월한 의술이 전인적인 치유에 초점을 맞추어 운영되지 않는다는 것이다. 병원 경영을 위한 자본주의 원리까지 매도해서는 안 되지만 '선한 사마리아인'의 정신까지 포기해서는 안 된다. 해마다 부담이 가중되는 의료비는 소시민에게 무거운 짐으로 다가올 수밖에 없고, 병원이 영리를 추구하지 않는다고 할지라도 여전히 가난한 이들에게 병원의 문턱은 높으며, 입원비와 치료비를 걱정하며 살아야 한다.

앞에서도 말하였듯이, 메소포타미아는 에덴동산의 발원지인 티그리스와 유프라테스 두 강이 있는 고대 도시로, 이곳에서 설형문자로 된 의사의 처방전이 발견되었다. 메소포타미아 문명 이후 현대 의학이 발전되기까지 의술은 4천 년의 역사를 갖고 있다고 할 수 있다. 고대 이집트를 비롯한 문명사회에서 대부분 병을 고치는 의사는 수도사들이었고, 이들의 의술은 종교적인 행위에 지나지 않았다. 그 후 그리스와 로마 시대에 이르러 신전이 병원으로서의 기능을 담당하게 되었다. 희랍의 의사인 히포크라테스가 종교적 의술을 배격하고 질병의 진단법을 제시함으로써 종교적인 의술에서 벗어나 질병을 치료하는 의술로 발달하기 시작한 것이다.

대부분 초기의 병원들은 수도원이 운영하였으며, 수도사들은 구전으로 내려오는 전통적인 민간요법과 종교적인 의식에 의존해 병든 자들을 치료하였다. 수도원은 종교적인 시설이지만, 주로 먼 곳에서 온 순례자들이 머물다 가는 숙박 시설로 이용되었고 점차적으로 환자와 고아원을 위한 복지 시설로 활용되는 복합적인 기능을 갖게 되었다. 대부분 기독교 정신으로 운영되고 있었기 때문에 나병 환자, 지체장애인, 시각장애인, 노약자 등을 위한 시설이나 머무는 장소로 적합하였다.

13세기에 이르러서야 병원으로서의 기능을 갖추게 되었으며 민간요법과 접목해 질병 치료에 도움이 되는 약제 등을 개발하여 환자들을 치료하였다. 하지만 병원으로서의 기능을 발휘하기 시작한 것은 십자군 전쟁 때였다. 전쟁 중에 부상당한 병사들을 치료하는 과정에서 수술하는 방법을 터득하게 됨으로써 병을 고치는 의료 시설로 자리를 잡게 된 것이다. 14~15세기에 대부분의 병원들은 귀족 계급이 운영함으로써 일반 서민은 이용에 제한을 받았으나 점차적으로 병원이 서민층 환자에게도 개방되는 치유의 공동성을 갖게 되었다.

19세기에 이르러 병원은 질병 치료에 보다 과학적인 방법으로 접근하게 되었으며, 의사들을 양성하기 시작하였다. 나아가 기독교 단체에서 설립한 병원들은 의료 선교를 위한 프로그램에 따라 의료 선교사들을 파송하게 되었다.

20세기에 들어서자 의·과학의 발달과 함께 의학 교육도 체계화되었다. 특히 청교도 정신에 의해 세워진 미국의 병원들은 목회자들에게 선교의 장을 제공함으로써 임상목회가 병원목회로 발전하게 되었다.

　오늘날 미국의 병원들은 두 가지 측면에서 원목을 치료 팀원으로 인정하고 있다. 첫째는 환자의 질병은 영과 혼, 육체 사이에 밀접한 관계가 있다는 점에서 전인치유를 중시하기 때문이다. 환자의 질병을 치료하는 데 의학적 치료와 함께 목회자의 영적인 돌봄도 함께 필요하다는 것이다. 둘째는 병원이 환자의 영적 돌봄을 위해 원목 사역의 안정화를 위한 시스템을 제도화해야 할 필요성이 있기 때문이다.

　미국병원협회는 병원들이 환자의 치료를 완전하게 해야 한다는 사명을 인식하고 있었다. 협회는 환자들의 종교적 욕구의 중요성을 인식함에 따라 1959년 협회 활동을 위한 원목프로그램위원회를 창설하였다. 이 위원회는 1961년 『원목프로그램의 요지』라는 소책자를 간행해 배포하였다. 1964년 '원목프로그램위원회'는 전문적 수행을 위한 '심의회'로 위촉되었으며 1966년 '원목위원회'라고 명명되었다. 동 위원회는 병원 원목을 위한 성명서를 작성하였고 이것은 1967년 5월 미국병원협회 이사회에서 승인을 얻었다.[2]

　미국병원협회는 병원에서 원목이 입원 환자들을 영적으로 돌보는 것을 의료 팀 영역으로 인정하고 이를 지원하기 위해 '병원 원목을 위한 성명서'에 다음과 같이 명시하고 있다.[3]

　(가) 모든 환자들을 위해 병원과 관련된 건강관리 기관은 잘 교육된 원목이 있어야 한다. (나) 병원 행정가는 공식적인 훈련 과정에 원목의 역할에 대한 교육을 포함시킬 것을 권고해야 한다. (다) 병원 행정가는 환자의 완전한 관리에 영적인 자료를 포함시킬 것을 장려해야 한다. (라) 국가적인 차원이나 지역적인 차원에서 지역사회협의회나 학회에 정규

원목프로그램의 필요성을 제시해야 한다. (마) 환자들의 전인적인 돌봄을 증진시키기 위해 다른 조직체들과 협력해야 한다.

역사적으로 우리나라는 미국의 의료 선교사에 의해 서양 의학이 유입되었으며, 의과대학의 교육과 학제도 미국의과대학과 병원의 제도를 채택하고 있다. 그렇다면 우리나라도 미국의 병원에서처럼 환자 진료에 있어서도 원목을 의료 팀의 일원으로 인정하고 제도적으로 명문화해야 한다.

3 / 우리나라의 병원 선교

우리나라의 병원목회는 구미와 유럽처럼 제도화되어 있지 않으므로 병원 사역 또한 안정화되어 있지 않다. 병원 밖에서 바라보는 병원 선교와 병원 안에서 바라보는 원목 사역의 시각 차이는 매우 크다. 병원 밖에서 교회와 교인들의 시각은 병원에서의 선교 영역을 '의료 선교' 또는 '병원 선교'라고 명명한다. 그러나 병원에서 사역하는 원목의 입장에서는 '병원 선교'가 아니라 병원목회이다. 그 이유는 병원에서 사역하는 원목은 병원을 외래로 내원하는 환자를 비롯해, 특히 입원 환자와 그 주변인을 위한 예배와 전도, 심방과 상담, 성경 공부와 양육 등을 책임져야 하는 병원목회 전문인이기 때문이다.

우리나라 병원 선교의 씨앗은 알렌(Allen, Horace Newton, 1858~1932, 한국명 안연(安連)) 선교사에 의해 뿌려졌다고 볼 수 있다. 알렌은 미국 오하이오 주 델라웨어에서 출생하였고, 1881년 오하이오 주 웨슬리안대학교 신학과를 졸업하였다. 그는 1883년에 옥스퍼드의 마이애미 의과대학을 졸업하고 의사 자격을 취득하였다. 그해 9월 미국 북장로교 선교부의 선교 의사로 당시 청나라의 상해에 도착해 1년 동안 의료 선교 활동을 하였으나 기대에 못 미치자 미국 선교부에 임지 변경을 요청하였다. 그 결과 조선으로 파송되었고 1884년 9월 14일 상해에서 출발해 9월 20일 인천 제물포항에 도착하였다. 알렌은 1885년 4월 부활절 아침에 인천 제물포항에 입도한 언더우드나 아펜젤러 선교사보다 6개월 정도 앞서 우리나라에 입국하였다. 당시에는 1839년(현종5년)에 일어난 제2차 천주교 박해사건 등의 후유증으로 서양 종교가 들어오는 것을 불허하고 있었기 때문에 알렌은 선교사의 신분이 아닌 미국공사관 소속 의사로 입국하였다.

알렌은 처음 우리나라에 서양 의학을 소개한 역사적인 인물이다. 그는 한국에 입국한 후 두 달 동안 의료와 선교 활동이 자유롭지 못하였다. 그러나 그해 12월 4일 갑신정변이 일어나 개화파 탄압의 주역이었던 민영익이 자객의 칼에 맞아 심한 중상을 입었고 당시 14명의 한의사가 민영익을 치료하였음에도 호전되지 않자 결국 서양 의사인 알렌을 찾게 되었다. 민영익은 3개월 동안 알렌의 정성어린 치료로 완쾌되었다. 그 일로 그는 명성을 얻었을 뿐만 아니라 서양 의학의 진가도 인정받게 되었다.

1885년 2월 알렌은 왕실의 전의로 위촉되었으며, 미국공사관이 한국 내에 의료기관의 설립을 요청함에 따라 고종이 이를 허락하게 된다. 이로써 4월 10일 서울 재동(개화파 홍영식 저택, 역적 집안으로 폐가 상태로 방치되어 있었다. 현 헌법재판소)에 최초로 서양식 병원인 광혜원(廣惠院, 널리 혜택을 주는 집, 사람들을 구제하는 집)이 개원하였으나 2주 만에 조선정부는 의료 시혜 정책을 널리 백성에게 알리기 위한 목적으로 명칭을 광혜원에서 제중원(濟衆院, 많은 사람을 도와준다.)으로 변경하였다. 1885년 4월 10일 알렌의 일기에 "어제 개원하였는데 첫날 환자 수는 20명이었고, 그중 절단 수술할 환자는 세 명이다. 하지만 그들은 아직까지 절단 수술을 거부하고 있다."라고 한 것으로 보아 4월 9일에 진료가 시작되었을 것이다.[4] 그 후 환자들이 날로 증가하고 넓은 장소가 필요해지자 1887년 제중원은 구리개(을지로 1가) 지역으로 이전하였다. 초대원장인 알렌은 제중원이 궤도에 오르자 처음의 생각대로 조선인을 위한 의학교를 설립하고 우여곡절 끝에 1886년 3월 29일 16명의 의과생도를 선발해 의학교를 개교하였다(1908년 7명의 졸업생 배출).

그해 9월 알렌이 주미 한국공사관 서기관으로 부임함에 따라 제중원 2대 원장으로 미국 북장로교 의료 선교사인 존 헤론(John W. Heron)이 부임하였다. 헤론은 한국의 의료 선교에 깊은 관심을 갖고 있었으나 안타깝게도 1890년 급사하고 말았다. 3대 원장으로 부임한 빈턴(C. C. Vinton)은 의료 선교보다 복음전도에 주력하였으며, 조선정부의 간섭으로 제중원의 문을 닫기도 하는 파행을 거듭하면서 3년의 임기를 마친 후 귀국해 버렸다.

1893년 4대 원장으로 캐나다 토론토 의과대학 교수이자 감리교 선교사였던 올리버 애비슨(Oliver R. Avison, 1860~1956)이 취임함에 따라 우리나라의 의료 선교가 빛을 발하기 시작하였다. 그는 한국에 오기 전 캐나다 토론토대학으로부터 교수직을 제안받았으나 이를 마다하고 제중원 원장으로 부임해 40년 동안 우리나라의 의료사업과 의학 교육에 헌신하였다. 하지만 제중원은 청일전쟁 이후 제중원의 운영을 둘러싼 분쟁으로 1905년 조선정부에 환원되었다. 그동안 미국 북장로교에 의해 운영되고 있던 제중원이 사라진 것이다.[5] 당시 애비슨 원장은 연희학교 교장을 겸임하고 있었다. 그는 미국의 자선사업가인 루이스 세브란스(Louis H. Severance)로부터 거액을 기부받아 1904년 서울역 앞(현 연세대학교 세브란스빌딩 검진진료센터)에 새 병원을 건축하였다. 이것은 '한국 의학 교육의 선구'로서 연희의학교에서 연세대학교로 발전해 나가는 데 크나큰 초석이 되었다.

제중원을 세운 알렌을 비롯한 헤론, 빈턴, 애비슨 선교사는 예수 그리스도를 모르는 한국인에게 오로지 복음을 전파하고자 하는 선교 목적으로 제중원 원장에 부임하였다. 그들은 서양 의술로 그동안 전통적인 한방치료와 민간요법에 의존하였던 환자들을 치료하는 동시에 의학도를 양성하기 위한 의학 교육에 전념하였으며 복음전파에도 열정을 쏟았다. 그들이 뿌린 복음의 씨앗과 선교와 의료 정신은 결코 헛되지 않았다. 교회와 학교, 병원이 주축이 되어 우리나라 근대 교육과 서양 의학이 발전하는 데 크나큰 기여를 하였다고 평가할 수 있기 때문이다.

특히 알렌이 미국 주재 조선 선교공사관의 외교관(1887~1889)으로 있으면서 조선정부와 미국 북장로교 사이에서 제중원 운영에 관한 분쟁을 조정하는 등 조선정부와 미국정부의 가교 역할을 한 것과 제중원의 설립과 운영, 고종의 주치의로서의 역할 수행 또한 과소평가할 수 없다. 제중원 개원 이후 1886년부터 1900년에 이르기까지 약 15년 동안 미국의 남·북 장로교, 남·북 감리교, 영국 성공회, 호주와 캐나다 등에서 파송된 의료 선교사는 전국 도시에 19개 병원을 세우고 환자들을 진료하면서 복음을 전파하였다. 의료 선교사가 환자 진료를 위해 병원을 건립한 도시는 서울, 인천, 개성, 공주, 청주, 광주, 목포, 군산, 전주, 부산, 진주, 대구, 안동, 춘천, 해주, 재령, 평양, 선천, 강계, 원산, 함흥, 성진, 화령 등이다. 1900년 이후 의료 선교사가 진료를 하다가 문을 닫은 의료기관까지 합친다면 선교사에 의해 운영되었던 의료기관은 총 29개이다.

또한 제중원과 별개로 기억해야 하는 의료 선교사로는 윌리엄 벤턴 스크랜턴(William Benton Scranton, 1856~1922)이 있다. 그는 한국에 처음 부임하였을 때 알렌 선교사와 함께 제중원에서 잠시 환자를 진료하다가 1885년 9월 10일 서울 정동에 민간인을 위한 '미국의사진료소'를 세우고, 주로 가난한 사람들을 대상으로 진료하였다. 이에 고종 황제는 '시병원'이란 이름을 지어주었다고 한다.[6] 스크랜턴은 기독교에 대한 조선정부의 인식과 국민들의 잘못된 편견을 없애거나 바로잡는 데 이바지하였고, 나아가 기독교의 복음을 전할 수 있는 기반을 마련하였다. 특히 가난한 자들에게 관심이 많아 무료로 진료하였기에 민중계층이 기독교를 접하는 좋은 계기가 되었다. 이로 인해 그는 자신의 독자적인 선교 영역을 확보할 수 있었다.[7] 스크랜턴은 의료사업의 중요성을 다음과 같이 강조하였다.

"의료 선교는 한국의 선교 활동에서 부차적인 것이 아닙니다. 실제로 한국 선교의 역사는 의료 선교와 함께 시작되었습니다. 의료 선교는 앞으로도 오랫동안 중요한 요소가 될 것입니다. 의료 선교는 이 나라를 얻었고 지금도 널리 그 씨를 뿌리고 있습니다. 최소로 말한다 하더라도 이것은 다른 분야 이상의 일을 해왔으며, 더 나아가 다른 나라와의 관계나 선교 활동에서는 더욱 그러합니다. 오래지 않아 의료 선교는 이 땅의 이 끝에서 저 끝까지를 아우를 것이며, 외국인에 대한 토착인의 편견을 깨뜨리는 원동력이 될 것입니다. 의료 선교는 현재 왕궁에서부터 오두막집에 이르기까지 영향을 미치고 있습니다. 의료 선교는 저들의 열등한 의료 기술 속으로 파고들어가고 있으며, 무엇보다 백성의 마음을 강하게 붙잡고 있습니다."[8]

병원 선교 활동은 1894년 9월 애비슨이 제중원의 책임을 맡고 제중원이 미국 북장로교로 이관된 이후에 완전히 자유로워지게 되었다.[9] 연세의료원 자료에 따르면, 1901년 5월 제중원은 한국의 전도부인을 고용해 예배와 전도 사업을 돕게 하였으며, 그해 6월 1878년 만주에서 매킨타이어(J. MacIntyre) 목사와 로스(J. Ross) 목사에게 세례를 받고 복음서 번역에 참여하였던 서상륜(徐相崙, 1848~1926)[10]을 제중원의 전도사로 고용하였는데, 한국인으로서는 최초의 병원 전도자이다. 초기 의료 선교사에 의해 세워진 세브란스병원과 계명대학교동산의료원, 그리고 광주기독병원과 전주예수병원, 안동성소병원 등은 지금도 의료 선교사가 뿌린 의료 선교의 맥을 이어가고 있다.

조선의 개항 이후 일제 강점기까지 등장한 주요 병원들[11] *

서기	일본인 병원	선교 병원	관립의료기관	주요 사건
1876 ~ 1885	• 제생병원(濟生病院, 1877, 병원) • 일본관의원(日本館醫院, 1880, 서울) • 생생의원(生生醫院, 1880, 원산) • 일본의원(日本醫院, 1883, 인천)	개항 이전에 천주교와 관련된 보육원과 시약소(施藥所)에서 의료 서비스를 제공함	전통적 의료기관 : 내의원(內醫院), 전의원(典醫院), 혜민서(惠民暑)	• 1876 병자수호 조약 • 1882 임오군란 • 1884 갑신정변
1886 ~ 1900	• 체화의원(替化醫院, 1891) • 한성의원(漢城醫院, 1895) • 공립병원(共立病院, 1898, 목포)	• 광혜원(廣惠院, 1885, 한성) • 보구여관(保救女館, 1887, 한성) • 성누가병원(1890, 인천) • 성매튜병원(1891, 한성) • 연합기독병원(1892, 평양) • 성피터병원(1892, 한성) • 전킨메모리얼병원(1892, 부산) • 광혜여원(1894, 평양) • 레드메모리얼병원(1896, 평양) • 구세병원(1896, 원산) • 나환자수용소(1897, 부산) • 부인환자진료소(1897, 전주) • 제중원(1899, 대구)	콜레라 유행에 따른 피병원(避病院, 1895), 내부병원(內部病院, 1899)	• 1894 갑오경장 • 청일전쟁
1901 ~ 1910	• 한성의원(1905, 한성) • 동인의원(同仁醫院, 1906, 평양, 대구) • 용산 동인의원(1907) • 전국 각지의 동인회(同仁會) 관련 병원들	• 성병원(1901, 개성) • 미동병원(1901, 선천) • 제동병원(1902, 성진) • 패튼메모리얼병원(1904, 진주) • 세브란스병원(1904, 한성) • 제중원(1905, 광주) • 소민병원(1905, 청주) • 제혜병원(1908, 함흥) • 안식교순안병원(1908, 순안) • 성소병원(1909, 안동) • 케네디병원(1909, 강계) • 나환자진료소(1909, 광주) • 구세병원, 노턴병원(1910, 해주)	• 적십자병원(1905) • 대한의원(大韓醫院, 1907) • 순화원(順化院, 전염병 전문병원, 1909) • 자혜의원(1909, 전주, 청주/1910, 함흥)	• 1904 러일전쟁 • 1905 을사조약 • 1910 한일병합 조약

4 / 원목과 병원목회

원목의 기능은 개교회목회의 기능과 별반 차이가 없다고 말할 수 있지만, 병원 목회자라는 점에서 병원 조직과 진료 체계, 교인과 비교인이 혼재된 대상과의 관계성을 유지해야 하며, 원목 사역과 관련된 종교와 의학, 심리학, 상담학, 사회복지 분야에 대해 객관적인 지식과 더불어 협력할 수 있는 리더십을 갖추고 있어야 한다.

대학병원의 경우, 진료와 운영 체계가 세분화되어 있고 조직이 방대하며 구성원의 역할이 전문성을 띠지만 원목 사역도 단순하지는 않다. 특히 비기독교병원인 경우, 대부분 병원의 원목은 병원 구성원도 아니고 설사 원목실이 있다고 할지라도 병원의 한 부서로 인정하지 않으려는 인식이 강하다. 그 이유는 병원 경영에서 특정 종교에 대한 반감이 생길 우려가 있다는 선입견과 병원목회가 병원 경영에 그다지 도움을 주지 못할 것이라는 착각 때문이다. 원목은 병원 내에서 병원 구성원들의 의식 속에 이방인으로 잠재되어 있다. 그럼에도 불구하고 오늘날 어떤 병원은 원목이 병원 구성원은 아니지만 병원 발전과 경영을 위해 병원 구성원으로 활동해 주기를 요청하기도 한다. 예를 들면, 대학병원과 상급병원인 경우, 병원 내에 각종 위원회의 운영규칙에 따라 원목을 위원으로 위촉할 뿐만 아니라 환자의 종교적인 활동을 위해 병원 내에 시설을 제공하고 있다. 일부 사립병원에서는 순수하게 환자의 복음 사역 때문이 아니라 자원봉사자로 협력해 주거나 병원의 발전을 도모하기 위한 수단으로 환자 유치에 도움이 될까 하여 원목을 원하기도 한다. 하지만 원목은 어떠한 경우에도 성직자로서의 소명을 망각하거나 유보해서는 안 된다.

1) 병원 목회자로서의 원목

성경에서 목회(pastoral)라 함은 그의 백성들을 먹이시고 소생시키시고 의의 길로 인도하시는 하나님인 목자에 비유하고 있다(시편 23:1-6). 예수님은 자신을 '선한 목자'(요10:11)로 소개하고 계시며, 길 잃은 양을 찾기 위해 자신을 희생하시고 그들을 찾아 생명의 길로 인도하시는 목자로서의 모델이 되어 주셨다. 원목은 목자가 되신 예수 그리스도의 사랑을 본받아 질병으로 고통당하는 환자들을 섬기는 자로서 부름을 받은 자이다. 원목은 병과 싸우는 이들과 그 주변인들을 구원하기 위해서 사역 현장이 열악함에도 불구하고 그 상황 속으로 기꺼이 들어갈 수 있어야 한다. 병원목회 현장이 치유의 공동체가 될 수 있는 것은, 그곳이 질병만이 아니라 그들의 상처가 주의 사랑과 은혜로 치유함을 받을 수 있는 장소이기 때문이다. 따라서 원목은 그들의 고통 안으로 들어가 함께함으로써 그들이 고통을 무사히 통과해 나갈 수 있는 길을 제시할 수 있어야 한다. 원목은 "인간의 고통은 하나님이 함께하시면, 풀무불에서 금을 제련하는 것처럼 인격을 다듬어준다."[12]는 십자가의 도를 가르칠 수 있어야 한다. 병원 목회자로서의 원목의 사역은 세 가지로 요약될 수 있다.

첫째, 하나님과 그의 백성과의 언약의 틀 속에서 사역이 이루어져야 한다. 둘째, 예수 그리스도를 본받아 목자의 소명에 따라 사역이 이루어져야 한다. 셋째, 목회자이며 복음 전파자로서 사역이 이루어져야 한다.

흔히 의사는 환자를 치료하는 주치의로서 먼저 환자의 질병의 원인과 증상을 잘 살펴서 진단하고 환자가 입원해 있는 동안 수술과 재활,

약과 주사 등으로 병을 치료한다. 원목 역시 개개인 환자의 신앙적인 상태를 잘 살펴서 그들이 입원해 있는 동안 그들과 함께 예배를 드리며 기도와 상담, 성례전을 통해 영적인 돌봄에 집중한다.

목사라는 말은 목자(shepherd)에서 유래하였으며 '섬기는 자'(minister)라는 의미이다. 원목은 환자들이 질병으로 말미암아 직면하는 위기와 상실의 경험을 잘 극복할 수 있도록 환자와 보호자, 의료진들과 협력하며 섬기는 자이다. 환자가 입원해 있는 병상을 찾아가 그들을 하나님의 말씀으로 위로하고 그들과 대화하며 그 과정에서 그들의 지나온 신앙생활을 돌아보게 하고 하나님의 은혜 가운데 믿음으로 질병을 극복하게 하는 데 목적이 있다. 기독교인이 병원에 입원해 있다고 해서 신앙생활이 중단되는 것은 아니다. 예수 그리스도는 2천 년 전 세상에 오셨으나 아직 하나님 나라가 완성되지 않았다. '이미 그리고 아직' (already but not yet) 하나님 나라가 오기까지 신앙생활도 깨어 있어야 한다. 원목은 환자가 고통 속에 있어도 예수님의 사랑과 복음으로 그들을 영적으로 잠들지 않도록 깨우는 자이다. "하나님의 뜻이 땅에서도 이루어지기까지" 이 일은 지속되어야 한다. 그래서 원목은 병원에 입원해 있는 길 잃은 양을 찾아가 하나님의 뜻을 분별해 영혼이 구원받을 수 있도록 하는 전도자가 되어야 한다.

하지만 병원이 선교 활동이나 복음전파만을 위한 장소가 아니라 환자의 질병을 고치는 장소라는 점에서 의료진과 병원당국의 협력이 잘 이루어져야 한다. 기독병원이 아닌 경우, 원목 사역이 병원에서 정착되기까지는 넘어야 할 장애물이 아주 많다. 그만큼 병원 사역이 안정화되기까지는 많은 시간이 필요하다.

첫째, 원목은 병원의 특성을 잘 이해하고 있어야 하고, 병원 목회자로서의 역할을 수행할 수 있는 자질과 능력을 겸비하고 있어야 한다. 또한 병원 구성원들이 원목 사역에 대해 잘못 인식하고 있다면 원목은 관계적 리더십을 발휘해 협력을 구할 수 있어야 한다. 원목은 병원 운영자나 의료진과 보다 협력적인 관계에서 원활하게 소통해야 하며, 그들에게 원목 사역 프로그램에 동참할 수 있는 기회를 제공함으로써 원목 사역에 협력할 수 있도록 해야 한다. 예를 들면, 병원 내에 신우회가 조직되어 있다면 그들의 선교 훈련의 일환으로 의사와 간호사를 위한 병원목회(임상목회)교육을 실시할 수도 있고, 국내·외적 의료 선교 지원과 함께 환자를 위한 음악회 개최, 병원 직원들의 경조사 등에 참여하며, 원목 사역의 활동 영역을 넓혀가야 한다.

둘째, 원목은 병원목회 전문인(성직자)으로서의 권한을 위임받아야 한다. 원목이 병원 구성원으로 신분을 보장받거나 교회단체에서 파송을 받았다 할지라도 병원당국으로부터 병원 사역의 자율성을 인정받아야 한다. 그 이유는 병원 내에서 목회자로 사역할 수 있는 공간 확보-원목실과 예배실, 상담실과 기도실 등-가 되어야 하고, 사역적인 측면에서 의료진과 간호 영역으로부터 원목 사역의 신뢰성을 인정받아야 하기 때문이다. 또한 병원당국으로부터 행정적인 지원 내지 협력을 받을 수 있어야 한다.

2) 원목의 목회적인 자질

원목은 병원 환경과 질병의 특성, 환자와 의료진의 역할 등에 대해 잘 이해하고 있어야 하고, 그들과의 관계나 환자를 돌봄에 있어서 호혜적이어야 한다. 원목에게 있어서 병원 사역의 소명도 중요하지만,

그 소명을 감당하기 위한 자질도 중요하다.

첫째, 원목은 '원목 사역이 왜 중요한가?'에 대한 깊은 영적 성찰이 있어야 한다. 원목은 하나님으로부터 부름을 받은 자로서의 소명감 없이는 감당할 수 없는 사역이다. 교회를 담임하는 목회자라면 은퇴 이후에도 어느 정도 안정된 생활을 보장받게 되지만, 원목은 그 누구에게도 보상을 기대할 수 없다. 때로는 '춥고 배고픔'에 시달리며 사역의 갈등과 유혹 등의 어려움에 직면하는 일이 있으나 원목은 그러한 것을 두려워하지 않아야 한다. 예수님은 열두 제자를 파송하시면서 "오히려 이스라엘의 집에 잃어버린 양에게로 가라 가면서 전파하여 말하되 천국이 가까이 왔다 하고 병든 자를 고치며 죽은 자를 살리며 나병 환자를 깨끗하게 하며 귀신을 쫓아내되 너희가 거저 받았으니 거저 주라."(마10:6-8)고 당부하셨다.

둘째, 원목은 병원의 특성을 잘 이해하고 사역해야 한다. 병원은 회사나 생활터전과 다르다. 병원은 몸과 마음이 병든 자가 머무는 장소일 뿐만 아니라 생사의 기로에 서 있는 이들을 소생하게 하는 장소이다. 그러한 점에서 원목은 환자의 고통을 보다 공감하고, 나아가 의료진이나 병원 구성원의 역할과 병원 환경의 특징 및 구조 등을 잘 파악하고 이해할 수 있어야 한다.

셋째, 원목은 병원 목회자로서의 소명을 감당할 수 있는 자질이 겸비되어 있어야 한다. 만일 원목이 의료진이나 그 구성원과의 사이에서 관계적 리더십을 발휘할 수 없다면, 사역에 협력을 구할 수 없다. 원목이 병원 목회자로서의 역할을 보다 효율적으로 감당하기 위해서는 병원당국과 협력적인 관계를 유지할 수 있어야 한다. 또한 그들과 소통을 원활하게 하기 위해서는 원목 사역 프로그램에 동참할 수 있는 기회를 열어주어야 한다. 그래야 원목 사역을 감당함에 있어서 그들의 협력을 이끌어 낼 수 있다. 예를 들면, 병원 내에 신우회가 조직되어 있다면, 의료진과 병원 직원들에게 원목 사역의 중요성과 나아가 그들에게 병원목회(임상목회)교육을 실시할 수도 있어야 한다. 또한 그들과 함께 국내·외적 의료 선교의 장을 넓혀가야 하며 환자를 위한 바자회(음악회) 개최, 병원의 주요 행사 등에 지원 내지 참여함으로써 원목 사역의 영역을 넓혀가야 한다.

넷째, 원목은 병원당국으로부터 병원 목회자로서의 권한을 위임받고 사역해야 한다. 원목이 병원 구성원으로 신분을 보장받거나 교회에서 파송을 받았다 할지라도 병원 경영자로부터 사역에 관한 신뢰와 함께 자율성을 인정받아야 한다. 그 이유는 병원 내에서 목회자로서 사역할 수 있는 공간-원목실과 예배실, 상담실과 기도실 등-을 확보하고, 의료진과 간호 영역으로부터 원목 사역에 관한 자율성을 보장받는 것이 중요하기 때문이다. 또한 병원당국으로부터 행정적인 도움과 협력을 받을 수 있어야 한다.

3) 병원목회와 임상목회

'병원목회와 임상목회교육(CPE, Clinical Pastoral Education)의 차이점은 무엇인가?' 한마디로 유사하다. 병원목회교육에는 임상목회교육이 포함되어 있으며, 임상목회교육에는 병원목회의 교육 내용이 포함되어 있다. 미국의 경우, 청교도 정신에 입각해 병원을 운영하기 때문에 환자의 종교적 자유를 보장하기 위해 원목 사역을 제도적으로 보장한다는 점에서 체계적인 임상목회교육 시스템이 가능하다. 반면에 우리나라는 미국처럼 원목이 제도적으로 병원 사역을 보장받고 있는 나라가 아닐뿐더러 원목이 병원 사역자로 파송을 받더라도 임상목회교육이나 훈련을 받고 사역하는 경우가 일부에 지나지 않는다. 또한 병원을 경영하는 이들의 종교 성향에 따라 임상목회교육 또는 병원목회교육을 받지 않아도 사역이 가능하다. 그 결과 미국병원의 원목처럼 우리나라 병원의 원목은 신분이 보장되어 있지도 않고 임상목회교육을 이수한 자에 한해 사역할 수 있다고 명문화되어 있지도 않다. 하지만 매우 고무적인 사실은 원목 가운데 병원 사역 이후 임상목회 훈련을 받거나 그 자격을 취득하는 경우가 증가하고 있는 추세라는 점이다.

이미 우리나라에도 실천신학 분야인 임상목회를 전공한 교수들이 '임상목회교육협회'를 창립해 활동하고 있다. 그러나 교육 내용과 운영에서 원목을 위한 교육보다 대외적으로 임상 상담 교육 대상(군대, 학교, 교도소 등)에 대한 교육으로 이루어지는 것은 회원단체로 움직이는 '사단법인 한국원목협회'의 원래 성격과는 다소 거리감이 있다. 하지만 '임상목회교육협회'를 이끌어가는 감독회원 대부분이 원목으로서 CPE 훈련생들의 실습 등을 병원목회 현장에서 실시하게 함으로써 병원목회교육에 보다 치중하고 있다.

임상(clinic)은 '침상'이라는 희랍어 '클린코스'(klinkos)에서 유래된 말로, 병상, 즉 '환자 곁에서 치료하는 주치의'를 지칭하는 의학적인 용어이다. 우리나라는 '치료'라는 용어를 의료인이 아니면 의료법에 접촉되기 때문에 법적으로는 사용할 수 없다. 현실적으로 환자의 주치의는 의사이고, 원목은 환자의 주치의가 될 수 없다. 원목은 환자의 병상을 찾아가는 영적인 치유자이지만, 의사와 구분되어야 한다. 따라서 원목 사역은 복음을 전파하는 일이기 때문에 '임상목회'보다는 '병원목회'

라는 용어를 사용함이 바람직하다. 두 용어를 유사한 개념으로 받아들일 수 있지만 '임상목회'는 소극적인 개념에서 '환자'라는 특정 면을 강조하는 것이고, '병원목회'는 적극적인 개념에서 포괄적인 용어이다. 특히 병원이 질병을 치료하는 곳이라는 점에서 원목 사역이 의료진의 역할보다 우선순위라고 할 수는 없다. 그럼에도 불구하고 분명한 것은 원목의 병원 목회자로서의 자격을 거론한다면 목회 경험과 함께 병원에서 임상 훈련을 받은 자이어야 한다는 점이다.

오성춘은 임상목회교육의 목적과 목표를 다섯 가지로 구분하고 있다. ① 목회 정체성의 형성, ② 대인관계 기술 개발, ③ 전문적인 상담목회 기술 개발, ④ 신학과 교역의 통합, ⑤ 영성지도이다.[13] 이와 관련해서 이미 한국원목협회에서는 회원을 대상으로 세미나를 통해 임상목회교육을 간헐적으로 실시해 왔으나 체계화된 교육과 훈련이 미흡한 상태이다. 그러나 사단법인화 이후, 한국원목협회 정관 제5조 1항에 정회원의 자격을 "교육부에 등록된 신학대학교 및 교단 신학원을 졸업하고 병원원목으로서 본 협회 교육연수원의 교육을 이수한 자"로 규정하고 있다.

우리나라는 병원에서 사역하는 원목의 자격이 미국과 다른 선진국에 비하면 교육과 훈련 시간 등에서 제도화되어 있지 않다. 미국에서는 목회자로서의 자격을 갖춘 자가 임상목회교육 300~400시간을 이수한 경우에 한해 원목(병원 목회자)으로 파송하고 있다. 300시간은 병상에 있는 환자를 방문하는 실습 과정으로 진행되고, 100시간은 그룹 또는 개인 슈퍼바이저에게 교육을 받는다. 미국병원협회 규정에 따르면, 병원은 원목에게 예산 및 행정적인 지원을 해야 하며 원목을 의료진의 팀원으로 인정해야 한다.

'병원목회'는 실천신학에서 다루는 예배와 치유, 상담과 돌봄, 전도와 양육 등을 환자를 비롯한 병원 내의 모든 이들을 대상으로 하여 실천하는 목회라는 점에서 '임상목회'보다 더 광의적인 용어이다. 원목 사역은 입원 환자만을 대상으로 이루어지는 사역이 아니다. 병원 밖에 있는 목회자처럼 잠시 환자들을 위문하고 심방하는 데 그치는 것이 아니라 병원의 구성원으로 상주하면서 원목 사역에 관한 전반적 운영을 책임져야 한다. 또한 원목은 평상시 또는 응급을 요할 때 언제든지 환자 케어에 응해야 하고 환자와 그 가족, 간병인, 의료진과 병원 구성원을 포함한 모든 이들의 사역자라는 점을 고려한다면 '병원목회'라는 용어를 사용하는 것이 타당하다.

오성춘은 '임상목회교육'은 입원이 필요한 위기를 맞고 있는 사람들에게 영적인 의미를 찾아주고, 경제적 고통과 가족 해체의 위기를 맞은 도시 빈민들에게 영적 지도를 해줄 수 있는 원리를 찾아주고자 하는 데서 시작되었다[14]고 하였다.

1920년부터 미국사회에서 일어난 실용주의로 말미암아 신학 교육도 전통적인 이론 중심에서 벗어나야 한다는 주장이 대두되기 시작하였다. 그 결과 1924년 신시내티(Cincinnati)의 의사인 윌리엄 켈러(William Keller)는 목회자들의 현장 목회에 관한 문제점을 제기하였다. 그는 신학 교육 내용을 표준화하고, 신학 교육의 목적과 특성을 분명하게 해야하며, 목사들에게도 의학과 법학, 사회사업과 관련된 교육과 더불어 기능적인 방법에 관한 목사직의 재교육이 필요하다고 주장하였다. 임상목회 선구자인 매사추세츠 주 우스터(Worcester) 정신병원 의사인 리처드 캐벗(Richard Cabot)과 원목인 앤턴 보이즌(Anton T. Boisen)은 정신의학과 사회복지, 의학 방법들을 활용해 병원에서 임상목회교육에 관한 훈련을 실시하기 시작하였다. 그러나 캐벗과 보이즌은 병원 내에 임상목회 사역을 위한 토대를 구축하였으나 원목 교육에 관한 입장 차이로 결별하고 말았다. 초기 임상목회교육은 정신병원, 교도소, 사회복지기관 등을 신학 교육 실천의 장으로 활용해 현장에서의 경험들을 분석하고 해석하였으며, 대인관계 기술을 습득함으로써 원목 사역에서 자기 정체성을 확립할 수 있도록 하였다.

미국 ACPE 슈퍼바이저(supervisor) 은용기(2013)는 임상목회교육을 다섯 가지 내용으로 분류하였다. ① 자신의 인식(self-awareness)에 있어서 학생은 임상목회를 통해 자신의 태도, 가치, 추측, 장단점 등 목회자로서 자신을 이해하게 된다. 또한 자신의 목회가 사람들에게 어떠한 영향을 주고 있는지에 관해 인식하게 된다. ② 관계성의 인식(Interpersonal Awareness)에 있어서 학생은 임상목회교육을 받은 동료의 지시뿐 아니라 대립, 또는 그들과의 불분명한 점들을 명료하게 할 수 있는 것들을 개인의 특성과 목회적 기능을 통합하는 데 활용하는 법을 배우게 된다. ③ 개념화하는 능력(Conceptual Ability)에 있어서 학생은 사람과 사회적 조건, 체제, 구조 등이 자신의 삶과 자신이 접촉하는 사람의 인생에 어떻게 영향을 미치는지, 그리고 이러한 것들을 어떻게 효과적으로 목회에 적용할 수 있는지를 배우게 된다. ④ 목회적 기능(Pastoral Function)에 있어서 학생은 어떻게 목회에서 보다 더 효과적인 목회 기능을 할 수 있는지를 배우게 된다. ⑤ 목회의 발달과 관리(Ministry Development and Management)에 있어서 학생은 자신이 하는 목회를 평가하는 능력을 향상시키기 위해 배움의 임상적 방법, 동료, 그룹, 그리고 슈퍼바이저 등을 활용하는 방법을 배우게 된다.[15]

임상목회교육은 자격을 갖춘 목회자와 신학대학원생, 의료전문인 등의 감독의 지도를 받으며 병원 현장에서 신학적인 사고와 접목하고, 환자의 영적 돌봄을 위한 전문성 훈련이라고 정의하고 있다. 훈련 과정은 찰스 거킨(Charles V. Gerkin)의 『살아 있는 인간 문서(The Living Human Document, 질병과 사고, 위기 등으로 고통을 당하고 있는 사람들)』와 만나는 경험으로 말미암아 그들을 섬기며 돌보는 과정에서 목회자로서의 정체성을 새롭게 정립하고, 대인관계 집단(IPR, Interpersonal Relation Group)과의 상호관계 능력을 증진하며, 영성을 비롯해 자기이해와 자기성장을 위한 능력을 계발하는 과정이다. 또한 임상목회교육은 감독과 동료들의 지지를 받으며 훈련 평가, 다른 전문가들과의 협력, 집단 리더십, 목회 실천의 적용과 임상 상담 등으로 요약할 수 있다.

특히 거킨은 『살아 있는 인간 문서』에서 목회 상담자로서의 삶을 성찰하면서 목회 상담이 해석학적으로 세 가지 측면에서 의미 있게 연결되어 있다고 보았다. 첫째는 자기 자신과의 끊임없는 대화이다. 둘째는 목회 상담자로서 겪게 되는 문제들, 의문들, 딜레마들이다. 셋째는 기독교 전통의 성서적, 신학적 본문에 대해 지속적인 관심의 중심부를 차지하였던 이미지들과 주제들, 패러다임들이다. 이 세 가지 영역은 각각 분리되어 있지만, 긴장 상태를 경험함으로써 자신의 고유성(자기이해)을 성찰하게 된다고 하였다.[16]

미국의 경우, 원목 사역에 대한 자율성과 그 전문성이 제도권에서 인정받고 있다는 점에서 임상목회교육에 관한 훈련이 엄격하게 준수·관리되고 있다. 하지만 우리나라의 경우, 임상목회교육이 정착되어 있지 않을 뿐만 아니라 기독병원 이외에는 대부분 병원에서 원목 사역이 제한되어 있으므로 원목 활동과 사역 자체마저 안정되어 있지 못하다. 그럼에도 불구하고 한국원목협회 회원 가운데 임상목회교육 슈퍼바이저 자격을 취득한 원목들이 증가하고 있으며, 병원 목회자로 파송을 받아 사역하고자 하는 목회 경험이 풍부한 사역자(교회 부목사, 군목 전역)들도 증가하고 있다.

병원은 교회나 군대와 또 다른 환경에서의 목회의 장이다. 원목은 병원과 교회, 그리고 입원 환자와 보호자, 간병인, 의료진과 병원 구성원들에게 영적 리더십을 발휘해야 하므로 그 능력이 요구된다는 점에서 병원 내에서 목회 훈련이 매우 중요하다. 원목은 의료진도 아니고 병원 구성원도 아니며 병원의 주인도 아니므로 병원의 규정에 따라 활동해야 하기 때문에 독자적인 사역에 한계가 있다. 따라서 원목이 되고자 하는 이들은 병원목회에 관한 훈련과 영적인 성찰이 필요하며 소명감으로 무장되어 있어야 함은 물론이고, 병원 경영자와 의료진, 병원 구성원들과 신뢰 관계를 쌓고 병원 사역을 위한 팀 사역의 기반을 구축할 수 있는 리더십을 갖추고 있어야 한다.

원목은 병원목회에서 세 가지를 필히 인식해야 한다. 첫째, '병원은 교회가 아니다.'라는 사실에 대한 명확한 인식을 갖고 있어야 한다. 원목은 환자와 의료진, 그리고 병원 구성원들과의 관계에서 원목 자신의 사역에 대한 소명과 관계성이 독자적이지 않다는 사실에 대해 실망할 것이 아니라 그것에 대한 깊은 이해와 성찰이 있어야 한다. 둘째, 원목은 환자의 영혼을 구원하는 목회자일 뿐만 아니라 원목실(병원교회)의 전임 목회자로서의 소명감과 함께 병원 사역에 대해 폭넓게 숙지하고 있어야 한다. 셋째, 원목은 병원 사역을 위한 팀 사역자를 발굴하고, 함께 협력해야 함을 인정하고 수용할 수 있어야 한다.

이와 같은 측면에서 볼 때 원목이 병원 목회자로서의 역할을 수행함에 있어서 세 가지 측면에서 병원목회교육(임상목회교육 포함)과 훈련이 요구된다. 첫째, 원목으로서 환자의 정신 및 심리적, 영적인 장애를 이해할 수 있는 폭넓은 상담학적 지식을 습득하게 된다. 둘째, 환자와 병원 구성원을 위한 영적 케어 전문가로서 기꺼이 협력할 수 있는 리더십을 갖추게 된다. 셋째, 병원 구성원으로서 또는 성직자로서 복음전파에 소명감을 재인식하게 된다.

4) 병원목회의 기능

병원목회가 일반목회와 다른 점이 있다면 장소와 목회 대상, 그리고 목회 프로그램으로 볼 수 있지만, 사역 내용은 유사하다. 병원 목회자는 일반교회 담임자와 달리 목회 대상자가 환자라는 점에서 기능적인 측면에서 병원의 설립 목적과 특성, 사역 환경에 따라 원목 사역을 원활하게 수행할 수 있어야 한다. 교회 담임자는 개개인의 영적인 리더십을 발휘해 교회의 성장을 이끌어 낼 수 있는 다양한 영적 프로그램을 주도적으로 수행할 수 있고 지원받을 수 있는 자원도 풍부하다. 이에 비해 병원 목회자인 원목은 일반교회에서의 목회보다 환우들을 찾아가는 병상 목회에 보다 치중할 수밖에 없고, 그들을 위한 신앙적인 돌봄과 양육 과정에서 환자가 받는 진료와 간호 등에 따라 사역이 불규칙적으로 이루어지며, 이를 지원할 자원도 독자적이지 못하다. 더구나 병원목회는 환자의 상황에 따라 사역이 제한되는 경우가 많다. 하지만 원목은 병원당국으로부터 사역을 보장받고 있는 한 교인과 비교인, 종교와 민족 등을 초월해 환자들에게 목회할 수 있다는 장점이 있다.

사단법인 한국원목협회의 '원목의 윤리지침'에 보면, "원목은 어떠한 이유(인종, 종교, 성별)로도 환자를 차별하지 아니한다."고 명시되어 있다.

예수님은 자신을 "나는 선한 목자요, 양 떼를 돌보는 목자"라고 하시며 복음의 전파 대상에서 종교와 사상, 민족을 초월하고 계시다. 병원 목회자는 목자와 같은 소명감을 갖고 환자 개개인에게 목자와 상담자, 나아가 섬기는 자로서 다가가야 한다. 병원목회는 '치유, 지탱, 인도, 화해, 양육'의 내용으로 사역을 해야 한다. 시워드 힐트너(Seward Hiltner)는 목회 상담의 기능을 '치유와 지탱, 인도'로 분류하였으나 클레브시와 재클(W. A. Clebsch & C. R. Jaekle)은 '화해'를 추가하였다. 하워드 클라인벨(Howard J. Clinebell)은 목회의 기능에 화해와 더불어 '양육(성장)'을 포함시켰다.

(1) 치유목회(Healing Ministry)

대부분 환자들은 육체적인 질병과 정신적인 결함을 치료받기 위해 병원을 찾거나 입원하게 된다. 의사들은 주치의로서 환자 개개인의 영적·심리적 상태가 아니라 현재 환자가 느끼고 있는 증상에 초점을 맞추어 환자를 치료한다. 그러나 원목은 환자의 증상보다는 환자 개개인이 느끼고 있는 영적·심리적 상태에서의 고통을 이해하고 영적인 돌봄에 치중한다. 치유목회의 대상자는 주로 입원 환자와 보호자이다. 환자들은 자신이 느끼는 육체적인 증상에 대해 매우 예민할 뿐만 아니라 치료 과정과 그 예후에 관심이 아주 많다.

치유목회는 원목이 환자의 육체적인 질병을 치료하기 위해 다가가는 것이 아니라 그들과의 접촉으로 나누게 되는 대화를 경청하고 그것에 공감함으로써 영적인 안위와 믿음의 확신을 얻게 하는 데 목적이 있다. 마치 목자를 잃은 양이 길을 헤매다가 목자를 만나 안도하고 기뻐하는 것과 같다. 입원 환자들 가운데는 건강하였을 때는 교회에서 신앙생활을 잘하였으나 장기간의 투병생활로 신앙이 약화된 이들도 있고, 영적으로 갈급한 상태에 있는 이들도 있으며, 이전에 교회에서 목회자와 교인들로부터 상처를 입고 원목에게 화풀이를 하는 이들도 있다. 그 밖에 이런 저런 이유로 교회출석을 기피하다가 질병으로 말미암아 주 앞에 돌아오는 이들도 있다.

필자가 사역하는 병원에는 탈북인 환자와 외국인 근로자들이 많이 입원하는데, 이들은 대체적으로 정신적으로 불안정하기 때문에 원목이 찾아가면 안도하는 경우가 있다. 언제가 한 탈북인 환자가 병원에서 예배드리는 것을 보고는 예배가 끝난 후 "북한에서는 상상도 할 수 없다."면서 교회가 아닌 병원에서 예배드리는 모습이 매우 신기하다고 말하였다. 특히 외국인 근로자인 경우에는 전도의 문이 열려 있는 셈이다.

원목은 비(非)기독교인이라 하더라도 다가가 위로하고 소통하며 섬기는 자의 위치에서 그들을 사역 대상에서 제외해서는 안 된다. 원목은 누구에게나 다가가야 하고, 환자들의 종교적 관습과 신앙이 다르더라도 배척하지 않고 예수 그리스도의 사랑으로 다가갈 수 있어야 한다. 원목이 그들과 자주 만남으로써 그들에게 '예수님이 어떤 분인가?'를 생각하며 이해할 수 있는 기회를 제공하게 된다. 환자가 입원해 있는 동안 의사에게 질병을 고치는 것뿐만 아니라 영적인 성찰을 통해 환자 스스로 병을 극복하며 치유를 경험할 수 있도록 원목은 치유목회에 관한 한 전문가적인 입장에서 감성과 영성이 풍성해야 한다.

(2) 지탱목회(Sustaining Ministry)

대부분 입원 환자들은 자신의 질병에 대한 예후와 증상에 대해 두려움과 불안감을 갖고 있다. 의사로부터 치료가 지체되거나 합병증이 유발될 때는 충격을 받거나 실망하게 된다. 심지어 어떤 환자는 치료를 거부하거나 주치의의 진료에 대해 부정적인 입장이 되기도 한다. 또한 영적으로 낙심해 예배출석을 기피하기도 한다. 이때 원목은 환자가 질병에서 오는 상실의 아픔을 잘 극복해 나갈 수 있도록 목회적으로 돌보는 것이 필요하다.

예를 들면, 뇌경색으로 인한 편마비 환자, 화상 환자, 신체 일부 절단 환자, 수술 환자, 암환자, 합병증으로 고통을 겪는 환자 등이 겪는 좌절감은 매우 크다. 원목은 이들이 위기를 잘 벗어날 수 있도록 지지할 수 있어야 한다. 특히 신체적 손상 또는 마비로 장애를 겪는 환자들은 이중, 삼중으로 고통을 겪게 된다. 환자 자신이 '이제 나는 더 이상 살 수 있는 가망이 없다.'는 좌절감에서 벗어날 수 있도록 가족과 주변 사람들과 함께 팀 사역을 공유해야 한다. 그들이 시시각각으로 느끼는 절망감과 소외감, 수치감은 그들을 '창살 없는 감옥'에 가두어 두게 될 것이다. 원목은 그들의 부정적인 세계를 깨뜨릴 수 있는 영적 돌봄에 대해 성령의 도우심을 구하고, 그들과의 상담을 통해 스스로 성찰할 수 있도록 도움을 주어야 한다.

또한 사랑하는 배우자와 자녀들을 잃은 사별 가족의 충격은 1년 이상 지속되는 경우가 많기 때문에 그들이 '외상 후 스트레스 장애'(PTSD)를 극복하고 새로운 삶에 적응해 나갈 수 있도록 다각적으로 영적인 자원(협력교회와 선교단체 포함)을 동원해 도와야 한다. 나아가 그들이 갖고 있는 잠재적인 강점을 개발할 수 있도록 지지하거나 그들 자신이 적응할 수 있는 자원을 찾을 수 있도록 정보를 제공함으로써 상실의 충격과 고통에서 벗어날 수 있게 해야 한다.

(3) 인도목회(Guiding Ministry)

말기암 환자의 경우, 대부분 건강하였을 때 하던 자신의 생업과 직업을 포기해야 할 상황에 놓이게 된다. 이때 그들은 '수용할 것이냐, 수용하지 않을 것이냐'에 대한 선택의 기로에 서게 된다. 원목은 하나님의 뜻에 따라 영적인 지혜를 발휘해 환자 자신이 잘 분별할 수 있도록 인도할 수 있어야 한다. 예를 들면, 환자가 주치의의 지시에 따라 수술을 받게 될 경우, 입원 중에 예후가 극히 나빠질 경우, 치료 후에 겪게 될 장애가 발생할 경우에는 더욱 선택의 폭이 좁아질 수밖에 없다. 하나님은 에덴동산에서 아담과 하와에게 '자유의지'라는 선택권을 주셨으며, 인간은 모두 범사에 무엇을 선택할지, 누구를 위한 선택인지에 대해 수없이 갈등을 겪으며 살아가고 있다. 하나님은 히브리 민족이 하나님의 은혜를 망각하고 불평할 때도 그들에게 선택권을 주셨다. "나 여호와의 말을 들어 순종하고 내가 보기에 의를 행하며 내 계명에 귀를 기울이며 내 모든 규례를 지키면 내가 애굽 사람에게 내린 모든 질병 중 하나도 너희에게 내리지 아니하리니."(출15:26)라고 약속하셨던 것이다. 하나님은 히브리 민족에게 '보이지 않는 하나님의 계명에 순종할 것인지, 불순종할 것인지'에 대한 선택의 권한을 주셨으며, 그 결과가 어떤 것인지에 대해서도 알려주셨다. 히브리 민족이 겪는 고난과 질병 등은 그들 자신이 선택한 결과라는 것을 분명하게 가르쳐 주셨다.

오늘날 병원에도 이단세력들이 침투해 기독교 환자들을 미혹하는 사례들이 발생하고 있다. 이들의 끈질긴 접촉으로 뿌리가 깊지 못한 신앙이 무너지고, 그들의 마음이 현혹되어 복음적인 신앙 노선을 이탈하는 일이 종종 발생한다. 하나님은 원목에게 환자들이 건강한 신앙 노선을 이탈하지 않도록 보호하고 지키라는 파수꾼의 소명을 주셨다. 따라서 기독교인 환자들이 병원에 입원해 있는 동안만이라도 원목은 그들의 복음적 신앙을 파수할 수 있도록 인도해야 한다.

(4) 화해목회(Reconciling Ministry)

성경에 따르면, 아담의 후손인 모든 사람은 하나님과 화해의 대상이다. 신약성경 '탕자의 비유'에서 보면, 아버지 집을 나간 둘째 아들만 화해의 대상이 아니라 아버지 집을 떠나지 않은 첫째 아들도 화해의 대상이다. 첫째 아들은 아버지의 태도에 대해 "그가 노하여 들어가고자 하지 아니하거늘 아버지가 나와서 권한대 아버지께 대답하여 이르되 내가 여러 해 아버지를 섬겨 명을 어김이 없거늘 내게는 염소 새끼라도 주어 나와 내 벗으로 즐기게 하신 일이 없더니 아버지의 살림을 창녀들과 함께 삼켜 버린 이 아들이 돌아오매 이를 위하여 살진 송아지를 잡으셨나이다."(눅15:28-30)라고 항변하고 있다.

사람들은 대부분 자신은 죄가 없는 의인으로 인정받으며 살기를 원한다. 때문에 자신이 조금이라도 타인으로부터 상처를 받거나 손해를 입으면 자신의 의를 주장한다. 동방의 갑부요, 하나님으로부터 의인이라고 인정을 받았던 욥조차도 '왜 고난을 당하였을까, 왜 모든 것을 잃었을까, 왜 그의 몸이 병들었을까?'에 대해 친구들과 논쟁에 논쟁을 거듭하였다. 하지만 욥은 "나는 깨닫지도 못한 일을 말하였고 스스로 알 수도 없고 헤아리기도 어려운 일을 말하였나이다……내가 주께 대하여 귀로 듣기만 하였사오나 이제는 눈으로 주를 뵈옵나이다 그러므로 내가 스스로 거두어들이고 티끌과 재 가운데에서 회개하나이다."(욥 42:3-6)라고 스스로 의롭다고 생각하며 살아왔던 삶을 돌아보며 하나님 앞에서 무엇이 죄였는지를 깨닫게 되었다. 욥의 고난을 통해 인간은 모두 죄인이며 의인이든 아니든 하나님 앞에서는 모두 화해의 대상임을 알려주고 있다.

입원한 환자들의 경우, 의인이 아니라서 질병이 찾아온 것이 아니다. 또한 그들이 죄 때문에 질병으로 고통받고 있다고도 단정할 수 없다. 이미 모든 사람은 죄인이요, 하나님께서 주신 건강의 자원을 잘 관리하지 못한 책임이 있다는 것을 망각하지 않아야 한다. 하나님께서 주신 건강의 자원을 잘 관리하지 못한 것이 질병의 원인이다.

환자들은 대부분 의사로부터 입원이 필요하다는 말을 들으면 쉽게 수용하지 못한다. 입원을 하고 나서 치료 중 자신과 유사한 질병으로 입원한 사람들을 만남으로써 질병의 원인에 대한 베일이 하나둘 벗겨지게 되고 질병의 원인이 자신에게 있다는 것을 깨닫게 된다. 폐암 환자들은 자신의 질병이 폐암이라고 진단받기 전에는 누가 뭐라고 해도 금연을 하지 않다가 수술 후에는 담배 근처에도 가지 않는 모습을 보이곤 한다. 새삼 '인간이 얼마나 무지한가!'를 느끼게 하는 장면이다.

환자들 중에는 신앙생활을 잘 하다가 중도에 포기하거나 신앙생활을 하면서 상처를 받은 이들을 종종 만나게 된다. '이들이 교회출석을 기피하였던 원인은 무엇일까?, 이들은 과거에 신앙생활을 하였음에도 불구하고 왜 교회(목회자와 교인)를 비난할까?' 원목이 그 원인을 규명하거나 일일이 대응할 필요는 없지만, 이들의 상처를 치유하고 하나님의 품으로 돌아올 수 있도록 바른길로 이끌어주어야 한다. 그것이 곧 예수 그리스도의 복음이요, 그 복음은 십자가요, 그 십자가는 하나님과 화해하는 길이다. 원목은 집 나간 아들을 아버지와 화해시키는 중재자로서 그 소명을 다해야 한다. 원목은 예수 그리스도의 사랑을 가지고 지속적으로 그들과의 만남을 통해 첫째 아들도, 둘째 아들도 하나님 앞에 돌아올 수 있도록 최선을 다해야 한다.

특히 호스피스 병동의 환자, 말기암 환자들 가운데는 하나님과의 관계를 거부하는 이들도 있으며, 환자 자신과 가족과의 관계 또는 이웃과의 관계에서도 깨어진 상태를 회복하지 못하는 이들이 있다. 자신은 그들을 용서하고 싶으나 용서하지 못해 괴로워하는 이들도 있다. 또한 둘째 아들과 같이 아버지 집을 떠나 벼랑 끝에 서 있다가 아버지와 화해하고자 하는 이들도 많다. 원목은 그들이 자신과도 화해하지만, "예수께서 이르시되 네 마음을 다하고 목숨을 다하고 뜻을 다하여 주 너의 하나님을 사랑하라 하셨으니 이것이 크고 첫째 되는 계명이요 둘째도 그와 같으니 네 이웃을 네 자신 같이 사랑하라."(마22:37-39)는 말씀대로 하나님과의 관계도 화해하고 이웃(부모와 형제자매)과의 관계도 화해하도록 도와주어야 한다.

'말기 환자와 난치성 환자가 투병 과정 중 과거 자신의 삶과 신앙생활에서 하나님이나 이웃과의 깨어진 상태에서 회복할 수 있는 길은 무엇일까?'

원목은 환자들이 투병할 때 하나님과의 화해를 통해 주 안에서 평안과 회복의 길을 찾을 수 있도록 화해목회에도 깊은 관심을 가져야 한다. 원목은 환자가 이전에 신앙생활을 하다가 상처를 받았거나 믿음을 잃어버렸다면 그에게 신앙을 회복할 수 있는 길을 열어주어야 한다. 원목은 그들의 영적인 상태를 진단함으로써 온전한 신앙인으로 거듭나서 하나님 앞으로 돌아올 수 있도록 화해목회의 리더십을 발휘해야 한다.

(5) 양육(성장)목회(Nurturing Ministry)

2천 여 년 전 예수께서 세상에 오시므로 구약의 예언이 성취되었으나 아직(not yet) 하나님 나라는 완성되지 않았다. 모든 그리스도인은 예수께서 다시 재림하시므로 그 나라가 완성되는 그날까지 깨어 있어야 한다. 평소에 건강하였던 사람이 예기치 않은 큰 사고와 질병을 당하는 경우, '안전 불감증'을 원인으로 들 수 있다. 순간적으로 위기 상황(공황 상태)에 빠지게 되는 것이다.

만일 장기간 입원이 필요한 환자 또는 평생 동안 육체적인 장애를 안고 살아가야 하는 환자라면, 절망의 기로에서 두 가지를 생각하게 된다. 하나는 자신의 위기 상황을 극복하지 못하고 삶을 포기하는 경우이다. 필자는 결핵병원에서 상담실을 운영할 때 난치성 결핵환자들이 자살하는 경우를 목격한 바 있다. 사망 선고를 받은 환자(Terminal Stage Patient) 가운데도 자살을 시도하거나 삶을 포기하는 경우가 종종 있다. 다른 하나는 자신의 위기를 기회로 받아들이고 새로운 삶의 모티브를 찾는 경우이다. 곧 질병에 이르는 위기 상황을 '부정적인 시각으로 보느냐, 아니면 긍정적인 시각으로 보느냐'에 따라 많은 차이가 있다.

상담실을 노크하는 내담자는 자신의 문제를 스스로 해결할 수 있는 능력과 통찰력을 갖고 있는 사람들이 대부분이다. 그래서 상담자는 그들이 호소하는 이야기만 잘 경청해도 상담 효과가 크게 나타날 수 있다. 때로는 내담자가 어렴풋이 깨닫고는 있지만 확실하게 개념화하고 있지 못할 경우가 있는데, 그때는 해석을 해주어야 가장 효과적이다.

다시 말해, 내담자가 스스로 어렴풋하게라도 깨달은 후에 해석을 해주거나 내담자가 스스로 해석을 내리도록 이끌어주는 것이 가장 현명하다.[17]

대부분의 환자들은 자신의 질병에 관심을 가져주는 것만으로도 위로를 받는다. 환자와 환자들 간에 소통이 이루어질 때는 '동병상련'(同病相憐)의 입장에서 서로 위로를 받게 될 뿐만 아니라 질병을 극복하려는 의지를 갖게 된다. 기독교인 환자인 경우, 질병의 위기를 축복의 기회로 보고 하나님과의 관계를 더욱 돈독하게 하고 믿음이 성숙할 수 있는 기회로 받아들이기도 한다. 이미 믿음생활을 하고 있지만 질병으로 말미암아 하나님 앞에 더욱 가까이 다가가므로 믿음이 성숙하게 되고 지난 삶에 대해 감사하게 되며 새로운 삶을 위해 결단하게 되는 것이다.

연세의료원에서 발간한 『다시 뛰는 생명의 북소리 쿵쿵』에서 죽음의 위기에서 소생한 환자와의 대담을 엮은 내용을 소개한다.[18]

대담자 : 몸이 아픈 것이 큰 변화의 계기가 된 것 같군요.
환　자 : 제가 아프기 전에는 그야말로 일 중독자였어요. 완전히 장사에 미쳐 살았죠. 주일에도 예배를 마치면 곧바로 가게로 달려가 문을 열고 돈을 벌었으니까요. 물론 일에 미쳐서 살 땐 제가 일 중독자인 줄도 몰랐죠. 그런데 아프고 보니까 일 중독자로 살아온 제 어리석은 모습이 보이더군요. (중략) 제 장기를 많이 도려낼 정도로 큰 수술을 하고 고통을 겪으면서 인생을 좀더 깊이 들여다보게 된 것 같아요. 앞서 말씀을 드렸습니다만, 제 생사를 하나님께 맡길 수 있게 되었으니까요. (중략) 지금은 즐거움은 즐거움대로, 제 의지와 상관없이 닥쳐오는 괴로움

또한 기꺼이 받아들이며 살겠다는 긍정적인 마음을 갖게 되었어요.

대부분 병원에서 원목은 수술하기로 예정된 환자를 위해 기도한다. 이들에게 각별한 관심을 갖고 돌봄이 이루어지기도 한다. 일부 대형병원의 경우, 기독교인 환자를 위해 일반교회와 같이 새벽예배를 비롯해 병동구역을 조직하고 환우들의 성경 공부반을 운영하기도 한다. 원목은 병원예배에 참석하는 환자 가운데 처음 예수를 영접하기로 작정한 환자들을 대상으로 별도의 신앙 지도를 한 후 세례를 받게 한다. 나아가 이들이 퇴원할 경우, 지역교회에서도 지속적으로 신앙생활을 할 수 있도록 추후 상담도 하고 있다.

chapter 2
/
병원목회와 인간

병원목회 사역의 초점은 환자의 병을 치료하는 데
있는 것이 아니라 그들의 영혼 구원에 있다.

chapter 2

병원목회와 인간

CHAPTER 02

병원목회와 인간

1 / 병원목회에서 본 환자

병원목회 시 기독교인 환자들인 경우에는 입원해 있는 동안 그들의 영적 성장을 위해 심방을 하기도 하고 상담도 하지만, 병원에서 예수님을 영접해 구원받은 환자들인 경우에는 퇴원할 때까지 영적인 돌봄과 양육이 지속된다. 특히 장기간 입원으로 병원에서 신앙생활을 할 경우, 병원목회의 형태는 일반교회처럼 병원교회로 전환할 필요가 있다. 예를 들면, 보훈병원이나 산업재활병원 등은 환자들이 장기간 예배출석을 하므로 공조직의 교회로 목회하는 것이 바람직하다. 이들은 장애를 갖고 있기 때문에 일반교회에서 신앙생활을 할 때도 심리적·영적으로 소외감을 느끼거나 어려움을 갖는 경우가 많다.

대부분 장기 환자이든 일반 환자이든 입원한 후에는 개개인이 겪는 어려움과 갈등들이 다양하다. 주치의는 환자의 질병에 초점을 두고 치료하기 때문에 환자가 처한 입장을 구체적으로 이해할 여유가 없다. 그러나 원목은 환자와 지속적으로 만나게 되므로 그들이 겪고 있는 갈등과 어려움 등을 공감할 기회가 많다. 입원 환자가 가장일 경우, 장기간 입원을 하게 되면 생계, 가족 관계, 퇴원 후 재활과 치료 등에 대해 걱정하게 된다.

원목은 환자와의 상담에서 환자로부터 "왜 하필이면 나에게 이런 일이 일어났느냐?"는 질문을 종종 받는다. 간단한 질문처럼 들리지만 환자 입장에서는 매우 절박한 질문이고 호소이다. 인간을 전인적인 존재로 바라보면 신체적 질병으로 얼마든지 심각한 위기 상황에 직면할 수 있고, 질병 이외의 것들이 연쇄적인 반응을 일으키는 도미노 현상으로 이차적인 어려움을 겪게 될 수 있다.

이에 대해 오성춘은 윌리엄스(D. D. Willams)의 『연쇄의 원리』를 예로 들어 설명하였다. 『연쇄의 원리』에는 당시 루터의 종교개혁과 농민전쟁을 배경으로 쓴 장 폴 샤르트르(Jean Paul Sartre)의 희곡집 『악마와 선하신 하나님』의 내용 가운데 제사장과 한 여인의 대화를 사례로 소개하였다.[19] 원목이 기독교 상담에서 인간의 욕구를 이해하려면 전인적인 수준에서 내담자를 이해할 때 여기에서 해결의 실마리를 찾을 수 있다는 것이다.

1997년에 우리나라는 IMF 사태로 중견기업들이 잇따라 부도를 맞아 중소형 회사의 경영자와 영세업자들이 도미노처럼 파산하였다. 경영자와 근로자들은 하루 아침에 안정된 사업 기반과 직장을 잃거나 부도로 말미암아 쫓기는 신세로 전락하기도 하였고, 그 여파로 자살을 하거나 노숙자 생활을 하는 이들이 많이 생겼다. 건실하게 직장과 가정생활을 꾸려가던 가장들이 직장을 잃자 이혼을 하거나 자녀들이 학업을 포기하는 등 가정이 해체되기도 하였다. 교인인 경우, 하나님을 원망하며 교회출석도 기피하는 이들이 생겼다. 과연 누구의 책임일까? 국가부도가 사회와 가정, 개인의 삶을 파괴하고 말았다.

국가부도는 일부 사업체만 해체한 것이 아니라 사회 구성원과 가족 모두의 삶의 기반까지 위협받게 하였다. 표면적으로는 개인의 문제처럼 보이지만, 연쇄적으로는 사회 구성원 간에 또 다른 문제들을 발생시키는 악순환을 초래하였던 것이다. 오늘날도 여전히 이와 같은 사례는 많이 발생하고 있다. '세월호 침몰사건', '지하철 인턴 청년의 죽음' 등이 그 예이다.

입원해 있던 환자들이 병 고침을 받고 퇴원한 후 그들의 삶이 이전처럼 회복되어 사회에 복귀를 하기까지의 적응기간에는 정신적·영적·사회적 케어가 필요하다. 입원기간 동안 단절되었던 생활, 가정, 직장, 사회로 복귀하려면 적응 훈련도 필요하고, 만일 신체적 손상이나 장애로 이전처럼 회복할 수 없다면 연쇄적인 반응에 대처할 수 있는 자신과의 싸움이 시작될 뿐만 아니라 그 싸움에서 살아남을 수 있는 무기가 필요하다. 따라서 원목은 무엇보다 그들이 퇴원 이후에 부딪치게 될 내면적인 갈등과 삶의 존재적 물음, 영적인 문제 등을 서로 분리하지 않고 연계 선상에서 이해하며 그들을 케어해야 한다.

이에 대해 클라인벨(H. Clinebell)은 인간의 존재를 상호의존적인 관계로 보고 여섯 가지 차원으로 구분하였다. 한 가지는 하나님과의 관계를 수직적인 차원에서 영적 차원으로 보았고, 나머지 다섯 가지는 수평적인 차원에서 정신·정서적 차원, 몸(신체)의 차원, 이웃과의 관계적 차원, 자연(생태)과의 관계적 차원, 사회적 삶의 차원으로 설명하였다.

① 정신·정서적 차원 : 인간의 정신적 감정과 이성이 성숙하게 되고

전 인격이 성장하게 된다. ② 몸(신체)의 차원 : 인간은 출생에서부터 요람에 이르기까지 퇴화와 성장이 반복될 뿐만 아니라 인간의 몸과 마음이 건강할 때 삶의 능력도 증진되고 강화된다. ③ 이웃과의 관계적 차원 : 인간과 인간과의 관계를 미래 지향적인 삶으로 보고 이를 지속적으로 추구할 때 인간은 절박한 위기 상황에서도 대처할 수 있다. ④ 자연(생태)과의 관계적 차원 : 인간이 자연환경과 상호의존적인 관계로 조화와 균형을 이루며 살아갈 때 몸과 마음, 영혼이 더욱 건강한 삶을 유지할 수 있다. ⑤ 사회적 삶의 차원 : 인간은 사회적인 동물이기 때문에 사회적인 활동과 조직 체계의 일원으로 참여할 때 자신감을 갖게 된다. 이 다섯 가지 차원은 수평적인 관계에서 상호 연계되어 서로 영향을 끼친다. ⑥ 영적 차원 : 영적의 근원은 하나님과 수직적 차원에서의 관계이다. 앞서의 다섯 가지 차원이 인간의 생존을 위한 성장 관계라면, 영적 차원은 다섯 가지 수평적인 차원의 관계를 견인하는 원동력으로 이해될 수 있다. 곧 인간은 영적인 관계 측면에서 그 기초를 전체적(holistic)으로 이해하고 '풍성한 삶'-"도둑이 오는 것은 도둑질하고 죽이고 멸망시키려는 것뿐이요 내가 온 것은 양으로 생명을 얻게 하고 더 풍성히 얻게 하려는 것이라."(요10:10)-에 목적을 두고 있다.[20]

그렇다면 원목은 '과연 병원목회 현장에서 환자를 영적으로 풍요로운 삶으로 이끌어가고 있는가?'를 냉철하게 평가할 수 있어야 한다. 『살아 있는 인간 문서』의 저자 거킨(C. V. Gerkin)은 목회 상담자들의 개념적인 세계, 곧 의미의 세계는 믿음, 구원, 죄, 구속과 같은 신학적 내용과 관계없는 세계가 되어 버렸다고 경고하였다.[21] 특히 병원 원목의 창시자인 보이즌(A. T. Boisen)은 인간이 겪는 내면적인 고통의 세계는 경험과 경험에 대한 관념, 사건과 사건의 의미의 연결점이 차단되고 왜곡

된 것을 바로 해석할 때 새로운 의미와 가능성을 제시해 줄 수 있다고 하였다.[22]

원목은 목회 상담자라는 점에서 환자 개개인이 겪고 있는 질병의 위기 상황을 통해 그들이 처한 육체적·정신적·영적인 고통이 상호의존적인 관계 선상에서 갖는 의미를 신학적인 사고와 더불어 목회 상담에서 재해석할 수 있어야 한다.

2/성경에서 본 인간

예수님이 공생애 3년 동안 하신 핵심적인 사역은 복음전파와 제자 양육, 치유 사역으로 구분할 수 있다. 하지만 '예수님은 인간으로서 건강하셨을까?'에 대한 의문이 생긴다. 십자가를 지시고 골고다 언덕을 오르실 때 쓰러지신 것을 보면, 예수님은 초인적인 체력을 가지신 분이 아니었을 것으로 생각된다. 그러나 복음서에서 예수님의 행적을 보면, 쉴 틈 없는 사역이었음에도 불구하고 매우 건강한 생활을 하셨던 것으로 보인다.

인류 역사상 인간 중 가장 바쁘게 사신 예수님은 자기관리 또한 철저한 분이셨다. 아무리 일이 많아도 기도와 휴식 시간은 반드시 확보한다는 원칙을 철두철미하게 지키신 분이 예수님이시다.[23] 건강하려면 자기관리가 중요하다는 것을 몸소 가르쳐 주셨다. 인간이 어찌 평생 병 없이 살 수 있는가? 그런 사람은 한 명도 없다. 현재 선천적으로 건강하게 태어나서 병 없이 살고 있다고 자부할지라도 생로병사에서 자유로울 수 있는 사람은 아무도 없다.

수년 전부터 요양병원이 증가하고 있다. 그 이유는 노령인구가 기하급수적으로 증가하므로 사회복지제도 차원에서 마련된 장치라고 할 수 있지만, 그 이면에는 효 사상의 붕괴요, 인간을 물질의 수단으로 보기 때문이다. 문화인류학적, 생물학적, 상담심리학적, 의학적으로는 이해가 되지만, 인간 대부분이 자기중심과 이익주의에 매달려 살고 있다는 점에서 전인적으로 건강한 삶을 누리고 있다고는 볼 수 없다. '왜 인간은 타락하였는가?, 왜 인간은 질병으로 신음하며 살아야 하는가?' 등을 신학적, 철학적, 의학적으로 규명하는 것은 불완전할 뿐만 아니라 한계가 있다. 그 해답은 인간이 하나님의 창조하신 뜻과 목적을 이해할 때만 비로소 찾을 수 있다.

흔히 치유라는 말은 포괄적인 개념이기 때문에 목회자들이 너무 자주 사용한다. 치유는 하나님의 은총이라는 관점에서 보면, 남용해서는 안 된다. 병원목회에서 치유를 마치 텍스트북처럼 생각한다면 그것은 무지의 소치이다. 명의로 소문난 전문의라고 할지라도 의료 사고는 항상 예고되어 있다. 미국에서 『대중의 의사』라는 칼럼으로 유명한 의사인 로버트 멘델존(Robert S. Mendelsohn)은 "의사의 판단을 전적으로 신뢰해서는 안 된다. 원래 건강에 대해 가장 무지한 것이 의사이다. 의사가 받아온 교육은 건강이 무엇인지를 이해하는 것이 아니라 단지 병을 판단하는 것이다……의사는 이상이 발견되지 않더라도 병을 만들어 낼 수 있다……환자에게는 의사의 질문 하나하나가 중대한 병을 가리키는 것처럼 들린다. 하지만 의사는 환자의 그런 심리 따위는 안중에도 없다……병의 자각 증세가 전혀 없다면 의사를 찾을 필요가 없다. 만일 자각 증세가 있거나 실지로 병인 경우, 그 병에 대해서 의사보다 더 많이 알아둘 필요가 있다."[24]라고 주장하였다.

원목이 치유목회가 중요하다고 할지라도 하나님이 원목을 통해 병 고치는 은사를 주셨다고 단정할 수는 없다. 치유는 복음전도를 위한 하나의 수단일 뿐 목적이 아니다. 치유는 하나님의 영역이요, 하나님만이 행하시는 권능이다. 따라서 원목은 치유라는 말을 사용할 때 신중함이 요구된다.

인류 문명사회의 고통은 죄악의 산물이라고 단정하기 전에 인간의 도덕과 양심의 실종이요, 개인주의와 물질만능주의에 의한 의학과 과학문명의 발전으로 파생된 산물이다. 그 결과 인간의 정신세계와 영적세계는 메마르고 공허할 뿐만 아니라 공황 상태에 빠져 들어가고 있다. 최근의 통계에 따르면, 심각한 경우 정신질환(우울증, 중독증, 자녀 문제, 교육 문제, 진로 문제, 직장 문제, 부부 문제, 성 문제 등이 원인)이 급속히 증가함으로써 없던 병들도 만들어지고 있다.

앞으로 병원목회에서 원목은 치유보다 상담자로서의 역할에 충실해야 한다는 생각마저 든다. 예수께서도 소외당하고, 병들고, 가난한 이웃들을 찾으셨다. 주님은 "건강한 자에게는 의원이 쓸 데 없고 병든 자에게라야 쓸 데 있느니라 나는 의인을 부르러 온 것이 아니요 죄인을 부르러 왔노라."(막2:17)고 하셨다.

그럼에도 불구하고 오늘날 목회 상담 분야에서 예수님의 치유 정신이 실종되고 있는 측면이 있다. 때로 목회 상담을 인간적인 문제에 초점을 두고 하다 보면, 성경적인 상담-예수님의 제자로서의 소명감-과 동떨어진 결과를 낳는 경우도 종종 발생한다. 원목이 진료에 불만을 품은 환자의 말을 경청하다 보면 본의 아니게 주치의를 비난할 수 있고, 주치의의 치료적 견해를 이해하다 보면 성경적인 치유가 실종되거나 희석되어 버리는 위험이 있다.

그 결과 목회 상담의 방법론적 과정에서 구원과 치유의 관계, 의료진의 치료 체계와 원목의 사역을 어떻게 이해하고, 어떻게 응용할 것인가에 대해 영성의 안목과 상담 경험을 잘 활용해야 할 필요성이 요구된다.

디터리히(M. Dieterich)는 성경적-치료적 목회 상담의 '고전적' 또는 '사라져 버린' 형태의 특징은 성경적 인간관과 그의 상호의존적 배경에서만 이해될 수 있다고 하였다. 모든 목회 상담적 문제나 정신적 병을 구원의 문제와 연관시키거나 구체적인 죄 문제로 돌릴 수 없다는 것이다. 반대로 구원에 대한 풀리지 않는 문제나 구체적인 죄가 정신적인 문제를 가져오게 할 수는 있다. 그러므로 성경적-치료적 목회 상담에서의 대화는 구원과 치유에 관한 차원이 고려되어야 하고, 이에 적절한 방법을 취해야 한다.[25]

병원목회 현장에서의 상담은 환자가 겪고 있는 외적인 현상만이 아니라 질병으로 말미암아 겪는 환자의 내면세계를 공감할 때 치유의 길이 열릴 수 있다. 욥의 사례에서 보면, 질병은 하나님이 주시는 것이 아니지만 양면성이 있다. 하나님은 질병의 회복 과정을 통해 복을 주실 뿐만 아니라 하나님의 영광을 드러내는 도구로 삼으시기도 한다. 모든 사람은 질병의 치료 과정을 통해 건강의 중요성을 깨닫게 되며 현재와 미래의 삶에 대해 성찰할 수 있는 기회가 된다. 특히 신앙인의 경우에는 자신의 죄를 회개하며 기울어지는 신앙의 주춧돌을 바로 세우는 기회가 될 뿐만 아니라 영적으로 더욱 성숙하고 온전하게 됨으로써 예수 그리스도와 이웃의 소중함을 깨닫고 사랑하는 기회가 된다.

이와 같이 하나님은 히브리 민족에게 언약의 백성으로서 온전한 건강의 삶을 주시기 위해 율법을 주셨지만, 신약 시대에는 예수 그리스도의 고난과 십자가의 죽음으로 말미암아 온전한 인간으로서의 삶을 주시기 위해 구원과 치유의 은총을 주셨다.

1) 구약에서의 인간

'구약에서의 인간을 어떻게 이해할 것인가?' 막연하지만 인간은 하나님께 지음을 받은 존재였으나 타락한 존재라고 말한다고 해서 틀린 것은 아니다. 아담과 하와의 죄의 결과는 온 인류에게 유전되었을 뿐만 아니라 인간과 하나님의 관계를, 인간과 인간의 관계를, 인간과 자연의 관계를 파괴하였다. 그 결과 인간은 스스로 자유의지를 복구할 능력까지 상실하고 말았다. 이로써 인간은 독립적인 존재로 살아갈 수 없게 되었다. 곧 인간을 이해하기 위해서는 다음의 세 가지 조건을 알아야 한다.

첫째, 하나님께서 창조하신 인간이 살아갈 수 있는 방법은 하나님의 창조 질서 안에서의 세계관을 이해해야 한다. 하나님께서 에덴동산 한가운데에 세우신 언약은 하나님과 인간의 관계가 매우 성결하고 완전하다는 것을 입증하는 지표였다. 하지만 인간 스스로 그 언약을 파괴하였으므로 회복하게 하시고 치유하실 분이 오셔야 한다.

둘째, 인간은 하나님의 창조 목적에 따라 지음을 받았다는 것이다. 하나님은 우주 만물과 인간을 창조하셨을 때 '심히 좋았더라.'고 하셨다. 하나님께서 인간을 창조하신 목적대로 인간은 창조자의 영광과 기쁨의 대상이 되어야 하고, 그분의 선함과 사랑의 대상이 되어야 하고, 축복의 대상이 되어야 한다.

셋째, 인간은 하나님으로부터 "생육하고 번성하여 땅에 충만하라, 땅을 정복하라, 바다의 물고기와 하늘의 새와 땅에 움직이는 모든 생물을 다스리라."(창1:28)는 권한을 위임받았다. 따라서 인간은 하나님의 창조세계를 관리함에 있어서 하나님의 목적대로 삶을 이루어 나가야 한다.

이 같은 신학적 시금석은 구약 시대의 인간을 이해함에 있어서 부가적인 설명이 요구된다. 인간의 지혜로는 창조주 하나님을 온전히 이해하거나 헤아릴 수 없다. "네가 하나님의 오묘함을 어찌 능히 측량하며 전능자를 어찌 능히 완전히 알겠느냐."(욥11:7) 다시 말해, 인간이 하나님의 존재를 잘 이해한다고 할지라도 그것은 하나님께서 주신 인간의 '지정된' 영역 안에서 가능하다는 의미이다. 전도서 기자는 "하나님이 모든 것을 지으시되 때를 따라 아름답게 하셨고 또 사람들에게는 영원을 사모하는 마음을 주셨느니라 그러나 하나님이 하시는 일의 시종을 사람으로 측량할 수 없게 하셨도다."(전3:11)라고 하였다.

인간의 존재를 이해함에 있어서 하나님은 두 가지 권능을 행사하셨다. 하나는 인간의 생사화복을 주장하셨다. "내가 홍수를 땅에 일으켜 무릇 생명의 기운이 있는 모든 육체를 천하에서 멸절하리니 땅에 있는 것들이 다 죽으리라."(창6:17) '생명의 기운'은 곧 호흡(breath)을 의미하는데, 그 생명의 주인은 하나님이시요, 하나님은 인간의 생명을 다스리시는 능력을 갖고 계시다는 것을 의미하고 있다. 다른 하나는 자연계를 주장하셨다. "하나님이 노아와 그와 함께 방주에 있는 모든 들짐승과 가축을 기억하사 하나님이 바람을 땅 위에 불게 하시매 물이 줄어들었고"(창8:1)에서 '바람'(wind)은 자연계의 위력 그 자체를 의미한다. 하나님은 자연계를 통해 인간의 삶의 환경을 다스리시는 권능과 파괴하시는 권능을 행하시는 분으로 묘사하셨다. 하나님이 인간을 창조하실 때 "여호와 하나님이 땅의 흙으로 사람을 지으시고 생기를 그 코에 불어넣으시니 사람이 생령이 되니라."(창2:7)고 하셨다는 것을 깨닫지 못한 인생은 '영적인 고아'(요14:18)이며, 길을 잃어버리고 목자를 찾는 양(눅15:3-7)이거나, 아버지 집에서 떠난 탕자(눅15:11-24)이거나, '야곱의 우물가'를 찾아온 여인(요4~26)과 같다. 구약에서의 인간을 이해하는 데 하나님의 창조론을 벗어나서 인간의 존재를 거론한다는 것은 무지의 소치가 아닐 수 없다.

'인간의 존재는 무엇일까?'에 대한 본질적인 답은 '인간의 생사화복의 주인은 하나님이시다.'라는 데서 출발할 때 가능하다. 인간은 '흙으로' 창조되었다는 것과 창조 후 '그 코에 생기를 불어넣으시니'의 말씀에서 잘 설명되고 있다. 또한 '사람이 생령이 되니라'는 말씀은, 인간은 단순히 동물적인 감각과 지능을 가진 존재가 아니라 하나님의 영에 지배를 받아야 할 뿐만 아니라 하나님을 떠나서 살아갈 수 없는 생명체임을 말해주고 있다. 구약에서의 인간을 이해하려면, 창조주 하나님을 전능자로 인정해야 한다. 결국 하나님은 인간의 생사화복과 인류의 흥망성쇠의 열쇠를 가지고 계시는 분이며, 인간은 하나님을 떠나서 살수 없는 존재임을 인정할 때 인간의 문제를 해결할 수 있는 열쇠를 찾게 될 것이다.

(1) 하나님의 피조물인 인간

역사 이래로 진화론자와 유물론자들은 하나님의 창조성을 부인한다. 그들은 고대 유인원의 화석들이 나중에 동물의 뼈라고 '밝혀졌음에도 불구하고 여전히 진화론의 이론에 길들여진 사고방식으로 창조론에 거부 반응을 나타내고 있는 것이다. 창조 과학자들은 지층에 있는 모든 동식물의 화석들이 온 세상을 덮은 노아의 홍수 때 생겨난 것으로 증명하였다. 성경은 처음부터 "하나님이 땅의 짐승을 그 종류대로, 땅에 기는 모든 것을 그 종류대로 만드시니 하나님이 보시기에 좋았더라."(창1:25)고 기록하고 있다. 또한 유전자의 실체를 밝혀주는 게놈에 의해 모든 동식물은 유전 세포 속에 유전 정보가 입력되어 있다는 것도 규명하였다. 그 유전 정보는 하나님께서 동식물이 태어날 때부터 넣어주신 것에 불과하다.

하나님은 인간을 세상에 태어나게 하실 때부터 '신묘막측'하게 창조하셨다. "주께서 내 내장을 지으시며 나의 모태에서 나를 만드셨나이다……나를 지으심이 심히 기묘(신묘막측)하심이라 주께서 하시는 일이 기이함을 내 영혼이 잘 아나이다."(시139:13-14) 하나님의 피조물이란 매우 신비로울 뿐만 아니라 그 능력도 무궁무진하다. 인간의 몸을 지배하는 신경계만 보더라도 중추 신경계와 말초 신경계로 크게 구분되어 뇌에서부터 발끝에 이르기까지 몸의 구석구석을 지배하고 있다. 또한 자율신경은 대뇌의 직접적인 영향을 받지 않고, 몸의 기능을 자율적으로 조절한다. 인간이 하나님의 피조물이라는 의미는 세 가지 측면으로 이해할 수 있다.

첫째, 인간은 하나님을 떠나서 살 수 없는 존재라는 것이다. 전도서 기자는 하나님을 떠난 인생을 향해 "헛되고 헛되며 헛되고 헛되니"(전1:2)라고 하였다. 곧 인간이 하나님의 창조된 영역을 벗어나서 사는 삶은 무의미하다는 것이다. 하나님을 떠난 인간은 삶의 존재적 가치와 목적이 고속도로 위에서 주행 속도를 위반해 달리고 있는 차량에 비유할 수 있다. 그러므로 하나님의 피조물인 인간은 하나님과의 관계를 회복하지 않는 한 그 삶이 허무해질 뿐이다.

둘째, 인간의 지식과 능력으로는 하나님을 알 수 없다는 것이다. 인간의 지식과 능력이 하나님의 경지에 이른다고 할지라도 그 이해의 폭이 자아중심적이기 때문에 제한적일 수밖에 없다. 현대 문명은 제4차 산업혁명 시대를 맞이하였다고 주장하고 있지만, 하나님을 떠난 인류 문명은 종착역인 '벼랑 끝'을 향해 달려가는 폐차에 불과하다.

필자가 강의하는 대학에서 교수를 대상으로 "제4차 산업혁명 시대의 교수 방법"이라는 주제로 열린 세미나에 참석한 바 있다. 강사는 교수들에게 "강의 노트를 버리세요. 아무 쓸모없는 강의 노트를 버리는 것이 제4차 산업혁명으로 나아가는 길입니다."라고 역설하였다. 세미나 내용은 필자에게 충격적이었고 갈등으로 혼란스러웠다. '강사는 전통적인 사고방식과 과거의 교육 방식을 모두 부정하고 있는 것일까?, 강사가 말하고 있는 제4차 산업혁명도 우리의 전통적인 과학 교육과 지식의 열매가 아니던가?, 어찌 하나님의 창조의 씨앗 없이 제4차 산업혁명 시대를 논할 수 있을까?, 무에서 유를 창조하는 것만이 인류 문명을 더욱 풍요롭게 한다고 주장하는 것처럼 어리석은 일은 없지 않은가?' 어쩌면 제4차 산업혁명은 창세기 11장에 기록된 '시날 평지'에 세워졌던 바벨탑처럼 또다시 바벨탑을 쌓고 있는 것인지도 모른다.

하나님의 섭리는 어제나 오늘이나 변함이 없다. 제4차 산업혁명 시대에 몰입하면 할수록 인간의 감성과 영성은 파괴될 것이며, 결국 지구촌을 멸망의 세계로 몰아넣고 말 것이다. 조만간 하늘을 나는 '드론 자가용' 시대가 오고, 인공지능(AI)에 의해 인간의 의술을 뛰어넘는 시대가 온다고 할지라도 인간은 여전히 생로병사의 고통에서 자유로울 수 없다.

셋째, 인간은 하나님의 예정과 섭리에 순응하면서 살아가야 하는 존재라는 것이다. 인간이 건강하게 장수하기 위해 사전에 질병의 유전자(DNA)를 제거하고, 수명이 다한 장기를 교체한다고 할지라도 인간은 죽음을 피해 갈 수 없다.

필자는 반평생 병원 사역을 통해 수많은 환자들을 만났다. 그리고 아주 가까이에서 그들이 질병과 죽음의 기로에 서서 괴로워하며 절망하는 모습을 보았다. 의사가 최선을 다해 성공적으로 수술을 하였어도 사망에 이르는 환자도 있고, 건강하게 살다 예기치 않게 병이 들어 기대수명을 다하지 못하고 죽는 이들도 있다. 시편 기자는 "여호와께서는 사람의 생각이 허무함을 아시느니라."(시편 94:11)고 탄식하였다. 이 어찌 인간이 자신의 삶을 제 것이라고 말할 수 있을까! 하나님을 아는 자만이 하나님을 영화롭게 하며, 영생의 삶을 보장받게 될 것이다. "아버지여 창세 전에 내가 아버지와 함께 가졌던 영화로써 지금도 아버지와 함께 나를 영화롭게 하옵소서."(요17:5)

(2) 하나님의 형상으로 창조된 인간

인간이 '하나님의 형상'(Imago Dei)으로 창조되었다는 설이 오늘날까지 논쟁거리인 듯 착각하고 있는 사람들이 있지만, 그것만큼 어리석고 무의미한 논쟁은 없다. 하나님은 인간이 될 수도 없고, 하나님과 인간을 비교할 수도 없으며, 동일한 선상에서 동격이 될 수도 없다. 하나님은 인간을 창조한 분이시기 때문이다. '하나님의 형상'을 언어학적인 의미로 볼 때 '형상'은 '그림자'(shadow)와 '모양'(likeness)으로 번역된다. 인간의 육체가 하나님을 닮았다거나 모습이 똑같다는 것이 아니라 인간이 영적으로 지니고 있는 사고와 행동, 양심과 도덕적인 본성이 하나님의 본성과 유사성을 지니고 있다는 의미이다. 곧 인간이 하나님과의 관계에서 영적인 속성의 인격체를 지니고 있다는 이야기이다.

인간의 속성은 하나님의 인격을 본받아 창조되었고, 인간은 하나님의 신적 권위와 영광을 위해 지음을 받은 존재이기 때문이다. 바울은 "하나님을 따라 의와 진리의 거룩함으로 지으심을 받은 새 사람을 입으라."(엡4:24)고 하였다. 인간은 본질상 하나님과 인격적인 관계 안에서 살아가야 할 존재로, 하나님의 의와 진리의 거룩함에 따라 살아가야 할 영적인 생명체이다. 그와 같을 때만 인간은 생물학적인 죽음에 이르기까지 하나님의 부르심에 반응할 수 있는 영적인 존재로서의 삶을 영위할 수 있다.

　하나님이 동물에게는 '생육하고 번성하라.'고 하셨으나 인간을 창조
하시고는 '땅을 정복하라……모든 생물을 다스리라.'고 하셨던 것은,
인간과 동물은 근본적으로 창조의 목적과 차원이 다르기 때문이다.
'하나님의 형상'으로 창조된 인간은 하나님과의 관계, 하나님의 피조
세계 안에서 하나님의 뜻에 따라 인간의 재능과 지식, 경험, 재원과 능
력을 통해 세상을 다스리고 관리해야 한다는 의미이다. 진화론자의 주
장에 대해 성경은 전지전능하시고 인격적이며 영적인 존재이신 하나
님의 영원한 섭리와 계획에 따라 온 우주만물과 인간을 만드셨다고 선
포하였다.

　인간은 '하나님의 형상'으로 창조되었기 때문에 다른 동물이나 피
조물과 달리 하나님의 영광을 위해 경배하며, 하나님과 영적인 소통이
가능하다. 또한 '하나님의 형상'으로 인간을 창조하셨다는 것은 단순
하게 인간을 로봇 또는 장난감처럼 만들었다는 것이 아니라 인간에게
신성한 복을 누릴 수 있는 수혜자로서의 특권을 주셨고 더불어 하나님
의 창조세계를 다스릴 수 있는 권한을 이양하셨다는 의미이다. 그 권
한은 바로 '자유의지'에서 누릴 수 있는 특권이다. 하나님은 인간이 하
나님의 창조 영역 안에서 자유롭게 삶을 선택하며 인간다운 삶을 영위
할 수 있는 지혜와 권한을 주셨으나 여기에는 영적인 책임이 뒤따르고
있다. 인간이 하나님의 창조 목적에 따라 선택하고 결단하며 행동할
때 선하고 행복한 삶을 누릴 수 있는 자유를 주신 것이다.

　아담과 하와가 죄와 선을 선택할 '자유의지'의 경계선을 넘은 것은
권한의 남용인 동시에 사탄의 노예로 전락한 것이다. 그때 아담과 하
와가 하나님의 말씀에 순종만 하였더라도 인간은 영원히 살 수 있는 존

재로서 질병이나 죽음과 무관한 삶을 살 수 있었다. 그러나 그들은 하나님께서 주신 자유의지를 죄와 맞교환하고 말았으니, 그 죄의 대가를 치르게 된 것이다. 인간의 자유는 하나님의 영역 안에서만 누릴 수 있는 제한된 자유로, 하나님이 창조하신 은혜와 진리의 세계에서만 누릴 수 있다.[26]

원목은 환자가 질병 가운데서도 영적인 자유를 누리기를 원한다. 때로 환자로부터 '왜 인간에게 질병이 찾아올까?'라는 질문을 받을 경우, 환자의 입장에서 공감하며 대답해야 한다는 중압감을 느낄 때가 있다. 그러나 단 한 가지 진리는, 질병은 약과 의술로만 치료될 수 없으며 생명의 주체자이신 하나님의 영인 성령이 개입하셔야 한다는 것이다. 이 같은 사실을 망각할 때 의사든 환자든 또 다른 죄의 함정에 빠질 수 있다. 의사이며 목사였던 로이드 존스(M. Lloyd Jones)는 의사들이 직면하는 최대의 위험은 의사라는 직업에 대한 자신감을 상실할 때라고 경고하였다.[27] 저명한 의사인 멜빈 코너(Melvin J. Konner) 또한 종종 존스 홉킨스 병원의 의사들도 검사나 수술에 큰 경비를 들이고도 실제적으로 환자에게 아무런 도움을 주지 못하는 경우가 허다하다. 그러나 가끔은 그들이 환자들을 위해 '뭔가를 할 수 있는 부분'이 있기에 환자들은 이 일부분의 작은 희망 때문에 병원의 문턱을 넘는 것이라고 하였다.[28]

의사라는 직업이 환자들로부터 신적인 존재처럼 존경을 받는다고 할지라도 그들은 신이 되어서도 안 되고, 환자의 병을 자신의 의술로 고칠 것처럼 착각해서도 안 된다. 프랭클린 페인 주니어(Franklin E. Payne Jr.)는 현대 의학에서 보다 합리적인 접근에 장애물이 되는 요인은 현대 의학의 효과가 불명확하고 어떤 경우는 득보다 해를 더 끼친다는 사실에 있다고 하였다. 그 예로, 현대 의학의 효과는 실제 의료 행위와 관계

가 거의 없고, 사회경제적 여건 변화와 질병 발생 양상의 변화 때문에 나타난다.[29]

그렇다면 '왜 기독교인에게 질병이 찾아오는가?'에 대해 조지 맬크머스(George H. Malkmus)는 세 가지로 간략하게 설명하였다. 첫째는 하나님의 영광을 위해서 찾아오고, 둘째는 회개하지 않는 죄 때문에 찾아오며, 셋째는 하나님이 창조하신 천연법칙을 위반하였기 때문에 찾아온다고 단정 짓고 있다.[30]

인간에게 오는 질병은 마치 발신자가 수신자와 통화할 때 장애를 받고 있는 것처럼 인간과 하나님의 관계성이 불확실한 관계에 놓여 있다는 것을 의미한다. 곧 질병은 하나님과의 관계를 회복하라는 신호요, 환자 자신에게 지나온 삶의 궤도를 수정하라는 신호로 받아들여져야 한다. 결국 인간이 '하나님의 형상'에 부합하는 삶을 살아가야 한다는 것이다. 곧 그것은 인간이 '하나님의 형상'으로 회복하기 위한 치유의 과정으로 보아야 한다. 그 관계성이 부합되는 삶은 다음과 같다. 첫째, 인간은 하나님의 창조 원리에 따라 그 관계성을 유지해야 한다. 둘째, 인간은 하나님의 피조물로서 하나님의 영광을 위한 삶을 유지해야 한다. 셋째, 인간은 하나님의 형상을 회복한 자로서 자유롭고 행복한 삶을 유지해야 한다.

(3) 타락한 존재로서의 인간

암이 가장 무서운 것은 초기에 전혀 그 증상을 느낄 수 없다는 점이다. 국민건강보험공단은 해마다 보험자에게 정기적인 건강검진을 받으라고 권고한다. 그 이유는 조기에 병을 발견하기 위해서이다. 초기에 암과 같은 질병을 발견함으로써 의료비가 훨씬 절약되기 때문이다.

　본래 하나님은 인간을 죄 없이 창조하시면서 단 한 가지만은 지킬 것을 명령하셨다. "선악을 알게 하는 나무의 열매는 먹지 말라 네가 먹는 날에는 반드시 죽으리라."(창2:17)고 말씀하셨다. 그것은 사전에 죄를 차단하시기 위해서이다. 그러나 인간은 사탄의 유혹으로 그만 하나님의 명령을 망각하고 불순종함으로써 하나님 앞에 영원한 죄인이 되었다. 물론 사탄의 간교한 유혹이 있었지만, 인간의 죄는 인간 스스로 선택한 결과였다. 인간은 보통 자신의 죄를 인정하기보다는 자신의 죄를 환경 탓으로 돌리거나 타인에게 전가시키며 합리화하는 경우가 많다. 죄는 무엇보다도 유전성을 갖고 있다. 인류 최초의 죄가 그 당시의 벌로 끝나지 않고 계속해 그 후손에게 유전되었다. 바울은 죄의 유전에 대해 "그러므로 한 사람으로 말미암아 죄가 세상에 들어오고 죄로 말미암아 사망이 들어왔나니 이와 같이 모든 사람이 죄를 지었으므로 사망이 모든 사람에게 이르렀느니라."(롬5:12)고 하였다.

　일반적으로 죄는 '하타아(hattah)'로, '빗나감'을 뜻한다. 곧 '죄'라는 것은 하나님이 창조하신 영역에서 벗어났다는 것을 의미한다. 인간이 하나님의 명령을 어기고 선과 악의 경계선을 무너뜨림으로써 결과적으로 타락하였다. 타락의 증거로 인간은 얼마든지 사악한 존재로 돌변할 수 있다.

　인류의 전쟁 역사를 보면, 인간의 잔악함이 극치에 이르렀던 사건들이 많았다. 그들은 인간이라기보다 사탄과 다름이 없었다. 오늘날까지 가장 끔찍한 사건은 600만 명의 유대인들을 아우슈비츠 수용소에서 학살한 만행일 것이다. 학살 과정을 지휘하였던 가장 악명 높은 사람은 질병을 치료해야 할 의사인 멩겔레(Mengele)로, 임산부를 비롯해 살아 있는 사람들을 대상으로 무수히 생체실험을 감행하였다. 또한 일본 제국주의자들이 만주에서 한국인과 중국인을 대상으로 생체실험을 감행하였고, 캄보디아의 폴 포트(Pol Pot)에 의해 120만 명이 학살되었으며, 우간다 이디 아민(Idi Amin)의 공포정치에 의해 30만 명이 처형되기도 하였다. 오늘날에도 여전히 시리아 내전으로 수백 만 명이 난민으로 떠돌이 생활을 하거나 굶주림에 시달리고 있다. 그들이 하나님의 심판을 두려워하였다면 그와 같은 범죄는 저지르지 못하였을 것이다. 하지만 하나님은 여전히 그들의 죄를 통해 인류애가 얼마나 중요한 것인지를 가르치시며, 악을 통해 인류를 '정의와 공의'로 다스리고 계시다. 시편 기자는 "그는 공의와 정의를 사랑하심이여 세상에는 여호와의 인자하심이 충만하도다."(시33:5)라고 하였다.

인간은 하나님의 피조세계를 다스릴 권한을 위임받은 자로서 '만물의 영장'으로 삶의 복을 누릴 수 있는 특권이 있다. 그럼에도 불구하고 그 특권을 남용함으로써 하나님의 창조 질서를 파괴하였을 뿐만 아니라 인간 자신에게 죄와 고통, 질병과 죽음을 자초하였다. 나아가 인간의 삶은 하나님의 명령보다는 사탄의 지배를 받으며 '육신의 정욕과 안목의 정욕과 이생의 자랑'을 추구하고, 자연환경의 지배를 받으며 살다가 노환으로 생을 마감하는 존재로 전락하였다. 인간의 죄는 자자손손 유전됨으로써 하나님을 떠난 삶을 즐기며 살아가기를 원한다. 비록 인간이 하나님을 안다고 하지만, 여전히 하나님을 떠난 삶을 즐기며 살아가기를 원한다. 성경은 "하나님을 알되 하나님을 영화롭게도 아니하며 감사하지도 아니하고 오히려 그 생각이 허망하여지며 미련한 마음이 어두워졌나니 스스로 지혜 있다 하나 어리석게 되어 썩어지지 아니하는 하나님의 영광을 썩어질 사람과 새와 짐승과 기어다니는 동물 모양의 우상으로 바꾸었느니라 그러므로 하나님께서 그들을 마음의 정욕대로 더러움에 내버려 두사 그들의 몸을 서로 욕되게 하게 하셨으니."(롬1:21-24)라고 묘사하고 있다. 하나님을 떠난 인간의 의식은, 프로이트(G. Freud)가 주장한 본능(libido)의 세계로 볼 때 인간의 삶은 마치 굶주린 짐승처럼 의식주와 성욕에 사로잡혀 살아갈 수밖에 없는 존재로 전락하고 말았다.

'왜 사신주의 신학, 다원주의 신학이란 말이 생겨났을까?'

그것은 하나님의 창조 원리로 성경을 해석하기보다 인간의 자아중심적인 지혜로 판단하기 때문이다. 하나님은 '영'이시기 때문에 인간의 지혜와 감성으로는 하나님을 이해할 수도 없고, 하나님 앞에 설 수도 없다. 모세 스스로 하나님을 만난 것이 아니라 하나님이 모세를 부르셨기 때문에 하나님 앞에 설 수 있었다. 나아가 인간의 죄의 영향력은 인간의 이성과 판단을 지배할 뿐만 아니라 인간 자신의 영혼까지도 타락하게 만들어 버린다.

히브리 민족은 하나님의 은총에도 불구하고 하나님의 명령과 법도를 쉽게 망각하고 거역하며 불순종한 민족으로 살았다. 히브리 민족이 2천 년 동안 디아스포라(Diaspora) 민족으로서 고통스럽게 산 것은 하나님께서 주신 것이 아니라 그들 스스로 선택한 불순종의 결과에서 비롯되었다. 인간이 죄에서 구원받지 못하면 "헛되고 헛되도다 모든 것이 헛되도다."(전12:8)라는 말씀처럼 하나님 앞에 돌아오지 못하면 멸망의 길을 향해 나아갈 뿐이다.

2) 신약에서의 인간

구약에서의 인간은 하나님을 떠난 죄인이요, 하나님의 인도하심으로 말미암아 살아갈 수밖에 없는 존재였다면, 신약에서의 인간은 예수 그리스도로 말미암아 구원을 받아야 할 존재이다. 죄인인 인간은 길 잃은 양처럼 살다가 사악한 이리 떼에게 유혹당해 상처를 입고 절규하며 살아갈 수밖에 없는 존재이기 때문이다.

시편 기자가 하나님과 인간의 관계를 목자와 양의 관계(시23, 100)로 묘사하고 있는 것은 예수 그리스도 자신이 하나님의 목자로서 길을 잃은 양을 구원하기 위해 세상에 오셨다고 선포하셨기 때문이다. 그 비유로 "예수께서 다시 이르시되 내가 진실로 진실로 너희에게 말하노니 나는 양의 문이라."(요10:7), "나는 선한 목자라 선한 목자는 양들을 위하여 목숨을 버리거니와."(요 10:11), "나는 선한 목자라 나는 내 양을 알고 양도 나를 아는 것이 아버지께서 나를 아시고 내가 아버지를 아는 것 같으니 나는 양을 위하여 목숨을 버리노라."(요10:14-15)고 거듭하여 말씀하셨다. 뿐만 아니라 예수님은 "모든 도시와 마을에 두루 다니사 그들의 회당에서 가르치시며 천국복음을 전파하시며 모든 병과 모든 약한 것을 고치시니라 무리를 보시고 불쌍히 여기시니 이는 그들이 목자 없는 양과 같이 고생하며 기진함이라."(마9:35-36)고 하셨다.

원목은 병원 현장에서 주님과 같은 심정으로 길을 잃고 방황하는 환자들을 찾아 나서는 목자이며, 그들의 상처를 돌보고 위로하며 구원하는 자이다.

(1) 죄인으로서의 인간

'왜 인간이 죄인인가?'에 대해 성경만큼 보다 명확하게 구체적으로 표현한 책은 없다. 죄인으로서의 인간에 대해 "기록된 바 의인은 없나니 하나도 없으며 깨닫는 자도 없고 하나님을 찾는 자도 없고 다 치우쳐 함께 무익하게 되고 선을 행하는 자는 없나니 하나도 없도다."(롬 3:10-11)라고 정의를 내렸다.

구약에서는 인간이 하나님으로부터 죄를 용서받을 수 있는 길은 하나님의 율법에 순종함으로써 가능하였으나 여전히 인간은 죄의 굴레에서 벗어날 수 없었다. 그러나 신약에서는, 인류 조상 아담의 후손인 인간은 예수 그리스도의 구속적인 은혜로 말미암아 구원을 받을 수 있는 존재라고 선언하였다. "한 사람의 범죄로 말미암아 사망이 그 한 사람을 통하여 왕 노릇 하였은즉 더욱 은혜와 의의 선물을 넘치게 받는 자들은 한 분 예수 그리스도를 통하여 생명 안에서 왕 노릇 하리로다."(롬5:17)라고 하였다.

종교개혁가인 칼뱅은 5대 교리에서 인간을 전적으로 부패한 존재로 보았다. 죄에 길들어 있는 인간은 죽을 때까지 죄를 지을 수밖에 없고, 인간이 선한 행함을 추구하고 양심이 깨끗하다고 할지라도 인간의 의지와 행동, 지성과 감성, 영성은 모두 깨어져 버린 유릿조각과 같다. 나아가 인간과 하나님의 관계, 인간과 인간의 관계, 인간이 속한 공동체에 정의와 공의가 있다고 할지라도 그것은 죄악으로 오염될 수밖에 없다. 인류 역사는 오늘날까지 인간의 죄악을 근절하기 위해 수많은 제도와 법을 만들었으나 지구촌의 죄악은 여전히 근절되지 않고 있으며, 인간의 행동은 더 악하고 잔인해질 뿐이다. 많은 성현들의 가르침과 교육에도 불구하고 삐뚤어진 인간의 사고와 감정 체계는 좀처럼 치유되지 않는다는 것이다.

　근래에 사회 각계각층에서 일어나는 'Me too' 운동은, 남성의 성적인 방종에 대한 경종이요, 인간이 얼마나 그 자신의 죄를 은폐하는 데길들어 있는지를 증명하고 있다. 이 운동은 그러한 행동을 당연한 권리처럼 착각하며 살아가는 사람들을 향한 인간의 양심적인 사회 고발이다. 그러나 죄는 고발로만 근절되지 않는다. 죄에 길든 인간의 사고와 의지, 행동이 변화되어야만 가능하다. 인간의 노력과 의지로만 고쳐지기 힘든 이유는, 죄는 반복될수록 전혀 불편하지도 거북하지도 않을 뿐더러 죄를 지을 때마다 인간이 느끼는 쾌락의 강도가 더 세게 각인되기 때문이다. 마약과 도박, 약물, 성적 중독자들은 그것들이 자신을 파멸의 길로 이끌어간다는 것을 알면서도 쉽게 끊지 못한다. 그것은 죄의 뿌리가 온몸과 영혼을 지배하고 있기 때문이다. 그래서 그들은 감옥살이를 하고 난 후에도 반복적으로 똑같은 죄를 저지른다.

　죄는 중독성이 있을 뿐만 아니라 인생 자체를 즐겁게 만드는 특징을 갖고 있다. 인간이 죄에 중독될 수밖에 없는 가장 큰 이유는, 인간의 죄는 유전되었기 때문이다. 죄는 유전과 더불어 중독성이 강해져 자신과 가족, 이웃, 사회, 국가까지 전염시킨다. 죄에 중독되면 인간의 양심과 영혼이 마비되고 아무리 좋은 보약도 거절하게 된다. 바울은 "그러므로 한 사람으로 말미암아 죄가 세상에 들어오고 죄로 말미암아 사망이 들어왔나니 이와 같이 모든 사람이 죄를 지었으므로 사망이 모든 사람에게 이르렀느니라."(롬5:12)고 하였다. 죄는 씨앗처럼 점점 성장해 열매를 맺는다. 죄는 질병을 잉태하고, 질병은 죽음에 이르게 한다.

　원목의 소명은 죄에 중독된 환자들을 치료하는 것이 아니라 그들 자신이 죄인이라는 사실을 성찰하게 함으로써 그들을 질병에서 벗어나 자유를 누릴 수 있도록 인도하는 것이다.

(2) 구원을 받아야 할 인간

아담과 하와에 의해 뿌려진 죄의 씨앗은 온 인류에게 유전되었으며, 하나님이 창조하신 피조세계도 죄로 오염시켜 버렸다. 그럼에도 불구하고 하나님은 인간을 타락하도록 방치하지 않으셨다. 인간이 죄악으로 고통을 당하며 멸망의 길로 가는 것을 원치 않으신 것이다. 현대인의 죄는 날로 지능화되고 있다. 당당하게 하나님 앞에서도 자신의 죄를 은폐한다. 비록 그 방법이 뱀 같이 지혜롭다고 하지만, 인간은 스스로 그 죗값을 청산할 수 없다. 질병으로 사경에 이른 환자를 살릴 수 있는 사람이 의사라면, 죄로 말미암아 사망에 이른 영혼을 구원할 사람은 병원 원목이다. 의사는 환자의 질병을 고치는 주치의로 자신의 의술에 의지하지만, 영혼을 구원하지는 못한다.

프랭클린 페인 주니어(Franklin E. Payne Jr.)는 현대 의학에서 주요 장애물이 되는 것은 현대 의학의 효과가 불명확하고 어떤 경우는 득보다 해를 더 끼칠 뿐만 아니라 생명을 보존하는 것, 즉 죽음을 방지하는 것이 의료의 목표가 될 수 없고, 의료의 목표는 고통 완화라는 범주 안에 포함시킬 수 있다고 하였다.[31] 또한 폴 투르니에(Paul Tournier)는 사물의 의미, 질병과 치료의 의미, 삶과 죽음, 세계와 인간과 역사의 의미에 대해 과학은 우리에게 아무것도 설명해 주지 못한다. 이 모든 것을 말해주는 것은 바로 성경이다. 그렇기 때문에 의사가 성경을 연구하는 것은 과학을 연구하는 것만큼이나 가치 있는 일이라고 하였다.[32]

이미 영적으로 파괴된 인간의 '하나님의 형상'은 누군가에 의해 복구되어야 하지만 인간에게는 복구할 능력도 없고, 구원할 능력도 없으며, 그 자격 또한 없다. 가끔 병원에서 사망선고를 받은 환자들이 회복되어 건강하게 살고 있는 경우가 있다. 그것은 인간의 질병과 죽음을 다스리시는 분이 하나님이시기 때문이다. 무신론자였던 소련의 알렉산드르 솔제니친은 스탈린을 비난한 죄로 8년 동안 감옥살이를 하였다. 그러나 그가 출옥할 때는 예수 그리스도를 믿는 신앙인이 되어 있었다.

인간에게 구원받을 수 있는 방법이 있다면, 그것은 인간을 창조하신 하나님과 그의 보내심을 받은 예수 그리스도를 통해서만 가능하다. 예수님 자신은 "내가 곧 길이요 진리요 생명이니 나로 말미암지 않고는 아버지께로 올 자가 없느니라."(요14:6)고 하셨다. 비근한 예로, 복막염 환자는 외과의사가 수술을 해야만 살릴 수 있는 것처럼 죄악으로 신음하는 인간을 살릴 수 있는 이는 만병의 의사이신 예수 그리스도 밖에 없으시다. 외과의사가 복막염 환자를 성공적으로 수술하였다고 할지라도 그를 살리고 회복하게 하시는 분은 의사가 아니라 하나님이시다. 그래서 예수님은 "예수께서 들으시고 이르시되 건강한 자에게는 의사가 쓸 데 없고 병든 자에게라야 쓸 데 있느니라 내가 의인을 부르러 온 것이 아니요 죄인을 부르러 왔노라."(막2:17)고 선포하셨다. 그 증거가 하나님의 사랑이요, 예수 그리스도 자신이 인간의 죄를 대신해 십자가에서 대속하시는 길이었다. 예수님은 최후의 만찬에서 "이것은 죄 사함을 얻게 하려고 많은 사람을 위하여 흘리는 바 나의 피 곧 언약의 피니라."(마26:28)고 말씀하셨다. 예수 그리스도께서 흘리신 십자가의 피의 값으로 말미암아 인간이 구원받게 된다는 사실을 입증하신 것이다.

'대속'이란 '예수 그리스도가 인간의 죄를 담당하셨다.'는 의미이다. 죄인이 이를 깨닫게 되는 첫 관문은 인간이 자신이 죄인이었다는 것을 스스로 자백하는 것이다. 자신이 스스로 회개하고 예수님을 나의 구세주로 믿을 때 믿음의 공식이 성립되는 것이다. 이사야는 예수님의 죽음을 "그가 찔림은 우리의 허물 때문이요 그가 상함은 우리의 죄악 때문이라 그가 징계를 받으므로 우리는 평화를 누리고 그가 채찍에 맞으므로 우리는 나음을 받았도다."(사53:5)라고 예언하였다. 예수님이 세상에 오셨다는 것은 죄인을 구원하기 위해서이며, 그 방법은 예수님 자신이 십자가의 고난과 죽음을 통해 인간의 죗값을 청산하시는 것이었다. 바울은 "복음에는 하나님의 의가 나타나서 믿음으로 믿음에 이르게 하나니 하나님 기록된 바 오직 의인은 믿음으로 말미암아 살리라 함과 같으니라."(롬1:17)고 하였다.

죄인인 인간이 구원을 받는 길은 예수 그리스도가 나의 죄 때문에 십자가에서 죽으셨다는 것을 믿는 것이다. 이 믿음으로 말미암아 인간이 죄에서 구원받을 뿐만 아니라 인간이 생로병사의 삶 가운데서도 진정한 자유를 누릴 수 있다. 예수님은 "진리를 알지니 진리가 너희를 자유롭게 하리라."(요8:32)고 말씀하셨다. 진리를 아는 것은 기독교 세계관이요, 구원으로 향하는 통로이다.

3) 전인적인 관점에서의 인간

인간의 신체 구조는 비행기 구조보다 더 복잡하고 신비롭지만 매우 정밀하다. 인간의 몸은 머리부터 발끝까지 신경세포가 지배하고 있다. 손가락 끝에 약간의 상처만 입어도 통증을 손가락 끝에서만 느끼는 것이 아니라 온몸이 그곳에 집중된다. 전인적인 인간(Whole People)이란 하나님이 인간을 창조하실 때 단지 흙으로만 창조하신 것이 아니라 생령

(영과 혼)을 불어넣으시므로 인간이 되었다는 데서 '전인'이란 말을 사용한다.

구약에서 보면, '사람'은 네 가지 뜻의 어원을 가지고 있다. 첫째, 사람을 아담(Adam)이라고 불렀다. 아담은 '붉다' 또는 '붉은 색'이라는 '흙(티끌)에서 왔다'는 뜻에서 사람을 지칭한다. 둘째, 사람은 이쉬(ish)에서 유래하였다. 이쉬는 '강하다'(strong) 또는 '능력이 있다'(powerful)는 뜻이다. 하나님은 인간이 태어날 때부터 인간에게 하나님께서 창조하신 세상을 다스릴 지혜와 능력을 주셨다. 셋째, 사람은 에노쉬(enosh)에서 유래하였다. 에노쉬는 '병들다' 또는 '약하다'는 뜻이다. 인간이 장수한다고 해도 결국 늙어서 죽는다. 넷째, 사람은 게베르(geber)에서 유래하였다. 게베르는 '강하다'(strong) 또는 '능하다'(mighty)와 유사한 뜻이다. 인간은 무력하고 연약한 존재로 창조되었으나 하나님이 주신 능력으로 말미암아 능히 생로병사의 삶을 극복해 나갈 수 있는 믿음이 있고, 그로 말미암아 위대하고 강한 존재로 쓰임을 받도록 되어 있다.

전인적인 인간이란 몸과 정신, 영의 세계가 따로 분리되어 있다는 것이 아니라 하나의 생명체로 연결되어 있다는 의미이다. 인간의 몸과 영혼이 하나님의 인격을 지닌 하나의 개체로서 온전함(wholeness)을 의미한다.

인간의 몸은 뇌(brain)의 구조에 의해 무수한 신경세포로 구성되어 있다. 신경세포가 뉴런과 뉴런 사이를 연결하는 시냅스에 의해 뇌신경 물질을 전달할 수 있도록 연계되어 있는 것처럼 인간을 움직이는 신경 물질도 영과 혼의 지배를 받는다. 비록 사람이 생물학적으로 사망하였더라도 영적인 세계와 단절되는 것은 아니다. 또한 죄로 말미암아 타락한 인간이 예수님을 영접하고 죄인에서 의인으로 거듭났다는 것은 단지 죄의 문제만 해결되는 것이 아니라 몸과 마음, 영혼도 서로 밀접한 상호관계로서 새로운 피조물이 되었다는 것이다.

일반적으로 영과 혼, 몸을 이분법(dichotomy)과 삼분법(trichotomy)으로 분류하기도 한다. 이분법은 인간의 육체와 영혼(정신과 영)을 두 가지 요소로 분류하고, 인간의 영혼(정신)이 육체를 지배하고 행동을 결정하는 요인이라고 주장한다. 주로 철학적인 관점에서의 정신세계는 사고와 감정적인 존재로, 의학적인 관점에서도 정신과 신체를 생물학적 존재로 보는 것이다. 그러나 삼분법은 "평강의 하나님이 친히 너희를 온전히 거룩하게 하시고 또 너희의 온 영과 혼과 몸이 우리 주 예수 그리스도께서 강림하실 때에 흠 없게 보전되기를 원하노라."(살전5:23)에서처럼 '영'(spirit)과 '혼'(soul), '몸'(body)으로 구분하고 있다. 성경 가운데는 '영혼'으로 표기하는 구절도 있지만, 대부분 정통교단에서의 신학의 흐름은 삼분법을 채택하고 있다.

좀 더 살펴보면, 인간의 몸(신체)은 오감을 통해 의식주로 생명을 유지하고 있으나 이것은 생존에서의 육신을 의미한다. 하나님은 사람을 흙으로 만드셨으나 생명력은 없었다. 그래서 하나님은 흙에다 생령을 불어넣으셨다. 생령이란 창세기 2장 7절에 따르면, 하나님이 인간의 코에다 '생명의 기운'을 불어넣으시자 사람이 되었다고 기록하고 있다. 생령은 영(히, 루아흐)과 혼(히, 네페쉬)을 의미한다. 우리말 공동 번역에는 '사람이 되어 숨을 쉬었다.'고 설명한다. 그러나 하나님의 영과 인간의 영은 다르다. 하나님의 '영'(히, 루아흐)의 의미는 '바람'(창8:1, 10:13, 19, 14:21)과 '호흡'(창6:17, 민16:22, 27:16), 나아가 '마음'(출6:9, 민5:14, 사54:6)으로 표현하지만, 선한 영 또는 악한 영이라는 어떤 초자연적인 존재를 가리킬 때도 쓰인다(민11:17, 삿9:2, 삼상16:14).

신약 성경에서는 '루아흐'를 '프뉴마'로 번역하고 있는데, 곧 바람과 호흡, 생명, 영혼이 전의된 의미로 상호관계에서 오는 영을 가리키는 뜻으로 사용되고 있다. 또한 신약 성경에서 '프뉴마'는 '몸에 생명을 주는 원리'(눅8:55, 요19:30, 행7:59)로 사용되고 있고, 지·정·의의 심적 작용(고후7:1, 고전2:6-16)으로 표현되고 있으며, 아버지의 영과 하나님의 영, 성령(91회)으로 사용되고 있다.[33]

인간의 '영'은 영적으로 하나님과 교통하고, 인간의 양심과 선과 악을 분별하게 하는 기능으로 이해될 수도 있으나 그렇다고 해서 사람이 생물학적으로 죽는다고 하여 '영'도 죽는다고 단정해서는 안 된다. 전도서 기자는 "흙은 여전히 땅으로 돌아가고 영은 그것을 주신 하나님께로 돌아가기 전에 기억하라."(전12:7)고 하였다. 영과 혼은 각각 분리되어 있는 것이 아니라 매우 밀접한 관계를 유지하며, 그 기능은 인간의 몸과 마음, 정신, 감성, 영성의 세계에서 함께 작용함으로써 전인적인 인간으로 표현하고 있다.

몸이 병들면 영과 혼도 그 기능이 약화되고, 영과 혼이 병들면 그 몸도 함께 고통을 받게 된다. 인간의 영과 혼, 몸은 살아 있는 동안은 하나의 인격체로 움직일 뿐만 아니라 상관관계를 맺으면서 한평생을 살아가게 된다. 인간의 영과 혼, 몸은 요람에서 죽음에 이르기까지 상호 작용을 통해 밀접한 관계를 맺고 있기 때문에 예수께서 인간을 구원하러 오신 목적도 인간의 온전함(wholeness)에 두고 계시다. 인간의 의식적 사고와 행동이 죄의 함정에 빠지거나 신체적으로 어느 한 부분이 손상을 입는다면, 영과 혼도 함께 고통을 받는다.

이 같은 관점에서 질병이라는 신체적인 손상을 입었을 때 육적인 부분만이 치료를 요하는 것이 아니라 영과 혼도 함께 치유를 받아야 한다. 전인적인 인간이라면 '하나님의 형상'을 회복할 뿐만 아니라 현대 의학에서 치유할 수 없는 영적인 부분까지 함께 치료함으로써 온전한 치유를 할 수 있다. 따라서 원목은 전인적인 관점에서 환자를 이해할 수 있어야 하고, 의학적인 사고와 인간적인 감성, 신학적인 영성 간에 조화와 균형을 이룰 수 있는 전문가적인 기질이 요구되고 있다.

(1) 육체적인 관점에서의 인간

인간은 육체적으로 누구나 질병에 취약한 구조를 가지고 있다. 평생 건강하게 산다고 할지라도 삶의 환경은 거대한 오염원이다. 인간이 사는 날까지 어떻게 하면 건강하고 장수할 수 있을지에 대해 지금까지 거듭된 생명공학과 의학적인 연구에도 불구하고 질병을 완전히 퇴치될 수는 없다. 예를 들면, 첫째, 1976년 로스앤젤레스에서 의사들이 파업을 하였을 때 그 기간 동안 사망률이 줄었다. 둘째, 의학 연구의 많은 예들은 '과학적 의미'를 부여하기 위해 필요한 자체적인 기준마저도 충족시키지 못하고 있다. 셋째, 의사들이 시행하는 의료와 처방들은 대부분 환자에게 유익하다고 증명되지 못하고 있다.[34]

1967년 미국의 심리학자 '베드포드' 박사(당시 75세)는 간암으로 사망 선고를 받았다. 그의 유언대로, 그가 죽기 직전에 그의 체내에 있는 모든 혈액을 빼내고 냉동 보호제를 주입한 다음 액체 질소를 채워서 영하 196도의 금속용기 안에 넣어 오늘까지 냉동상태로 보관하고 있다고 한다. 그는 먼 훗날 암이 완전히 정복될 때 냉동한 몸을 해동시켜서 전신에 퍼져 있는 암세포를 제거한 후 긴 잠에서 깨어나게 해달라고 유언하였던 것이다.

현재 미국의 '알 코어 생명재단'을 비롯한 여러 회사들이 이 같은 목적으로 약 1,100명의 냉동인간을 보관하고 있는 것으로 알려져 있다. 그러나 오늘날에는 뇌만 냉동시켜 보존하고 있다고 한다. 앞으로 유전자(DNA)를 이용한 복제기술이 발달하면 인간의 육체를 만들어 내는 일이 가능하다고 보고 있기 때문이다. 과연 냉동상태에 있던 인간이 살아나는 날이 가능할지……. 과거에는 불가능하였지만 오늘날에는 과학의 발달로 현실화는 되는 일들도 종종 있다. 하지만 과학이란 인간의 인식을 중시하는 사고일 뿐 "성읍과 탑을 건설하여 그 탑 꼭대기를 하늘에 닿게 하여 우리 이름을 내고 온 지면에 흩어짐을 면하자."(창 11:4)라며 바벨탑을 쌓았던 그들의 모습과 다를 바 없다. 인간의 생명도 하나님의 손으로 친히 만드셨다. 생명공학과 의학의 합작품으로 인간을 복제하는 날이 올지라도, 그것은 인류 문명을 죽음으로 몰아넣는 거대한 올가미일 뿐이다.

2018년 3월 14일 타계한 세계적인 물리학자인 호킹 박사는 지구의 멸망에 대해 우주 공간을 떠다니는 행성이 지구와 충돌해 인류가 사라지는 고전적인 예측이 아니라 인공지능(AI)을 비롯한 기후 변화, 핵전쟁 등이 인류를 멸망으로 몰고 가게 될 것이라고 경고하였다. 이 밖에도 인류의 멸망을 예고하는 과학자들의 주장은 많다. 이런 주장들은 결코 성경적 예언과 무관치 않다.

'왜 인간은 죽어야 하는가?, 왜 인간은 질병에 취약할까?'

하나님이 인간에게 주신 자유의지는 인간 편에서 사용한 산물이다. 인간의 육체는 죽으면 단지 썩고 부패해 흙으로 돌아갈 뿐이다. 흙에 생명력이 있는 것이 아니라 하나님이 흙에다 생명력을 불어넣으셨기 때문에 인간으로서의 기능이 살아 있는 것이다. 그 기능이 살아 있다는 것, 즉 인간의 육체가 매우 신비스럽고 초과학적으로 창조되었다는 것은 이미 많은 과학자들에 의해 밝혀졌다.

인간의 몸은 '소우주'와 같다. 몸 전체가 하나의 생명체인 것 같지만, 인간의 몸은 수십 조 개의 작은 생명체로 이루어져 있다. 뇌세포를 움직이는 영과 혼이 지령을 내리면, 뇌의 기능을 자극하는 세포와 운동 및 근육세포, 피부세포 등 각 세포들이 각기 주어진 역할을 하게 된다. 이것은 누군가에 의해 조작되는 것이 아니라 본래부터 그렇게 자극과 반응이 반복해 생명의 기능을 할 수 있도록 염색체(DNA) 정보가 입력되어 있기 때문이다. 하나의 세포에 들어 있는 염색체 길이는 대략 2미터에 불과하지만, 사람이 갖고 있는 세포는 수십 조 개라는 점에서 이를 환산하면 전체 세포의 길이는 지구와 태양을 70번 왕복할 수 있는 길이이다. 2003년에 인간 유전자 지도가 완성됨으로써 현대 의학에서의 질병의 진단과 치료가 맞춤의학으로 발전되고 있다.[35]

하나님은 이미 인간을 창조하실 때부터 인간 개개인에게 유전자 정보를 입력해 두셨다. 머지않아 암도 완전 정복할 날이 다가오겠지만, 그 치료 과정에는 넘어야 할 과제가 많다. 모든 인간은 질병에 대해 항상성을 가지고 있기 때문이다. '항상성'이란 인간 개개인이 갖고 있는 질병을 이길 수 있는 면역체를 의미한다. 이 면역체에 따라 인간은 생사의 기로에서도 살아날 수 있다. 인간의 심장이 24시간 쉬지 않고 뛰고 있는 것은 어떤 의학적인 힘에 의해 움직이고 있는 것이 아니라 하나님께서 인간을 창조하실 때부터 본능적으로 생명을 유지할 수 있도록 그 기능을 유전자 정보에 입력해 두셨기 때문이다.

댈러스 윌러드(Dallas Willard)는 인간의 구조적 차원을 여섯 가지로 설명하고 있다. 첫째, 지성 또는 생각으로 표현되는 사고능력이다. 둘째, 생각에 힘을 넣는 감정이다. 셋째, 판단하여 행하게 하는 의지이다. 이

세 가지는 서로 뗄 수 있는 것이 아니며 마음을 변화시키는 동력으로 작용한다. 넷째, 인간이 구체적으로 살아가는 실체로서의 몸이다. 다섯째, 더불어 살아가는 존재로서의 관계이다. 여섯째, 이 다섯 가지 요소가 통합되어 하나로 나타나는 차원으로 영혼이다.[36] 『치유』의 저자이며 의사인 폴 투르니에, 현대 목회 심리학자이며 『전인 건강』의 저자인 클라인벨, 그리고 대부분 목회 상담학자들도 비슷한 견해를 갖고 있다.

심리학에서는 인간은 타고난 성품과 본성이 후천적인 환경에 의해 지배를 받는다고 주장한다. 따라서 인간은 성장 과정에서 자기만의 독특한 개성과 습관, 행동이 고착됨으로써 어떠한 의학적인 치료나 심리적인 치료 방법만으로 변화되기가 결코 쉽지 않다. 인간을 지배하는 모든 지체들이 통합적인 기능에 의해 움직일 뿐만 아니라 본능적으로 생명에 위협을 받을 경우, 그 위기에 대처할 수 있는 방어망을 구축하게 되어 있기 때문이다.

남태평양의 모랫속에서 태어난 거북 새끼들은 알에서 부화하면 산으로 가지 않고 본능적으로 온 힘을 다해 바다로 달려간다. 이것은 생존의 본능이라는 유전자를 갖고 있기 때문이다. 사람도 자연적으로 몸속에 병균이 침입하거나 질병이 찾아오면, 이를 방어해 회복하게 하는 자생력(백혈구와 면역체)을 동원하여 질병과 싸우게 된다. 그럼에도 불구하고 '왜 기독교인이 병에 걸리는가?' 또는 '의학적인 치료에도 불구하고 왜 재발하거나 합병증에 시달릴까?'라는 의문을 갖게 된다. 그러나 그 영혼이 하나님께 속한 것이라면 성령의 역사에 순종함으로써 그리스도의 은혜 아래 거하게 될 때 병 고침도 나타나게 될 것이다.

앞에서도 언급하였듯이, 조지 맬크머스(George H. Malkmus)는 신체적 질병이 생기는 이유를 세 가지 중 하나에 속한다고 주장한다. 첫째는 하나님의 영광을 위해, 둘째는 회개하지 않는 죄 때문에, 셋째는 하나님이 창조하신 천연법칙을 위반하였기 때문이라는 것이다.[37] 부언하면 모든 인간이 질병에서 자유하지 못함은 인간이 흙이라는 재료로 만들어졌기 때문이요, 흙에는 생명력이 없기 때문이다. 이사야는 "우리는 진흙이요 주는 토기장이시니 우리는 주의 손으로 지으신 것이니이다."(사64:8)라고 하였다.

'왜 화단에 물을 주는가?' 그것은 흙에 물을 주기 위한 것이 아니라 흙속에 심은 나무가 잘 성장하라고 물을 주는 것이다. 하나님이 흙으로 만드신 인간에게 생명력을 공급해 주시는 것은 영과 혼과 더불어 육체적으로 건강하게 하시기 위함이다. 또한 인간이 병들었다는 것은 인간의 죄가 유전되기 때문이다. 인간에게 건강한 육체란 하나님으로부터 생명력을 공급받고 있다는 증거이다. 하나님과의 관계가 온전히 회복될 때 인간은 육체적으로 강건한 삶을 누릴 수 있다.

(2) 심리적인 관점에서의 인간

미래에는 인공지능(AI)에 의해 생체 정보와 진단 기술이 급격히 발달해서 조기에 질병 유전자를 차단할 뿐만 아니라 빅 데이터(Big Data) 분석이 의사를 대신해 질병을 진단하고 처방하게 될 수도 있다. 또한 환자의 정신세계와 심리 상태까지도 진단하므로 인간은 인공지능이 지시하는 대로 움직이며 살아 있는 인간로봇으로 전락할 위험도 있다.

오늘날 정신의학과 심리학은 행동과학으로 각광을 받고 있으나 인간이 받은 마음의 상처와 고통, 장애 등을 치료하는 데 미흡하다. 다양한 심리기법과 상담기법이 발달되었다고는 하지만, 인간의 문제를 명쾌하게 해결할 수 있다고 단언할 수는 없다. 인간이 겪고 있는 겉으로 드러난 증상들은 '선천적이냐, 후천적이냐, 기질적이냐, 기능적이냐'에 따라 그 양상과 치료가 다를 수 있다.

일반적으로 심리적인 장애만 보더라도, 환자 자신이 겪는 고통의 강도에 따라, 통찰에 따라 다르게 나타날 수 있다. 질병의 원인이 '심리적 작용에 의한 것인지, 신체적인 특정 부위의 손상에 의한 것인지'에 따라서도 다르다. 심리학적인 영역의 입장에서 보면, '심리 치료에 의존할 것인지, 아니면 정신과 치료에 의존할 것인지, 또는 혼합할 것인지'에 따라 치료 양상이 다르게 나타날 수 있다. 주로 질병에 의한 심리적 장애를 겪는다면, 이것은 심리 치료와 정신과 치료 모두 필요하다. 신체적 손상(절단)이나 장애환자(뇌병변) 등은 인지기능의 변화만이 아니라 감정 반응과 행동 변화도 다양하게 나타난다. 감정 변화가 심하고 분노와 우울 감정에 사로잡히며 때로는 언행이 격해지고 정상적인 행동에서 이탈하는 현상도 동반된다. 환자에게 질병이나 위기, 사업 실패나 명퇴나 실직 등이 찾아오는 경우, 심리적인 변화도 일시적 또는 장기적으로 경험하게 된다. 대체적으로 질병으로 말미암아 나타나는 심리적인 반응은 다음과 같다.

첫째, 의사의 진단을 부정한다. '뭔가 잘못되었을 것이다., 의사의 오진일 것이다.'라고 부정해 본다. 둘째, 진단이 사실일 경우, 충격을 받는다. 처음에는 불안과 두려움에 사로잡힌다. 셋째, 질병의 원인을 분석해 본다. 원인을 분석하기에 앞서 원망하거나 억울하다는 생각에 사로잡히게 된다. '왜 하필이면 나일까? 나는 잘못이 없는데, 나는 정직하게 살아왔는데……이제는 사업도 안정되어 가고 있는데, 이제 살만한데 왜 나에게 병이 찾아왔을까?' 등 자신에게 찾아온 위기와 질병 등에 대해 저항감 내지 분노감을 갖게 된다. 넷째, 진단을 수용하게 된다. 의사의 진단을 수용하는 단계에 이르면, 절망 또는 우울 감정에 빠진다. 심하면 자신을 학대하게 되고 자살 충동도 일어나게 된다. 다섯째, 질병과 타협하게 된다. 자신의 위기와 예기치 않은 질병 등을 인정하고 극복하기 위한 방안을 강구한다. 암 진단을 받은 환자인 경우, 지난날을 회상하며 미처 깨닫지 못하였던 삶과 죽음의 존재를 생각하고, 영적으로는 하나님과 타협하게 된다. 그리고 마지막으로 자신의 인생을 돌아보게 된다. 지난날의 삶을 반성하며, 긍정적인 방향으로 자신의 삶을 정리해 나가는 성숙의 기회로 받아들이게 된다.

(3) 상담학적인 관점에서의 인간

예수님은 공생애 3년 동안 복음을 전파하시며 제자들을 양육하시고 병든 자를 치유하시는 일에 전념하셨다. 상담자에게 있어서 고통을 당하는 자의 신음소리를 경청하고 공감하는 것만큼 중요한 일은 없다. 상담자와 내담자 사이에 경청과 공감이 잘 이루어진다면, 상담 이론과 치료기법 등은 그다지 중요하지 않다. 하지만 그러한 상황에 이르기까지는 결코 쉬운 일이 아니다. 환자의 증상을 치료할 경우, 약과 주사제는 질병의 통증을 쉽게 가라앉힐 수 있지만, 상담은 약물처럼 인간의 상처와 고통을 쉽게 치유하지는 못한다.

정신의학과 상담기법이 인간의 정신적인 문제를 치료하는 데는 한계가 있다. 그것은 환자마다 개인차가 있기 때문이다. 같은 문제로 고통을 경험하더라도 그 느끼는 고통의 강도와 감정이 같을 수는 없다. 가벼운 상처와 단순한 질병이라 할지라도 방치할 경우, 환자 자신은 물론 가족에게 더 큰 고통을 안겨주는 경우도 많다. 인간이 겪는 질병의 통증은 치료되어야 하고, 치유의 손길이 필요하다.

병원 원목은 질병으로 말미암아 고통을 겪는 환자에게 있어서 위로 자요, 상담자요, 치유자이지만, 질병의 고통을 해결할 수 있는 의사는 환자 자신이다. 장기간 병원에 입원한 환자인 경우, 질병의 쾌유와 함께 심리적인 안정과 영적인 욕구에 대한 갈망이 강하게 표출되는 일들이 많다. 의사의 관심은 환자의 마음보다 질병에 초점을 두고 증상이 제거되기만을 기다리지만, 원목의 상담은 환자가 투병하는 과정에서 표출되는 인간적인 고뇌와 심리적인 불안과 갈등, 영적인 싸움에서 능히 승리할 수 있도록 돌보는 데 있다.

인간의 삶은 현재가 중요하지만, 미래는 더욱 중요하다. 예수님은 "내가 진실로 진실로 너희에게 이르노니 내 말을 듣고 또 나 보내신 이를 믿는 자는 영생을 얻었고 심판에 이르지 아니하나니 사망에서 생명으로 옮겼느니라."(요5:24)고 하셨다. 인간에게 찾아오는 질병과 삶의 고통은 피할 수 있는 것이 아니라 어떻게 수용하고 극복하느냐에 따라 삶이 더욱 풍요로워질 수 있는 기회가 된다.

병원목회 상담의 관점에서 본다면, 환자가 겪는 현실적인 고통의 문제를 성급하게 응급치료식으로 땜질하지 말고 성경적인 사고와 원리에 따라 단계적으로 접근해 나감으로써 해결해 나갈 수 있도록 해야 한다. 인간이 직면한 고통과 질병, 위기 등은 마치 실타래가 풀리는 것처럼 단순하게 해결될 수 없다. 환자의 질병이 의술의 힘으로 완치되었다고 해서 그 자신이 겪은 정신적·심리적 후유증까지 치유되는 것은 아니다. 모든 인간이 건강하고 자유로운 존재로서의 삶을 살아가고 있다고 할지라도 생존의 원리에 따라 인간의 고통은 투쟁이요, 그 고통에서 자유로울 수 없다. 인간의 의술로는 생로병사의 고통을 극복하려고 해도 완전히 해결할 수 없다. 죄와 질병, 죽음은 인간 스스로 자유의지에 의해 선택한 뿌려진 씨앗의 열매이기 때문에 인간의 힘으로는 해결할 수 없다. 인류의 조상인 아담이 에덴동산에서 추방을 당한 것처럼 인간은 어쩔 수 없이 무수한 고통을 감내해야만 한다. 그럼에도 불구하고 하나님은 인간이 겪는 고통을 외면하시는 분이 아니시라 그 고통에서 벗어날 수 있도록 치유하는 믿음을 주셨다. "예수께서 이르시되 할 수 있거든이 무슨 말이냐 믿는 자에게는 능히 하지 못할 일이 없느니라."(막9:23)고 말씀하셨다. 원목에게는 환자의 고통에 대해 세 가지 측면에서 성경적 접근이 요구된다.

첫째, 구속사적인 원리에 의한 접근이다. 인간의 삶의 목적은 선하게 사는 것이 아니라 구원을 받는 데 있다. 성경은 "다른 이로써는 구원을 받을 수 없나니 천하 사람 중에 구원을 받을 만한 다른 이름을 우리에게 주신 일이 없음이라."(행4:12)고 하셨기 때문이다. 기독교의 구원관은 타종교와 타협의 여지를 남겨두거나 종교 다원주의나 혼합주의를 단호하게 배격하고 있다. 그러나 병원목회 현장에서는 기독교의 우월성을 강조하거나 고집하지 않는다. 그럼에도 불구하고 원목 사역에서 상담은 모든 환자를 구원의 대상으로 보고 다가가야 한다.

둘째, 사랑의 원리에 의한 접근이다. 예수님은 유대인이든 이방인이든 모두 구원의 대상으로 보셨으며 "헬라인이나 야만인이나 지혜 있는 자나 어리석은 자에게 다 내가 빚진 자라."(롬1:14)고 하셨다. 또한 예수님은 "내가 내 목숨을 버리는 것은 그것을 내가 다시 얻기 위함이니 이로 말미암아 아버지께서 나를 사랑하시느니라."(요10:17)고 하셨으며, "새 계명을 너희에게 주노니 서로 사랑하라 내가 너희를 사랑한 것 같이 너희도 서로 사랑하라."(요13:34)고 하셨다.

셋째, 보상의 원리에 의한 접근이다. 흔히 기독교를 고난의 종교라고 말한다. 예수님은 "……세상에서는 너희가 환난을 당하나 담대하라 내가 세상을 이기었노라."(요16:33), "현재의 고난은 장차 우리에게 나타날 영광과 비교할 수 없도다."(롬8:18)라고 하셨다. 히브리 기자는 "그가 시험을 받아 고난을 당하셨은즉 시험 받는 자들을 능히 도우실 수 있느니라."(히2:18)고 하였으며, 시편 기자도 "환난 날에 나를 부르라 내가 너를 건지리니 네가 나를 영화롭게 하리로다."(시50:15)라고 하였다. 예수 그리스도를 믿는 신앙인이 당하는 질병과 고난은 결코 비정상적인 일이 아니라 극히 정상적인 일로 받아들여야 한다는 것이다. 베드로는 그리스도인이 당하는 고난에 대한 보상을 "사랑하는 자들아 너희를 연단하려고 오는 불 시험을 이상한 일 당하는 것 같이 이상히 여기지 말고 오히려 너희가 그리스도의 고난에 참여하는 것으로 즐거워하라 이는 그의 영광을 나타나실 때에 너희로 즐거워하고 기뻐하게 하려 함이라."(벧전4:12-13)고 하였다.

이와 같은 관점에서 보면, 인간이 겪는 질병과 위기도 죄의 결과로 받아들여야 하지만, 한편으로는 신앙이 성장하고 영생의 열매를 맺는 과정으로 보아야 한다. 폴 투르니에는 "인간의 고통은 하나님의 고통이기도 하다. 사람들은 세상에서 일어나는 모든 고난과 만날 때 하나님을 믿을 수 없다고 말한다. 나는 그런 사람들에게 이야기한다. 그 누구보다 가장 고통스러운 분은 하나님이시다."라고 말이다.[38] 기독교의 위대한 힘은 예수 그리스도의 십자가 고난에서 비롯된다. 따라서 신앙인이 겪는 고난의 삶도 결코 헛된 것이 아니라 새로운 도전을 향해 나아가게 하는 동시에 성령의 능력에 의한 치유를 경험할 수 있는 기회이다.

4) 환자의 영적 돌봄

'영성적'(spiritual)이라는 말은 흔히 '영적'이란 용어로 대치할 수 있다. 하지만 기독교에서 영적이란 개념은, 타종교의 영적인 의미나 개념과 근본적으로 다르다. '영적'이란 용어는 '종교적'(religious)인 의미에서 유사성을 지니고 있으나 기독교의 영성과 한국의 전통적인 종교의 영성 개념과는 구별되어야 한다.

돈 베이커(Don Baker)는 '영성'(spirituality)에 대해 세상에는 우리보다 강력한 보이지 않는 힘이 있으며, 그러한 힘과의 상호작용을 통해 우리는 스스로를 개선시키거나 우리의 삶을 보다 즐겁고 의미 있는 것으로 만들 수 있다는 믿음에 기초한 태도라고 정의하고 있다.[39] 기독교 영성과 타종교의 영성을 동일한 것으로 생각하게 되면 믿음이 연약한 환자인 경우, 신앙적인 정체성의 혼란을 겪거나 믿음이 실종될 수 있다.

필자가 결핵병원에서 상담목회를 할 때 보면, 환자들은 자신들이 '창살 없는 감옥'에 갇혀 있다고 호소한다. 결핵병원은 일반병상과 달리 철저하게 격리되기 때문에 난치성 내성환자인 경우, 절망적으로 받아들이는 일도 종종 있다. 결핵병동에서는 그들이 가족이나 사회와 격리되어 있으므로 병원 밖으로의 외출이 자유롭지 못하고 안정시간에도 병실 밖으로 나갈 수 없다. 결핵환자들에게는 투약과 안정가료, 일광욕 등이 정해진 시간에 따라 이루어져야 하므로 행동하는 데 그만큼 제약이 많이 따른다. 일단 결핵환자들은 입원하게 되면, 입원 전에 익숙하였던 자신의 삶을 주장할 수도 없고 입원규칙과 주치의와 간호사로부터 직·간접으로 통제를 받는다.

환자의 심리라 함은 환자들이 입원해 있는 동안 환자 자신이 느끼는 육체적·정신적·심리적·영적인 갈등의 상태를 의미한다. 입원 환자인 경우, 질환에 따라 입원 기간에 차이가 있다. 단기간 입원하는 환자를 비롯해 1년 이상 장기 입원하는 환자도 있으며, 치매 환자나 뇌병변 장애환자 등은 평생 입원해 있는 경우도 있다. 환자의 심리는 연령과 직업에 따라, 질병의 진단과 예후에 따라 다를 수 있다. 환자의 심리를 이해하는 일은 단순하지 않다. 그럼에도 불구하고 의료진과 그 구성원을 비롯한 병원 관계자들은 환자의 심리를 이해해야 한다. 특히 원목들은 환자의 영적인 심리 상태를 깊이 이해할 수 있어야 한다.

환자의 입장에서 보면, 단순한 질병도 죽음의 사각지대에 이를 수 있다는 점에서 어느 병은 중하고 어느 병은 중하지 않다고 말할 수 없다. 원목의 입장에서 보면, 환자가 입원해 있는 동안 의료적 치료와 함께 영적인 케어도 받아야 한다고 할 수 있다. 모든 환자들의 상태를 구체적으로 나열할 수는 없지만, 주요한 질환으로 입원한 환자들의 돌봄은 다음과 같다.

(1) 암환자의 영적 돌봄(Spiritual Care)

암은 1기에서 4기(말기)로 분류하고 있으나 암은 인간의 삶을 위협하는 질병임에는 틀림없다. 암은 일반적인 질병과 달리 정상적인 생활을 할 수 있으나 치료 과정에서 신체적·정신적·심리적·정서적·사회환경적으로 직면하는 고통이 크다. 암환자들은 주로 불안과 우울 감정을 동반하지만 치료 과정에서 찾아오는 무력감, 집중력 저하, 식욕부진, 삶의 상실감 등과 결합된 어려움을 겪게 된다. 암수술을 받은 환자인 경우, 특정의 신체 부분을 절단하였다는 생각에 집착해 초조감과 두려움에 사로잡히게 된다. 심하면 우울증으로 자살충동까지 경험하게 된다. 그러나 많은 암환자는 극히 정상적으로 삶을 유지할 뿐만 아니라 비록 말기암 환자 가운데도 진단과 달리 건강하게 살고 있는 사람들도 많다.

대부분 암환자들은 암과의 투병으로 말미암아 기독교의 정체성에 대해 깊은 관심을 표명하기도 하지만, 어떤 사람들은 거부하기도 한다. 이때 원목은 암환자들의 신체적·영적·정신적·심리적인 고통을 완화시키기 위해서 영적인 프로그램과 영적 자원을 활용해 케어할 수 있어야 한다. 환자 자신과 하나님, 환자와 이웃, 환자 자신의 자아를 성찰하게 하고, 병을 치료하는 과정에서 새로운 삶에 대한 의지를 갖게 하며, 영적으로는 하나님과의 인격적인 관계를 회복하게 할 뿐만 아니라 인간적인 고통을 새로운 차원에서 이해할 수 있게 한다.

국립암센터의 자료에 따르면, 우리나라의 암(CA, cancer)환자 수는 매년 증가하고 있으며, 인구 3.5명당 1명꼴로 발생하고 있다. 암은 인류 문명의 발전과 더불어 파생한 병이지만 '암흑의 병' 또는 '잠행성 질병'이라는 점에서 초기에 발견하기가 쉽지 않다. 하지만 미래 의학은 암도 일반질병과 같이 예방 백신주사로 해결하게 되리라 전망해 본다. 암은 조기에 발견해 암세포를 차단할 경우, 90퍼센트 이상 완치할 수 있다고 한다. 필자의 암 투병 과정에서의 경험을 돌이켜 보면, 암은 방치할 수 없는 질환이다.

인간이 살면서 투병하는 시간이 많을수록 역경지수가 높아진다. 병원에서 암환자인 경우, 대부분 수술과 항암 치료, 방사선 치료와 약물 치료 등을 하게 된다. 그 과정은 단기간에 끝나는 것이 아니라 최소한 5년 이상이 소요되거나 생물학적 죽음에 이르기까지 평생 관리가 필요한 경우도 있다. 말기암 환자(호스피스 환자)인 경우, 생존율이 1년 미만

인데다가 치료 과정에서 당하는 고통은 이루 말할 수 없다. 호스피스 환자[40]인 경우, 목회자는 팀 일원으로 그 역할이 매우 중요하다.

암환자의 관리는 주치의와 간호사, 목회자, 간병인, 가족이 지속적인 팀 사역을 통해 돌봄이 요구되고 있다. 암이 진행되는 단계마다 환자의 개인차에 따라 관리가 다를 수 있지만, 환자에게 영적 돌봄은 매우 중요하다.

필자는 국립암센터에서 호스피스 전문인 훈련을 받으면서 기독교 단체에서 운영하는 '샘물호스피스'에서 몇 시간 동안 환자를 케어한 일이 있다. 그때 환자가 통증으로 너무나 괴로워하는 것을 목격하였다. 하지만 환자가 기도를 통해 통증을 이기는 모습을 보며 큰 은혜를 받았다. 암환자는 처음 암 진단을 받았을 때, 치료가 순조롭게 진행되다가 재발하였을 때 현실을 있는 그대로 받아들이거나 아니면 죄책감 또는 분노를 표출하기도 한다. 어떤 환자는 투병 중에 영적인 치유를 갈망하게 되고 하나님과의 관계가 회복됨으로써 치유를 경험하기도 한다. 대부분 암 진단이 확정된 순간부터 환자는 암에 대한 두려움과 함께 예후, 나아가 죽음까지도 생각하게 된다. 암은 환자의 영혼과 육체의 조화를 깨뜨려 버리기도 하고, 때로는 어떤 위로와 영적 케어도 할 수 없는 지경에 이르게도 한다. 그러나 영적인 고통을 방치할 경우, 환자 자신의 인간으로서의 의학적·생물학적·심리학적인 관계가 차단되거나 붕괴되는 일이 일어날 수 있다.

환자에게 영적 돌봄을 시작하는 첫 발걸음은 그들의 말속에 포함되어 있는 영적 특징을 재빨리 알아차리고 원할 경우, 성직자를 만날 수 있도록 도와주는 것이다. 성직자를 임종 시에만 부르는 것은 환자에게 역효과를 가져올 수 있다. 죽음이 임박하였을 때는 낯선 사람이 두려움을 줄 수 있기 때문이다. 그래서 환자를 위해 영적인 도움을 줄 때는 가능한 한 빨리 성직자를 개입시키는 것이 더 좋다.[41]

필자도 암환자로서 투병을 경험하였기 때문에 각별한 관심을 갖고 호스피스 전문인 교육을 받았다. 말기암 환자의 영적 고통을 정리한다면 다음과 같다. ① 삶과 죽음의 의미와 함께 영적인 것에 관심을 갖게 된다. ② 하나님에 대한 분노와 원망과 더불어 영적인 갈등을 표출한다. 나아가 영적 케어를 거부한다. ③ 현재 자신의 치료에 의심을 품거나 불만을 토로한다. ④ 하나님의 용서를 거부한다. ⑤ 자신의 질병을 죄의 대가로 여기게 된다. ⑥ 암을 수용하고 극복하려는 의지를 갖게 된다. ⑦ 영적인 도움을 청하게 된다.

대부분 암환자는 영적인 진단 도구에 의한 상담 과정에서 하나님과 자신의 역동적인 관계에 따라 고통이 완화될 수 있다. 암 진단을 받은 환자일수록 원목을 만나는 것이 도움이 된다. 그들을 죄의식과 원망 상태에서 벗어나게 하고, 화평과 확신을 갖게 할 뿐만 아니라 허무감과 무력감에서 벗어날 수 있도록 도움을 줄 수 있기 때문이다. 또한 암도 삶의 일부분임을 받아들이게 함으로써 인생의 의미를 성찰하게 할 수도 있다.

이로써 가족(이웃)과 해결할 수 없었던 관계를 용서와 사랑으로 회복하고, 죽음에 대한 두려움과 절망을 수용함으로써 평안과 소망에 이르게 된다. 곧 영적인 고통에서 자유하게 되고, 영적으로 승화되는 경험을 갖게 된다(부록 : 말기암 환자의 영적 고통 측정 간이도구 참조).

(2) 뇌졸중(腦卒中, stroke, apoplexy) 환자의 영적 돌봄

뇌졸중은 뇌혈관 질환(CVA, Cerebrovascular Accident)으로 갑자기 발생하

는 뇌의 신경학적인 결손 상태의 질환을 의미한다. 흔히 중풍(中風)이라고도 하지만, 뇌졸중은 크게 뇌경색과 뇌출혈로 분류된다. 증상과 주로 편측마비는 뇌 손상 부위에 따라 다르고, 예후도 환자마다 매우 다르게 나타날 수 있다. 통계에 따르면, 뇌졸중 환자 가운데 98퍼센트가 편측마비, 언어장애, 시각장애, 어지럼증, 심한 두통 때문에 재활병원에서 장기간 재활 치료와 운동요법, 작업 치료를 받은 후에도 정상적인 활동을 할 수 없다고 한다. 뇌졸중은 암 다음으로 사망률이 높고, 뇌졸중 환자 가운데 뇌경색 환자가 70~80퍼센트를 차지하고 있다.

필자가 사역하는 병원예배에는 대부분 재활센터 환자들이 참석하기 때문에 이들의 장애로 인한 고통은 일반 환자에 비하면 강도가 매우 높다. 뇌경색 환자들은 수년 동안 병원에서 치료를 받다가 나중에는 요양병원으로 옮기는 경우가 많다. 이들의 유일한 소망은 자신이 간병인의 도움 없이 혼자 보행하는 것이다. 뇌졸중 환자들은 보행이 자유롭지 못하기 때문에 간병인의 도움 없이는 예배에 참석하기 어렵다.

뇌병변 장애환자들은 장기간 재활 치료를 받는 과정에서 탈진하기 쉽고, 재활 의지가 많이 약화될 수도 있다. 특히 가족이 없거나 경제적으로 어려움을 겪는 환자들은 이중, 삼중의 고통을 겪게 된다. 뇌졸중 환자인 경우, 환자 가족과 간병인도 치료 자원이라는 점에서 원목은 이들의 영적인 돌봄을 위해 협력을 요청할 수 있어야 하고 그들과 관계를 돈독히 해야 한다. 처음 병원에 입원한 뇌졸중 환자인 경우, 원목이 찾아가서 위로하고 예배에 참석하였다면 발병하기 전과 치료 과정에 대한 의견을 청취해 기억해 두는 것이 유익하다. 이들은 장기 입원 환자로 병원예배에 출석도 장기간 이루어지기 때문이다. 뇌졸중 환자는 장기 입원하므로 전도하기 쉬운 편에 속하고, 이전에 실족하였던 믿음도 회복하는 기회를 가질 수 있다. 원목은 영적인 갈등을 호소하는 환자인 경우에는 상담에 응할 때 따뜻한 대화와 가볍게 안수기도를 해주는 것도 무방하다.

(3) 수술 환자의 영적 돌봄

수술 환자인 경우, 환자 자신이 원목을 거부하지 않는 한 환자 방문은 필수적이다. 일반적으로 수술일자가 확정되면 환자는 불안과 두려움이 생기며 수술 예후에 깊은 관심을 갖게 된다. 일부 환자군에서는 정신적, 심리적으로 예민한 반응을 보이는 경우도 있으며, 수술을 거부하는 일도 있다. 또한 수술을 기다리는 환자가 비기독교인이라 하더라도 기도에 응하는 경우가 많다. 따라서 원목은 이들을 기억하였다가 수술 후에 방문해 전도의 문을 여는 기회를 가질 수 있다. 기독교인인 경우, 원목의 기도를 기다리거나 기도를 청하기도 한다는 점에서 병상 방문을 통해 크게 위로를 받고 신앙이 성장하게 된다. 원목이 수술 후 당일에는 환자 방문을 가능한 한 삼가고, 다음 날 어느 정도 통증이 가라앉은 후 병상을 방문하는 것이 바람직하다.

(4) 정신 질환자의 영적 돌봄

정신 질환자인 경우, 원목의 입장에서는 사역하는 데 많은 어려움이 있다. 이들은 일반 정상인처럼 대화하는 데 어려움이 있고 정서와 사고, 사리 판단, 감정 등이 일관되지 않으며 소통이 원활하지 못한 경우가 많다.

정신질환이 기능적인 장애로 나타날 경우에는 의사의 도움이 필요 없는 것처럼 보이지만, 증상이 심해지면 전문의의 치료를 받아야 한다. 정신 치료는 치료 과정에서 상담에 앞서 발병 원인과 증상 등 정신 의학적인 검사와 진단이 매우 중요하다. 정신질환은 약물 치료를 포함해 정신적·심리적·사회적·영적인 치료를 망라한 돌봄이 필요하다. 가끔 매스컴을 통해 이단 집단에서 정신 질환자를 치료한다는 명분으로 안수를 하다가 사망하였다는 보도를 접하기도 하는데, 이같이 종교적인 이유로 정신과 치료를 거부하게 하는 경우도 있다. 뇌 손상에 의한 정신질환을 안수기도로 고치겠다는 것은 근시안적인 무지의 소치가 아닐 수 없다.

최의헌은 영적 접근에 있어서 환자의 신앙에도 왜곡이 생길 수 있다고 하였다. 예를 들면, 예수님에 대한 이미지가 평소처럼 객관적이지 못하고 병적인 흐름에 맞추어 편향된 이미지를 가질 수 있기 때문에 환자의 심리적 취약성을 고려해 신앙 활동을 선별해 주는 것이 필요하다.[42] 환자가 기질적인 장애가 아닌 가벼운 우울 증상과 불안, 내면적 갈등 등을 호소하는 경우, 원목은 신앙적인 상담에 응하거나 개입할 수 있다고 할지라도 조심스럽게 접근해야 한다.

정신병원은 정신병동에서 예배를 드리기 때문에 안전하지만, 일반 환자와 함께 예배를 드릴 때는 주치의와 간호사의 허락이 필요하며 가족과 함께 예배에 참석하도록 하는 것이 안전하다. 원목이 정신 질환자를 돌볼 때는 치유보다 이들의 이야기를 잘 경청하고 격려하는 데 초점이 모아져야 한다. 정신병동에서 예배를 드릴 때는 예배 형식에 구애될 필요가 없으며, 설교 내용도 단순해야 한다.

(5) 노인성 질환자의 영적 돌봄
해마다 요양병원이 증가하고 있다. 요양병원이라면 노인성 질환자와 만성 질환자 등 주로 65세 이상의 노령 환자들이 장기 입원하는 요양의료기관이다. 우리나라의 경우, 뇌병변 환자(뇌졸중)를 비롯해 치매와 심신 및 신체적 장애환자, 말기암 환자들도 많이 입원한다. 요양병원에서는 치료보다 요양 관리에 집중하고 있다는 점에서 거동이 불편하거나 정상적인 활동을 할 수 없는 고령 환자들이 대부분이다. 그들은 대개 병상에 누워서 간병인의 도움을 받는 환자들이지만, 자녀들이 돌보거나 부양할 수 없어서 또는 요양 등급에 따라 입원하는 경우도 많다.

요양병원 환자들은 대부분 우울 증상을 호소한다. 또한 환자 자신의 인생의 무상함과 고독감을 경험하며, 삶에 대한 두려움과 정신적인 불안정 등으로 고통을 겪는다. 이와 같은 관점에서 노년기를 보내는 노인성 질환자들의 영적 돌봄은 매우 중요하다. 이들은 자신의 삶과 미래에 대해 진지하게 생각하게 된다. 죽음 앞에서 생의 본질을 이해하려고 하며 죽음을 받아들이려고 하지만, 죽음은 경험할 수 없는 것이기에 무신론자도 종교인이 되는 경우가 많다. 하지만 예수님을 믿고 싶어도 자녀들 때문에 두려워하는 이들도 있다. 심신이 허약해 자신의 힘으로는 아무것도 할 수 없는 이들이기 때문에 죽음에 이르기까지 삶의 질을 높이고 예수님을 통해 믿음의 삶을 풍성하게 누릴 수 있도록 돌보는 것이 필요하다. 하루 종일 침상에 누워만 있거나 활동력이 약한 이들이 예배에 나온다면 또 다른 영적인 소망을 누릴 수 있는 기회를 얻게 된다.

요양병원에 입원해 있는 노인성 질환자에게는 의학적인 치료도 중요하지만, 구원의 확신과 함께 믿음의 소명을 갖도록 하는 일이 무엇보다 중요하다. 이들은 가족을 그리워하며 지적 능력이 감퇴되어 있기 때문에 원목이 주치의 또는 간호사처럼 하루에 한 번 이상 일정한 시간에 찾아가 스킨십하며 알기 쉽게 복음을 반복적으로 전하는 것도 좋다. 특히 입원 중에 죽음을 대비해 환자 가족과의 관계도 유의해 살펴보도록 한다. 담당 간호사와 간병인을 팀 사역의 일원으로서 그들의 협력을 이끌어 내는 일도 중요하다. 원목은 이 같은 안정된 원목 사역을 보장받기 위해서 병원당국으로부터 전폭적인 지원을 받고 사역하는 것이 바람직하다.

(6) 응급 환자와 보호자의 영적 돌봄

응급실(Emergency Room)은 생사를 넘나드는 환자들을 진료하는 장소이다. 응급실은 통증을 호소하는 환자들 때문에 응급 처치를 하느라 의료진의 움직임이 부산하고, 가족들은 초조함 가운데 기다린다. 예기치 않은 상황이 갑자기 발생하였기 때문에 환자와 가족 모두 당황한 상태에서 의료진의 신속한 진료를 기다리는 것이다. 의료진의 치료가 조금이라도 지체되거나 무성의하게 보이면 진료를 거부하거나 적대감정을 드러내기도 하고 원망도 하게 된다. 원목이 응급 상태에 있는 환자나 가족에게 해줄 일은 거의 없다. 하지만 원목은 침착한 태도로 의사소통을 함으로써 진료 상황에 대한 불안함에 사로잡혀 있는 환자와 그 가족들에게 기도로 중재적인 역할을 할 수 있다. 또한 환자 가족들이 필요로 하는 돌봄의 자원을 연계해 도움을 줄 수도 있다. 치료를 기다리는 동안 따뜻한 차를 제공하거나 환자와 가족들을 위해 기도하며 위로할 수 있다. 특히 원목이 이들 곁에 있어 주는 것만으로도 안정감을 찾을 수 있다. 만일 환자가 사망한다면 환자 가족들이 시신을 볼 수 있도록 도와주고, 장례 절차에 대한 정보를 제공할 수 있다.

(7) 중환자의 영적 돌봄

중환자실(ICU, Intensive Care Unit)은 출입제한 구역으로 원목도 담당자의 허락을 받아야만 출입할 수 있다. 중환자인 경우, 거의 대부분 주사제와 산소 호흡기 등을 복잡하게 달고 있다. 심한 경우에는 환자가 무의식 중에 치료 장치 등을 건드리지 못하도록 손과 팔을 고정하기도 한다. 특히 중환자실에는 환자를 치료하는 의료기와 튜브 등의 작동 소리가 쉴 새 없이 들려오고, 간호사들이 수시로 살핀다. 환자들은 아무 말이 없지만 생사의 기로에서 치료는 매우 긴박하게 이루어진다. 이때 원목은 환자의 상태를 예민하게 관찰하고, 의식이 있는 경우에는 환자의 손을 잡고 기도할 수 있지만 꼭 그렇게 할 필요는 없다. 환자가 회복되어 일반 병실로 옮겨졌을 때 원목의 방문을 기억하는 환자는 감사한 마음을 갖게 된다.

원목은 중환자실을 방문하기 전에 환자의 병명과 상태를 잘 숙지하고 찾아가는 것이 중요하며, 이러한 정보들은 가족 등을 통해 알 수 있다. 환자가 중환자실에 입원해 있는 동안 환자 가족들을 위로하며 영적 교제의 시간을 가질 수 있는데, 그 시간이 많을수록 믿음이 돈독해질 수 있다. 원목이 중환자실에 머무는 시간은 5분 이상을 넘겨서는 안 된다. 환자 케어에 집중하는 의료진(특히 간호사)에게 방해가 될 뿐만 아니라 환자를 지치게 할 수 있기 때문이다.

5) 병원목회의 대상

원목은 입원 환자만을 위해 사역하지 않는다. 입원 환자를 포함해 환자 가족과 간병인, 그리고 의료진과 간호사, 다양한 직종의 의료 전문요원, 행정과 원무 직원, 병원 관리 종사자, 용역 고용원 등 나아가 원목실의 문을 두드리는 외래환자와 가족, 외래 방문객 및 자원봉사자 등이 그 대상이다. 또한 원목은 임상목회 실습생들의 교육과 훈련, 대학병원인 경우에는 병원 내 뇌사판정위원회, 생명의료윤리위원회, 임상심사위원회 등의 위원에 참여함으로써 그들과의 만남도 그 대상이 될 수 있다.

(1) 입원 환자

원목은 입원 환자와 접촉이 빈번하다. 따라서 그들이 입원해 있는 동안의 영적 돌봄을 매우 중요시하게 된다. 주로 병원예배에 참석한 기독교인 환우들의 병상을 중심으로 찾아가 기도하며 상담하게 되지만, 때로는 환우들이 사망 전에 임종예배와 장례예배를 인도하는 일들이 발생하였을 때 신속하게 대처하고 영적으로 협력을 받을 수 있는 인적 자원들이 필요하다.

원목은 목회 대상으로 입원 환자의 종교와 문화, 기독교인 환자와 비기독교인 환자를 구별하지 않고 그들을 접촉할 수 있어야 한다. 대부분 환자들이 입원하게 되면 정신적, 심리적으로 위축될 뿐만 아니라 정서적으로도 불안할 수 있다. 기독교인이라 할지라도 영적 불안이 가중될 수 있다는 점에서 원목은 환자들의 심리 상태에 대해 관심을 가져야 한다.

기독교인 입원 환자인 경우, 주치의로부터 치료 효과를 기대하는 만큼 영적인 치유에 대해서도 기대가 크다. 대부분의 환자는 육체적인 회복에 깊은 관심이 집중되어 있지만, 영적인 돌봄과 정신적인 안정을 원한다. 환자는 심적으로 외로움과 두려움, 죄의식과 초조함, 정서적 불안과 좌절 등을 경험하게 된다. 원목은 환자 개개인의 심리적·육체적·영적인 상태를 모르고 찾아가지 않도록 주의해야 하고, 환자에 관한 진료 정보와 사역자의 일원으로부터 환자의 상태를 어느 정도 파악하고 찾아가는 것이 유익하다.

원목이 환자를 방문할 때 환자의 이름, 나이, 진단명 등 환자의 인적사항을 파악하고 있으면 환자에게 친근하게 다가갈 수 있다. 이러한 정보 자원이 환자와 원목 사이에 신뢰관계를 형성하는 데 도움이 되기 때문이다. 원목의 병실 방문은 가능한 한 주치의와 간호사의 케어 시간을 피해야 한다. 또한 원목은 환자에게 불필요한 이야기는 하지 않아야 하며, 짧게 말을 하거나 되도록 환자에게 말할 수 있는 기회를 많이 주어야 한다. 원목은 환자에게 있어서 치료 팀의 일원임을 인식하고 병원 내의 규칙 등을 지키며 케어할 수 있어야 한다. 원목은 병실 방문 시 한 환자에게만 많은 시간을 할애하지 않도록 한다. 또한 과잉 친절이나 과잉 봉사를 해서도 안 된다. 필요할 때만 해야 한다. 원목은 환자를 방문한 결과를 기록하거나 사전에 계획을 세워서 사역하는 것이 매우 중요하다.

(2) 환자의 보호자

원목 사역에서 중요한 지지자는 환자 가족이라고 할 수 있다. 환자 자신이 그리스도인이라면 원목이 자유롭게 접근해 복음을 전할 수 있지만, 휠체어에 의존하는 환자나 신앙생활을 하지 않는 환자라면 가족들(배우자, 부모, 자녀)의 지지 없이는 가족이 전도하는 데 장애 요인으로 작용할 수 있기 때문이다. 특히 자녀들이 보호자인 노인 환자들은 세례를 받고 싶어도 자녀들의 눈치를 보느라고 주저하는 경우가 있다. 이

때 원목은 가족들의 협력을 이끌어 낼 수 있도록 접촉점을 찾는 지혜를 발휘해야 한다. 이 또한 장기 입원 환자이거나 중환자인 경우에는 가능하지만 그렇지 못한 경우에는 전도 기회를 놓칠 수도 있다.

왕성하게 활동하던 한 50대 남성이 어느 날 교통사고로 회복할 수 없는 1급 지체장애인이 되어 병상에 눕게 되었다. 필자는 그 환자가 사망하기까지 수년 동안 방문하며 영적으로 케어를 하였다. 그가 사망하자 그의 부인은 장례 절차를 필자와 상의함은 물론, 기독교 장례를 치렀다.

원목은 환자들을 대하면서 복음을 전하며 전도할 기회가 많다. 하지만 예기치 않은 저해 요인이 발생하기 때문에 원목은 환자와의 대화를 통해 환자 보호자는 누구이며, 배우자를 비롯한 자녀들의 신앙상태를 면밀하게 파악해 두는 것이 필요하다.

(3) 요양 보호사(간병인)

요양 보호사가 신앙인이라면 그가 돌보는 환자의 영혼을 구원할 기회가 많을 것이고, 예배에 참석하는 일도 용이하다. 그러나 환자는 신앙인이고, 요양 보호사가 타종교인이라면 환자가 예배에 참석하고 싶어도 참석할 수 없는 경우가 종종 발생한다. 이때 원목은 요양 보호사에게 환자가 예배에 참석할 수 있도록 도움을 청할 수 있다. 요양 보호사를 통해 병원 전도가 활성화될 수도 있다는 점에서 원목 사역에서 요양 보호사를 중요한 사역의 동역자로 삼을 수 있는 프로그램을 찾아내는 일도 게을리 하지 않아야 한다. 요양 보호사를 전도 대상자로 삼는 것도 중요한 사역이다.

최근 요양 보호사 중에는 중국에서 온 조선인들이 많다. 이들이 신앙이 없다면 전도의 기회로 삼을 수 있고, 잘 양육할 경우, 원목 사역에 많은 협력을 얻을 수 있다. 예를 들면, 요양 보호사의 생일을 기억하였다가 축하해 주고, 그들의 이야기를 잘 경청하는 등 공감할 수 있는 인간적인 소통이 선행되어야 한다. 주로 요양 보호사의 도움을 받는 환자는 지체부자유하다는 점에서 전도가 쉽다. 그러므로 원목 사역자는 그들과의 관계를 소홀이 해서는 안 된다.

⑷ 외래환자

원목은 외래환자를 전도할 기회가 그리 많지 않다. 그러나 정기적으로 외래로 병원을 찾는 환자와 그 가족, 입원해 있다가 퇴원하는 환자들에게는 관심을 가질 필요가 있다. 가끔 이들 가운데 원목실을 찾아오는 이들이 있다. 이때 차를 대접하며 질병의 고통을 어루만져 주기는 하되, 이들에게 신앙생활을 강요하며 부담을 주지 않도록 주의해야 한다. 일단 환자가 퇴원하면 그들을 양육하는 몫은 지역교회에 있다. 그들과 접촉하다 보면 상담할 기회도 생기고 도움을 요청받을 때도 있지만, 그들이 건강한 신앙생활을 하도록 인도하거나 영혼을 사랑하는 마음이 선행되어야 한다.

6) 원목과 의료진과의 관계

원목은 의료진(의사와 간호사)의 협력을 받아야 할 일들이 종종 발생하지만, 그들이 원목 사역의 중요성을 인식하고 있으면 환자를 전도하는 것이 매우 용이하다. 믿음이 있는 의료진들은 원목에게 기도 요청을 하기도 하고, 환자에게 '기도하라'고 권면하기도 한다. 대부분 기독교인 의료진들은 원목 사역을 잘 이해하고 협력하지만, 비기독교인 경우에는 원목이 섬겨야 할 경우가 많다. 원목이 병원 사역을 통해 의료진과 간호사, 병원 구성원에게 좋은 인상을 갖게 하고 그들과 원만한 인간관계를 맺는다면 얼마든지 전도할 기회는 찾아온다.

필자가 처음 병원 사역을 시작할 때 몇몇 분의 의사를 포함해 간호사 분들과 3년 동안 성경 공부를 함께함으로써 병원 사역이 정착될 수 있었다.

원목은 환자의 주치의는 의사라는 사실을 이해하고 그들의 전문 영역을 존중해야 한다. 원목이 병상에서 사역의 자율성을 보장받았다고 할지라도 주치의가 아니므로 환자에게 치료에 반하는 정보를 제공하거나 그 치료를 평가해서는 안 된다. 원목은 환자와의 접근에 있어서 환자 관리 규칙에 반하는 행동을 하거나 환자를 무시해서는 안 된다. 원목은 병실과 중환자실 등을 출입할 때 면회사절 환자에게는 접근하지 말아야 한다(주치의가 허락한 경우 예외).

원목은 병원당국과의 사역에서 신뢰성을 확보해야 하고, 환자와의 관계에서 영적인 치유가 중요하다고 할지라도 병원 경영에 반하는 활동을 해서는 안 된다.

7) 원목과 간호사

입원 환자의 질병을 전담하는 권한은 주치의가 갖고 있지만, 주치의의 처방에 따라 환자의 진료와 간호 업무를 수행하는 책임자는 간호사이다. 원목은 주치의와 간호사의 승인 없이는 입원실을 출입해서는 안된다. 따라서 원목 사역의 자율적인 영적 돌봄은 간호부서와의 협력하에 이루어져야 한다.

첫째, 간호사는 입원 환자를 책임지는 의료 팀의 일원일 뿐만 아니라 책임자이기 때문에 원목은 그들의 간호 영역을 간섭하거나 방해해서는 안 되며, 간호사의 권위를 인정해 주어야 한다. 둘째, 원목은 간호사가 병실에서 환자를 처치하는 동안에는 병실 방문을 미루어야 한다. 셋째, 간호사와 긴밀한 협력 하에 사역이 이루어져야 한다. 중환자실 환자, 면회사절 환자 또는 격리된 환자를 병동 간호사의 허락 없이 심방해서는 안 되며, 가족에게 심방을 요청받았을 경우, 사전에 사유를 설명하고 책임 간호사에게 협조를 구해야 한다.

8) 원목과 병원 구성원

병원의 조직과 행정 체계는 교회와 다를 뿐만 아니라 다양한 전문직 종이 함께 일하는 영역이다. 원목은 병원 내의 조직과 기능, 치료 팀원이나 행정 팀원과의 원만한 관계 형성에 노력해야 한다. 원목은 병원 내의 사역의 효율성을 위해서 또는 행정적인 지원을 받아야 할 경우가 많기 때문이다.

첫째, 원목은 그들의 영역과 권위를 인정해 주어야 한다. 특히 기독병원이 아닌 경우, 원목은 직원으로서 참여할 기회가 많지 않다는 점에서 평소에 그들과의 관계를 소홀히 해서는 안 된다. 둘째, 원목은 병원 구성원으로 하여금 왜 병원에서 원목 활동이 중요한 지를 인식시킬 필요가 있으며, 이를 위해 병원 내의 선교회와 신우회를 통해 협력을 이끌어 낼 수 있어야 한다. 그들이 협력을 원할 경우에는 참여할 수 있어야 한다. 원목은 병원 직원을 만나 사역과 관련해 행정관리적인 측면에서 도움을 요청해야 할 때가 많다. 기독교인이라면 기꺼이 협력을 받을 수 있지만, 그렇지 않을 경우에는 예기치 않은 어려움이 발생한다. 이때 원목은 직원들을 대상으로 몇 가지 행사를 지속적으로 해야 할 필요성이 있다. 예를 들면, 부활절(계란)과 추수감사절(떡), 성탄절(선물) 절기 등을 통해 병원 사역을 알린다. 비신앙인 직원인 경우, 원목 사역에 관심도 없거니와 원목이 누구인지도 모를 수 있기 때문이다.

또한 병원의 사각지대에서 일하는 용역 직원(청소부, 경비원, 식당 종사원 등)과의 관계도 중요하고, 이들을 전도 대상으로 삼는 것도 바람직하다.

chapter 3

/

병원목회의 역동성

원목 사역은 질병으로 파생된 인간의 정신적·심리적·사회
환경적·영적인 상처를 어떻게든 회복시키는 데 있다.

chapter 3

병원목회의 역동성

CHAPTER 03

병원목회의 역동성

1 / 병원목회의 특성

　병원목회는 포괄적인 목회인 동시에 유연성을 요구하는 특징을 갖고 있다. 병원의 설립 이념-영리적이냐, 비영리적이냐-과 경영자의 종교 성향-기독교적이냐, 비기독교적이냐-에 따라 병원 사역에서 추구하는 목적이 달라질 수 있으나 대체적으로 병원목회의 특성은 다음과 같이 열거할 수 있다.

　첫째, 병원목회는 병원을 위한 목회여야 한다. 병원이 존재하므로 병원목회의 장이 확보되기 때문이다. 병원에 따라 차이가 있으나 대형병원인 경우, 원목은 병원 내 호스피스와 관련된 지원 활동만이 아니라 각종 위원회(뇌사판정위원회, 생명의료윤리위원회, 임상심사위원회 등)의 위원으로 위촉을 받아 참여하게 된다. 또한 원목은 병원이 추구하는 병원 경영의 목적과 의료진의 영역을 침해하는 사역을 하지 않아야 한다. 특히 원목이 경계해야 할 것은 복음을 파수하는 목회자로서의 소명감이 변질되지 않아야 하며, 원목 사역의 안위를 위해 병원 영리에 편승하는 일을 경계해야 한다.

둘째, 병원목회는 환자와 보호자(때론 간병인)를 위한 목회여야 한다. 병원 내의 예배 인도와 성례전 인도, 환자 심방과 상담, 환자의 영적 회복을 위한 프로그램 운영, 임종과 장례, 자원봉사자 교육 및 훈련, 절기 행사 개최, 국내 및 해외 의료 선교 지원, 원목 활동과 관련된 사역 등이다.

셋째, 병원목회는 병원 직원(의료진 포함)을 위한 목회여야 한다. 원목은 직원예배와 성경 공부, 직원 선교회(신우회)의 영적 지도, 영성 강화를 위한 프로그램 지원 등에 참여함으로써 병원목회의 사역을 강화해 나가야 한다.

넷째, 병원목회는 지역교회와의 팀 사역을 위한 목회여야 한다. 병원 사역은 원목이 파송한 교회와 지역교회(파송교회) 등의 협력으로 이루어져야 한다. 원목은 병원과 교회 간에 교량적인 역할을 함으로써 사역을 활성화해야 한다. 예를 들면, 병원예배와 절기 행사 등을 개최함에 있어서 지역교회의 참여를 이끌어 낼 수 있어야 한다.

다섯째, 병원목회는 원목의 사역 안정화를 위한 목회여야 한다. 원목의 지원과 파송 여부에 따라 병원목회는 정착될 수 있으나 『사단법인 한국원목협회 회원실태조사 자료집(2016. 5.)』에 따르면, 원목의 약 70퍼센트가 기초생활 수준 이하의 사례비를 받고 있는 것으로 조사되었다. 원목은 소명을 받은 목회자이지만 생활 안정과 신분 보장을 받았을 때 병원 사역이 안정화를 이룰 수 있다.

2/ 원목 사역과 병원

병원이라면 의사, 약, 입원, 수술 등이 연상되곤 한다. 병원은 환자들만 가는 곳이라 생각하지만, 건강한 사람들도 건강검진과 예방을 위해 자주 병원을 찾아간다. 진료시간대에 대형병원의 주차장에는 주차할 공간마저 원활하지 않을 때가 많으며, 그야말로 병원은 동네 시장만큼 삶의 역동성이 넘치는 곳이기도 하다. 무수한 환자들은 생사기로의 질병에서 입·퇴원을 통해 병에서 회복되기도 하고 예기치 않은 죽음을 맞이하기도 한다.

원목은 복음을 전하는 데 주력하지만, 환자들을 대상으로 목회하는 사역자라는 점에서 그들과의 만남을 통해 질병의 증상과 치료 과정 등 다양한 이야기를 들어주기도 해야 한다. 때로는 원목이 예배와 심방을 통해 자주 만났던 환자들이 사망하기도 하는데, 그때는 인간적인 슬픔과 연민을 억누르기 힘들다. 어떤 경우에는 장례예배를 인도하고 사별 가족을 위로하며 그들과의 관계를 당분간 유지해야 할 때도 있다. 그만큼 병원 목회자는 의료진과 함께 긴장을 하며 환자들의 영혼을 돌보아야 한다.

원목의 입장에서 보면, 병원을 세 가지 측면에서 이해하고 접근할 필요성이 요구된다. 첫째, 목회자로서의 소명을 환자의 영혼 구원에 두어야 한다. 원목은 전도사로서 환자의 믿음의 상태를 누구보다 잘 이해하고 그들을 구원할 수 있어야 한다. 둘째, 인간적으로 접근함으로써 상담학적인 면에 초점을 두어야 한다. 원목은 환자의 육체적인 고통에서 파생하는 크고 작은 위기 상황에 민감하게 공감하며 상담할 수 있어야 한다. 셋째, 의료진의 치료적인 면에 관심을 두고 환자에게

다가가야 한다. 원목 사역은 건강한 사람들을 대상으로 하는 목회가 아니라 입원 환자와 그 주변인을 대상으로 하는 목회로, 이차적으로는 가족과 간병인, 의료진을 대상으로 하는 목회이다. 나아가 교회 내에서와 달리 환자의 질병과 기독교적인 신앙 상태, 가족들과 간병인의 영적 자원 여부, 주치의나 간호사와의 협력관계에서 병원목회의 기능적인 면을 중시하면서도 영적인 면에서 보다 구체적이어야 한다. 또한 병원당국으로부터 그 권한을 위임받아야 한다.

특히 원목은 의료진과 추종관계에 종속될 필요는 없다. 그러나 영적인 분야에서 의료진이나 병원당국과 충돌해서는 안 되며, 병원 목회자로서의 독자적인 전문 사역 영역을 구축하기 위해서 방어목회(주치의나 병원 구성원과 협력관계 구축, 사역의 독립성 보장, 환자의 영적 관리의 자율성)에 관한 융통성을 발휘해야 한다.

이전에는 병원들이 환자를 위한 의료 서비스에 무관심하고 인색하였으나 오늘날에는 병원 경영의 효율성과 수익성을 다면화하기 위해 환자 서비스 면에도 초점을 두고 있다. 그러나 환자의 영적 서비스는 병원 경영과 무관하므로 '종교의 자유'는 환자 개개인의 문제로 인식하는 경향이 많다.

대한병원협회에서 제정한 「병원윤리강령」(11개 항목 가운데 7항)을 보면, 인간의 존엄성과 박애와 봉사정신을 구현하기 위해 "병원은 환자의 비밀을 지키고 환자의 신앙적 관습을 존중한다."라고 명시되어 있다. '신앙적 관습을 존중한다.'는 말은 환자가 병원에 입원해 있는 동안 병원 안에서 신앙적 서비스를 제공해야 한다는 의미이다. 그럼에도 불구하고 대형병원 이외의 병원에서는 종교적 공간을 제공하는 데 인색하고, 병원 내에서의 환자의 영적 관리를 병원 경영 방침이라는 이유로 금하는 경우가 많다. 기독교병원 이외에는 공공병원과 사립병원에서는 원목 사역을 인정하지 않으려고 하며, 원목 사역 자체를 제한하는 경우도 많다. 예를 들면, 가톨릭계 병원과 기독교계 병원 사이에 서로 원목 사역을 개방하지 않으려는 경향이 강하다. 이것은 엄밀히 말해 병원 스스로 의료 윤리와 환자의 신앙적 권리를 박탈하는 일들을 자행하거나 조장하고 있다고 할 수 있다.

미국병원협회는 병원목회의 필요성을 중시하고, 1967년 5월 8일 '원목 활동에 관한 진술서'를 인준함으로써 병원 내에서 원목의 전문 사역을 지원하게 하였다. 진술서의 내용을 요약하면 다음과 같다.[43]

첫째, 모든 환자들은 병원과 관련된 의료 행위 중 원목 활동에 관심을 가져야 하며, 병원 관리 교육과 훈련 내용에 원목의 역할과 환자들의 영적인 자료 관리를 포함한다. 그리고 영적 치료를 촉진하기 위해 타기관과 협동해 지원할 수 있다. 둘째, 병원은 영적 관리와 활동 및 정보를 수집해 보관해야 하고, 원목 활동 프로그램을 정규적으로 후원해야 하며, 원목을 임명하기 위한 절차도 제정해야 한다. 셋째, 병원 관리 부서는 환자의 종교적 프로그램을 계획하고 유지하기 위해 원목 활동 프로그램의 진행과 역할을 기록한 자료 및 정보 제공에 도움을 주어야 한다. 넷째, 원목들이 전문화된 교육과 훈련에 참여하는 것에 협력해야 한다.

위의 진술을 요약하면, 미국병원협회에서는 병원목회와 관련해 원목 사역에 대한 제도권의 법적 근거를 명문화함으로써 병원 내에서 원목의 신분을 보장할 뿐만 아니라 원목으로 하여금 환자의 신앙적 돌봄에 대한 모든 프로그램을 수행할 수 있게 급여 및 행정적 지원을 하도록 하고 있다.

3/ 목회 상담과 심리 치료

원목 사역에서 목회 상담은 필수과목이 아닐 수 없다. 병원목회 상담의 성격은 임상목회요, 목회 상담의 틀 안에서 설명되어야 하고 상담이 이루어져야 한다. 필자는 일반(기독교) 상담 및 목회 상담과 관련된 과목을 강의하면서 원목과 교수의 입장에서 갈등과 긴장을 경험하곤 하였다. 한마디로 병원목회와 목회 상담의 관계는 실과 바늘로 비유할 수 있다. 그럼에도 불구하고 이 둘의 관계를 충돌되지 않고 매끄럽게 설명하는 일이 쉽지 않다. 국내·외의 목회 상담학 저서에서 이 둘의 관계를 칼로 무를 자르는 것처럼 명쾌하게 설명하고 있지 않다는 의미이기도 하다. 그 이유는 무엇일까?

오늘날 상담과 심리학의 제 이론이 인간의 본능에 예속된 세속적인 학문으로 매몰되어 버려서 목회 상담도 여기에 편승해 목회 상담의 특성이 숨어버리고 수렁에 빠지는 일이 허다하기 때문이다. 목회 상담만이 갖고 있는 특성들이 심리 상담 또는 심리 치료로 둔갑해 문제해결에 있어서 왕도처럼 착각할 때가 많다. 정신의학과 심리기법으로 환자를 치료한다고 하지만, 맑은 하늘처럼 명쾌하지 않기 때문에 약물 요법의 도움을 받아야 한다는 것이다. 이같이 목회 상담은 환자들이 겪는 제 문제를 해결함에 있어서 내담자 자신의 신앙적인 의지만으로 치료될 수 없다는 데 딜레마가 있다. 기독교인들도 때로는 객관적인 측면에서 쉽게 해결할 수 있는 문제들을 세상 법정에서 해결하려고 하는 경우가 많다.

목회 상담이 성경적이라고 하지만 실제적인 인간의 문제에 있어서 당사자 간의 이해관계와 개인주의, 이기주의 때문에 문제해결을 가로

막는 일들이 너무나 많다. 그래서 목회 상담과 심리 치료는 그 경계를 명확하게 구분 지을 수 없다. 대부분 목회 상담의 이론에는 심리학 이론들이 중복되거나 혼재되어 있다. 그 이유는 무엇일까? 목회 상담에서 해결할 수 없는 문제들은 심리학의 도움을 받음으로써 그 해결의 돌파구를 찾을 수 있다고 보기 때문이다. 목회 상담은 성경적이어야 하고, 병원목회 현장에서도 환자들을 상담함에 있어서 성경적이어야 한다. 그럼에도 불구하고 가장 안타까운 일은 믿음이 돈독한 기독교인 환자 중에 영적으로 혼란에 빠져서 괴로워하는 이들을 만날 때 어떻게 위로하고 상담해야 할지 막막하다는 것이다.

목회 상담과 심리 치료의 관계에 대해 마틴 밥건과 디드리 밥건 (Martin Bobgan & Deidre Bobgan)은 상담 및 심리 치료에서 말하는 영적 영역이란 예수 그리스도의 복음을 전파하는 개념이 아니라 인간의 삶에 나타난 시련과 고난에 대한 해결책으로써 잘못된 종교적·신비주의적 의식-인간의 신화에 열중하는 마음속에 우상 숭배-을 제공하기 때문으로 보았다.[44] 이관직은 심리학의 제 이론들은 기독교적인 인간관과 세계관에 기초를 두지 않은 것들이 많이 있지만, 인간을 이해함에 있어서 나름대로 통찰력을 제공하기 때문에 비판적으로 걸러내 변화시키는 과정을 거쳐 하나님 나라 백성들의 삶의 여러 문제점을 예방하고 치료하는 데 제한적으로 도움을 줄 수 있다고 보았다.[45] 유영권은 오헨도 지적하였듯이, 기독(목회) 상담은 끊임없이 자신의 정체성을 질문하면서 상담의 영역을 넓혀야 한다. 기독(목회) 상담은 신학과 결별되어 심리학과 정신의학에 종속되는 것이 아니라 문제에 대한 신학적 해석을 통해 탐구하여 상담의 활동 범위를 넓혀가야 한다고 하였다.[46] 에두아르트 투르나이젠(Eduard Thurneysen)은 세속의 학문인 심리학, 사회학 등은 목회적 태도를 견지하는 데 분명한 도움을 줄 수는 있지만 그것들이 영혼을 치유하는 역할을 대신할 수는 없다고 하였다.[47]

목회 상담과 심리 치료(심리학 제 이론)는 분명한 차이가 있으며 추구하는 목표도 다르지만, 그 상호작용의 관계성을 분리할 수는 없다. 객관적인 측면에서 보면, 심리 치료는 처음부터 끝까지 인간 중심의 심리적인 이론과 방법으로 인간의 사고와 지식, 경험에 의한 문제해결에 치중함으로써 신학 또는 목회 상담학의 도움 없이도 문제해결이 가능하다고 주장한다. 반면에 목회 상담은 인간 중심이 아닌 성경 중심이며, 성령의 인도하심에 따라 인간의 문제에 내재되어 있는 영혼의 상처를 돌보며 치유하는 데 주력함으로써 궁극적으로는 인간적인 문제도 해결할 수 있다고 보고 있다.

제이 애덤스(Jay E. Adams)-권면적 상담-와 로렌스 크랩(Lawrence J. Crabb)-성경적 상담-은 예언자적인 접근만이 성경적이라고 생각해 상담은 전도와 권면과 깨우침과 행동 교정에 초점을 맞추어야 한다고 주장한다. 반면에 윌리엄 흄(William E. Hume), 롤로 메이(Rollo May), 시워드 힐트너(Seward Hiltner), 개리 콜린스(Gary Collins) 등은 제사장적인 접근 방법을 주장하고 있다. 그래서 이들은 성경 말씀이 책망과 권면을 위해서 사용될 때 오히려 심령을 억압한다고 주장하고 상담의 예언자적인 측면을 간과한다. 그들은 "우리는 어떠한 접근 방법이 더 중요하고 효과적이냐고 묻기 전에 내가 상담해야 할 고통당하는 그 사람이 어떤 처지에 있는가를 묻는 것이 더욱 현명한 처사이다."라고 하였다.[48]

오늘날 심리학과 그 기법들이 학문적인 이론으로 체계화되고 임상적으로 검증되어 왔다는 측면을 고려한다면, 전적으로 배격하기가 쉽지 않다. 그 치료기법들이 환자에게 병적으로 고착되어 있는 정신적·

심리적인 고통과 증상을 소거하는 데 유익한 방향으로 작용된다면, 목회 상담이란 명목으로 그 기법들을 배제할 수는 없다.

심리 치료는 내담자의 문제를 현실적으로 해결하는 데 초점을 두고 있지만, 목회 상담은 내담자의 영혼의 구원과 그 영원성의 가치에 초점을 두고 있다. 또한 심리학과 그 기법들은 인간과 인간의 관계를 중요하게 다루고 있지만, 목회 상담은 인간과 하나님의 관계를 중요하게 다루고 있기 때문에 심리 치료와 목회 상담은 방향과 목적도 다르다. 이에 대해 롤란트 안트홀저(Roland Antholzer)는 심리 치료가 인간성과 인간적인 개념들, 인간적인 방법에 의해 인간의 자율을 강화하는 것이라면, 목회(성경적) 상담은 하나님 중심 안에서 하나님의 말씀과 능력에 의해 하나님께 영광을 돌리는 데 그 목적이 있다고 하였다.[49]

이 둘의 관계를 물과 불로 비유할 때 심리 치료는 갈증을 호소하는 사람에게는 무엇보다 물을 공급해 주어야 한다. 사람이 2주 동안 물을 마시지 않아도 된다고 하지만, 물이 정상적으로 공급되지 않으면 생명이 위험하다. 반면에 목회 상담은 인간의 문제를 성령의 불로 태워버리고, 그 자리에 거듭난 영적인 생명체가 태어나게 할 수 있다. 물과 불은 다른 성질을 갖고 있지만, 인간의 생명체를 유지하기 위해 꼭 필요한 자원이다.

심리 치료와 심리학의 제 이론들은 현대사회의 상생 과정에서 다변화로 말미암아 생겨나는 편협적인 문제-개인의 정신적 건강과 가족과 이웃, 나아가 사회문제-를 해결하는 데 중요한 자원이 되고 있다. 하지만 인간이 삶의 여정에서 부딪치는 무수한 문제들은 인간의 지식과 경험, 능력으로 해결하는 데 한계가 있다. 인간의 문제는 물로만 해결할 것이 아니라 동시에 불의 요소인 성령의 역사가 개입되어야 가능하기 때문이다. 물과 불이 성질은 다르지만 인간이 건강하고 행복하게 살아갈 수 있도록 상호작용을 한다. 따라서 인간이 건강한 삶을 지속적으로 유지하기 위해서는 물과 불이 함께 필요하다.

다시 말해, 병원목회와 심리 치료의 관계는 병원목회 현장에서 그 우위를 논하기 전에 환자의 심리 상태에 초점을 맞추는 데서 출발해야 한다. 병원목회 현장에서 상담이 성경적이고 하나님 중심적이어야 한다면, 심리 치료는 세속적이고 인간 중심적이어야 한다. 그러나 분명한 사실은 두 상담이 각각 추구하는 방향은 달라도 영혼의 구원이라는 목적을 향해 나아가야 한다는 것이다.

미카엘 디터리히(Michael Dieterich)는 '기독교인에게도 심리 치료가 필요한가?'라는 질문에 대해 기독교인인 경우에는 질병이 종종 신학적인 문제와 연결되어 있으므로 치료자(목회 상담자)는 성경적인 배경 하에서 치료를 하는 것이 필요하다. 치료자는 상황에 맞는 방법을 적절하게 선택하고 성령의 인도하심을 위한 준비, 나아가 하나님의 실재와 믿음, 성경을 목회 상담 현장에 실제적으로 연관시키는 것이 중요하기 때문에 심리적인 방법을 성경적인 목회 상담에서 배제하는 것이 당연하다. 그러나 "너희의 온 영과 혼과 몸이 우리 주 예수 그리스도께서 강림하실 때에 흠 없게 보전되기를 원하노라."(살전 5:23)와 같이 목회 상담을 영적이고 정신적으로만 제한해서는 안 되며, 전인적인 모습-그의 행동과 경험도 포함-을 보아야 한다고 주장한다.[50]

목회 상담은 내담자가 겪고 있는 문제들을 하나님으로부터 벗어난 죄에서 비롯된 것이라는 사실을 강요하기보다 상담 과정에서 자신이 스스로 성찰할 수 있도록 해야 한다. 이것은 인간의 심리 및 정신적인 기능인 자아 활동(이성적인 사고와 지식, 인식과 재경험)을 통해 강화될 수 있다. 현재 내담자 자신이 해결할 수 없는 정신적·육적인 증상 등을 의학적 또는 심리적 기법을 통해 소거하는 것이 중요할지라도 목회 상담에서는 의학적인 치료와 심리기법에 의존해서는 안 된다. 그러한 방법들이 내담자의 이성과 지식, 경험에 의한 통찰에 유익하게 작용하는지 아닌지를 냉철하게 판단해야 한다. 이를 위해서는 원목 자신이 병원 사역 현장에서 성령의 인도하심으로 성경적인지, 비성경적인지를 잘 판단해 환자가 호소하는 문제를 보다 올바르게 상담할 수 있어야 한다.

오성춘은 목회 상담에서 환원적인 믿음의 이해[51]를 경계하면서도, 세 가지 측면에서 삶의 조화와 균형 있게 개발할 것을 주장한다. 이 가운데 종교적 차원을 너무 강조하면 믿음은 기복적·의식적 신앙이 되어 버리고, 영적 차원을 너무 강조하면 신비적인 것이 되어 버리며, 윤리적 차원을 지나치게 강조하면 율법주의적인 것이 되고 만다.[52] 환원적인 믿음에 의한 상담은 내담자의 신앙과 목회적인 상황에만 초점을 두고 상담이 이루어질 때 그의 정신 의학적 및 심리 치료, 사회 환원적인 이해도 결코 무시할 수 없다는 동정론을 갖게 한다.

래리 크랩(Larry Crabb)은 심리 역동 이론들이 성경적인 견해와 정면으로 어긋나는 것은 사실이지만, 적어도 인간의 마음속을 꿰뚫어본다는 것에 대해서는 확고한 입장을 가지고 있다. 비록 이 이론들이 진정한 변화의 본질이라고 할 수 있는 내면의 성찰을 강조하고 있지만, 그 어떤 개선이나 변화도 겉으로 의미 있어 보이고 만족스러워 보여도 결국은 모두 피상적인 것이다. 그러므로 그리스도와의 관계야말로 인생 모든 문제의 유일한 해답이라고 하였다.[53]

정은심은 기독교 상담에서 통전적 인간관을 적용하면 그리스도 안에서 인간에게 변화 가능성의 희망이 있음을 알 수 있다. 인간은 형성되고 재형성되는 존재이며 변화의 영역이 한 영역에만 국한되지 않으며 또한 그래서도 안 된다. 기독교 상담자들은 그리스도 안에서 인간은 변화 가능한 희망이 있다는 점을 기억해 전 인격에서 그것을 이루도록 내담자를 격려할 필요가 있다고 하였다.[54]

래리 크랩(Larry Crabb)은 성경적인 상담을 다음과 같이 설명하고 있다.[55]

하나님 계시	
두 권의 책	
성경(특별 계시)	자연(일반 계시)
해석학적 연구(철저한 해석 원리 사용)	심리학적 연구(과학적 방법 사용)
신학적 결론	심리학적 결론
종합	
성경적 상담 이론	

래리 크랩은 성경 본문이든 자연의 자료이든, 그것에 대한 우리의 이해는 얼마든지 잘못될 수 있다. 그러나 이 두 권의 책을 재평가하는 태도만큼은 매우 신중을 기해야 한다고 하였다.[56]

목회 상담에서 필요한 심리적인 공백은 최소한 검증된 보편적인 심리 치료기법에서 도움을 받아야 하지만, 심리 치료와 정신의학에서 필요한 신학적인 영혼의 공백은 목회 상담에서 도움을 받을 필요성이 제기된다. 현대 의학에서 내과의사와 외과의사는 환자를 진료함에 있어서 동질성을 갖고 있으나 그 영역은 다르다. 예를 들면, 맹장이 의심되는 환자는 처음부터 외과의사를 찾아가지 않고, 내과의사를 찾아간다.

내과의사의 검사 결과 환자가 맹장염으로 판명되면, 외과의사에게 보내 수술을 받게 한다. 병원에는 여러 진료 과목이 있지만, 대부분 묵시적으로 협진을 해 각자 자기 분야의 환자를 치료한다.

이와 같은 측면에서 원목은 질병의 특징과 치료에 대해 의학적으로 이해하고 상담하는 것이 아니라 그것보다는 환자들의 질병을 성경적인 관점에서 이해하고 돌봄이 이루어져야 한다.

미카엘 디터리히(Michael Dieterich)는 성경적-치료(치유)적[57] 목회 상담에서 방법론적 특성을 여섯 가지 단계로 제시하였다. ① (내담자를) 위로한다. ② (내담자를) 올바르게 가르친다. ③ 해방시키기도 하고 얽어매기도 한다. ④ 학습과 전환사고 과정을 이끌어 낸다. ⑤ 자기 인식 과정을 이끌어 낸다. ⑥ 과거를 분석하고 미래를 내다보게 한다.[58] 하지만 오늘날에도 목회 상담에서 신학과 심리학의 관계성에 대해서는 찬반논쟁을 하고 있다. '구원이 먼저이냐, 치유가 먼저이냐'의 논쟁이다. 마치 '진리가 먼저이냐, 빵이 먼저이냐'의 이야기와 유사하다. 결론은 모든 인간에게는 진리도 필요하고, 빵도 필요하다.

과연 빵의 문제가 해결되었다고 해서 인간이 행복하거나 구원을 받았다고 말할 수 있는가? 아니다. 둘 다 포기할 수 없고 필요하다. 그렇다면 어떻게 할 것인가? 단순히 빵만을 위한 삶, 곧 동물적인 삶만 쟁취하기 위해 산다면 그것은 동물의 삶과 다름이 없으며, 이미 인간으로서의 존재성을 망각한 삶을 살아가고 있는 것이다. 하지만 인간은 진리만으로 배부를 수 없다. 이에 대해 예수님은 광야에서 40일 동안 금식하신 후 사탄에게 "네가 만일 하나님의 아들이어든 명하여 이 돌들로 떡덩이가 되게 하라."(마4:3)고 시험을 받으실 때 "사람이 떡으로만 살 것이 아니요 하나님의 입으로부터 나오는 모든 말씀으로 살 것이라."(마4:4)고 말씀하셨다.

디터리히(M. Dieterich)는 성경적 인간관은 가시적인 세계와 비가시적인 세계의 관계성 속에 있으며, 인간은 하나님의 형상과 그의 속성에 상응하는 성품들(재능, 지혜로움, 이성적인 것)을 갖고 있다. 인간이 타락 후 하나님께 대해 반란자(권위에 반항하는 자, 죄 있는 자)가 되었다. 이로써 성경적-치료적 목회 상담은 인간을 창조하실 때에 주신 능력(예 : 학습 능력), 정신적 고뇌에 긍정적 영향을 미치는 믿음의 역학(죄 사함의 자유)을 고려해야 한다. 성경적-치료적 목회 상담은 서로 연관된 것, 즉 치유와 구원을 구별하기는 하지만 이 두 가지를 서로 분리하지는 않는다.[59]

따라서 원목에게는 목회 상담 시 심리학적 제 이론을 성경적으로 냉철하게 비판하고 지혜롭게 분별하는 능력이 요구된다. 더불어 인간의 내면적 고통의 원인을 찾아 분석하는 능력도 필요하다. 병원 사역 현장에서 목회 상담은 의학과 심리학 이론 등을 거부하기보다는 질병으로 말미암아 파생되는 심각한 문제들을 해결할 수 있다면 그 이론들을 수용하고, 임상심리전문가나 정신전문의의 도움이 필요하다면 도움을 청해야 한다. 그것은 환자 입장에서 보면, 치료적 선택이요, 권한이기 때문이다. 원목은 하나님과 인간 사이에서 발생하는 괴리적인 문제들을 성급하게 해결하려 하기보다 기다려 주고, 환자 스스로 자신의 문제를 해결할 수 있는 최선의 방향을 찾아나갈 수 있도록 도움을 주어야 한다. 그러나 그러한 돌봄은 성경적이고, 복음적이어야 한다.

1) 원목 사역과 의료

원목과 환자, 병원은 상호관계적인 입장이어야 한다. 원래 인간의 질병과 의술의 영역은 영적이었다. 그 의미는 하나님의 창조 사역 안에서 문제를 해결해 왔다는 것이다. 인간이 병들었을 때 의사의 의술보다 하나님의 의술이 완벽하다. 그 이유는 하나님이 인간을 창조하셨기 때문이다. 의사는 인간의 병을 고칠 수는 있어도 인간의 병을 없앨 수는 없다. 의사는 단지 하나님의 심부름꾼에 불과하다.

역사적으로 보면, 환자를 돌보는 장소로서의 병원이 처음 등장한 것은 수천 년 전으로 거슬러 올라간다. 고대 인도나 이집트의 사원에서 환자를 치료한 증거들이 있다. 전쟁을 많이 치렀던 로마에서는 부상병 치료를 위한 야전병원을 세우기도 하였다. 그런 서양에서 중세에 들어와 병원이 기독교 문화와 결합하면서 독특한 형태를 띠게 되었다. 근대 병원의 몇 가지 특징은 중세 기독교병원에서 유래되었다. 기독교적 자선이 병원의 설립 동기였다는 사실을 통해 이 기관의 목적이 봉사와 복지에 있으며, 병원 종사자들 또한 자신들의 이익보다 타인을 위해 일하도록 문화적으로 규정되어 있었음을 알 수 있다. 오늘날 서양의 많은 병원들이 더 이상 기독교적 정신에 의거해 세워지고 있지는 않지만 비영리 자선기관으로 기능하는 것은 이러한 역사적 유산 때문이다. 이같이 기독교적 사랑은 치료가 필요한 사람들에게 병원을 이용할 수 있게 하였는데, 오늘날 병원의 기능은 질병 치료로 그 역할이 축소되었다. 하지만 모든 환자를 공평하게 대한다는 보편성 실현을 의료 윤리의 목적으로 한다는 점에서 기독교 정신이 영향을 미치고 있다고 볼 수 있다.[60]

현대 병원의 의술은 영리주의와 상업주의로 둔갑해 서비스 차원의 범주에서 그 궤도를 이탈하고 말았다. 또한 의사도 자신의 의술에 대해 신적인 존재처럼 착각하고 환자 위에 군림하는 경향을 배제할 수 없다. 의사와 환자는 추종의 관계가 아니라 공존의 관계이다. 의사의 역할은 과거나 오늘날이나 변함이 없는 것 같지만, 현대 병원의 개념으로 병원은 의료 서비스업종이라는 점에서 의사는 의술의 제공자이고, 환자는 고객이다. 따라서 병원은 환자를 고객으로 우대할 수 있어야 하고, 그들이 누릴 수 있는 영적 권리도 보장해 주어야 한다.

고대의 의성 히포크라테스(Hippocrates, B.C. 460?~377?)는 "치유는 자연이 한다. 의사는 단지 자연의 조력자일 뿐이다."라고 하였다. 그럼에도 불구하고 현대 의학은 전통적인 의술에서부터 출발해 의학과 의술이 검증되고 발전되어 왔는데도 인간 중심의 의술에서 점점 멀어지고 있다. 제4차 산업혁명 시대의 의술이 인류의 모든 병을 찾아내 고칠 수 있다고 할지라도 환자의 정신적·영적 상태는 황폐하게 될 것이고, 의료 윤리와 상관없는 의술로 치닫게 될 것이다. 현대 의학이 하나님을 떠나서 모든 질병을 고칠 수 있다는 만용에서 벗어나지 않는 한 인류를 더 큰 불행의 환경으로 몰고 갈 확률은 높아진다. 또한 인간이 의사에게 자신의 생명을 맡기기보다 인간의 생명을 좌지우지하는 로봇 의술을 만능인 것처럼 여기는 날이 다가왔다. 아무리 인공지능에 의한 첨단기기 의술이 발전한다고 해도 인간의 생명의 주인은 하나님이시고 하나님만이 만병의 의사이시다. 로봇 의사가 인간의 생명의 주인이 되어서는 안 된다.

인간에게 일상적으로 찾아오는 크고 작은 질병의 형태는 다양하지만, 인간의 영혼과 몸의 주인이 누구인가에 따라 치유 효과가 다르게 나타난다. 병원 현장에서 치료가 본래 기독교 정신으로 돌아가 영적 케어를 포함해 병행될 때만이 전인치유로 나아가는 시금석이 될 것이다.

2) 병원목회의 자원

우리나라의 병원 전도가 역사적으로 제중원에서 시작되었다는 사실에 비추어 볼 때 선교사가 세운 기독병원은 병원목회가 정착되었으나 그 밖의 병원에는 병원목회가 정착되었다고 볼 수 없다. 135년의 선교 역사를 자랑하고 있으나 병원목회 사역은 열악한 상태에 놓여 있고 한국교회의 성장을 저해하는 요인으로 작용하고 있다. 특히 이단으로 지목되는 종교단체들이 '종교의 자유'라는 미명 아래 환자의 방문객으로 가장해 환자에게 접근하기도 하고 불법적인 전도로 말미암아 건강한 기독교인들이 상처를 받는 사례들도 나타나고 있다.

병원에서의 원목 사역이 투병 중인 입원 환자에게 건강한 신앙생활을 할 수 있는 기회를 제공함으로써 환자가 질병에서 쾌유하는 데 도움이 된다면, 병원당국은 물론 지역교회도 원목 사역이 안정화될 수 있도록 협력해야 한다. 일반적으로 원목 사역의 자원은 병원과 교회, 선교단체와 개인이다. 그러나 현실적으로는 원목 사역의 자원이 빈약하기 때문에 원목이 병원 사역의 소명을 제대로 감당하지 못하고 있을 뿐만 아니라 경제적인 이유 등으로 사역 자체가 위협을 받는 경우도 허다하다.

필자도 원목 사역을 하며 교회와 의사들로 구성된 병원 선교단체에서 10년 동안 활동해 왔으나 효율적인 성과를 거두지는 못하였다. 기독병원이 아니거나 교회와 선교단체에서 파송된 원목이 아닌 경우, 원목이 병원 사역의 안정화를 이룰 수 있도록 한국교단과 교회가 책임을 져야 할 때가 왔다.

병원목회 현장에서의 자원은 인적 자원과 물적 자원으로 구분할 수 있다. 인적 자원은 목사와 전도사, 행정 간사, 예배와 심방 도우미(반주자와 자원봉사자) 등이다. 물적 자원은 원목실과 예배실(강당), 상담실과 환자 기도실 등이다. 2015년 한국원목협회 실태조사에 따르면, 기독병원 또는 대형병원은 대부분 원목실과 예배실 장소가 확보되어 있으나 사립병원은 20퍼센트, 요양병원의 경우에는 40퍼센트 가량이 원목실조차 확보되어 있지 않은 가운데 원목이 사역을 하고 있는 것으로 조사되었다. 또한 사립병원과 요양병원에서 약 60퍼센트에 이르는 원목이 30만 원 미만의 선교 후원에 의존하고 있으며, 부족한 생계자금은 배우자와 자녀들이 충당하는 것으로 조사되었다. 특히 국공립병원과 중소 사립병원에서 그 격차가 두드러지는데, 그중 요양병원은 타병원군과 비교할 수 없을 정도로 열악하고 그 격차 또한 심한 것으로 나타나고 있다.

원목이 국내 선교사라는 측면에서 볼 때 병원 사역에 있어서 병원 내의 기독 의사회와 신우회, 지역교회와 선교단체들이 협력해 원목을 후원하는 것이 바람직하다. 원목 사역이 할 일은 많지만 물적·인적 자원이 부족함으로써 사각지대에 놓여 있는 환자 계층의 영적인 돌봄에 한계점이 드러나고 있다. 교회와 같이 인적·물적 자원이 고정되어 있는 것이 아니기 때문에 원목으로서 병원목회에 관한 소명감이 투철하지 않으면 감당할 수 없게 된다. 설사 이 같은 문제점을 해결할 수 있는 길이 있다고 해도 병원 현장에서 그 해답을 찾기에는 장애물이 너무 많다. 원목 자신이 발로 뛰어다니면서 지역교회에 선교 지원을 요청하지만 결코 쉬운 일이 아니다.

한국교단과 교회는 병원 선교가 사각지대임을 인식하고 병원 사역의 안정화를 위해 제도적인 선교 정책을 수립해야 하며, 지역교회협의회는 그 지역의 병원 선교를 위해 원목과 함께 팀 사역을 공유할 뿐만 아니라 적극적으로 후원해야 한다. 이를 위해 원목 개개인의 노력과 더불어 사단법인 한국원목협회와 교단, 그리고 한국병원협회 등이 의료 선교 정책 과정의 참여를 통해 해결점을 모색하는 것이 바람직하다. 또한 원목은 스스로 현장에서 병원목회의 전문화를 위한 노하우를 발굴하고, 병원 관계자와 지역교회의 협력을 이끌어 내는 일에 심혈을 기울여야 한다. 원목 사역의 정착화를 위한 자원은 병원과 지역교회(파송교회)이지만, 원목 자신이 병원 선교에 동참하고자 하는 후원단체와 교회를 발굴하는 것도 중요하리라 본다. 원목 사역의 핵심적인 기능이 환자가 투병하는 과정에서 그들을 영적 또는 정신적으로 지지하고 인도하고 성장할 수 있도록 섬기며 돌보는 데 있으므로 이것은 곧 환자와 의료진, 나아가 병원을 위한 주요한 자원으로 보아야 한다.

병원이 '종교의 자유'라는 명분 하에 영적 서비스를 외면할 것이 아니라 진정으로 환자의 영적 안녕을 위한다면 환자의 전인적인 치료 측면에서 오히려 갖추고 있어야 할 자원이 원목 사역이 아닌지……. 그럼에도 불구하고 여전히 원목 사역이 안정화를 이룰 수 없는 것은 병원 경영자의 인식 부족이나 병원 내에서 원목 사역을 지원할 수 있는 병원 조직에 포함되어 있지 않거나 제도권이라고 할 수 있는 병원협회와 관련 단체에 원목 사역에 대한 명문 규정이 마련되어 있지 않기 때문이다.

위의 문제점을 해결하기 위해서는 다섯 가지가 선행되어야 한다. 첫째, 병원은 환자의 영적 서비스를 제공할 의무가 있음을 인정해야 한다. 둘째, 영적 서비스는 환자를 위한 치료의 한 분야임을 인정해야 한다. 셋째, 병원 구성원으로 원목의 신분을 보장해 주어야 한다. 넷째,

원목 사역은 원목 자격을 갖춘 자가 할 수 있도록 해야 한다. 다섯째, 의료 서비스 정책에 관한 항목 가운데 원목 사역이 명문화되어야 한다.

이와 같은 측면을 고려하면, 의료 서비스 정책의 틀 안에 원목 사역에 대한 지원과 활동 내용이 구체적으로 명시되어 있어야 한다. 병원 정책 당국이 병원목회도 의료 서비스 영역의 자원임을 인정하게 될 때 선진화 병원으로 나아가는 길이 될 것이다.

chapter 4

/

치유

chapter 4

치유

인간의 질병은 하나님이 주신 것이 아니라 인간이
하나님의 창조 질서를 거역하고 건강의 자원을
남용한 데서 비롯되었다.

CHAPTER 04

치유

1 / 질병의 역사적 변천

인류 역사는 곧 질병의 역사요, 질병에 따라 인류 문명도 발달하였다. 흔히 질병(疾病, disease, illness, sickness)은 병고(病苦, suffering, Leiden)와 질환(疾患, illness)으로 부르기도 한다. 고대사회에서도 병이 존재하였지만, 당시에는 질병의 개념조차 생각할 수 없던 시대였고 원시종족들은 사냥을 하다가 부상을 당하거나 또는 부족 간에 싸움을 하다가 다쳐도 자연치유에 의존하거나 주술적인 방법을 통해 낫기만을 기다렸다. 이와 같은 사실은 인간을 창조하실 때의 원재료인 흙을 보면 알게 된다. 흙은 물에 의해 쉽게 변형이 된다. 흙은 고체도 되고 액체도 되고 기체도 될 수 있지만, 흙에는 아무 생명력이 없다.

최초의 인간은 '아담'(Adam)이다. 아담은 '붉다', '붉은 흙'의 뜻에서 유래된 말로, "여호와 하나님이 땅의 흙으로 사람을 지으시고 생기를 그 코에 불어넣으시니 사람이 생령이 되니라."(창2:7)는 말씀에서처럼 흙으로 창조된 인간은 흙으로 돌아갈 수밖에 없다. "흙은 여전히 땅으로 돌아가고 영은 그것을 주신 하나님께로 돌아가기 전에 기억하라."(전12:7)고 하셨다. 인간의 몸은 주로 산소, 탄소, 수소, 질소로 구성되어 있지만, '흙'은 쉽게 변형되는 속성을 갖고 있다. 흙은 강한 것 같지만 약하고, 약하지만 강하다. 이것은 인간이 늙고 병들 수밖에 없다는 것을 의미한다.

인류의 역사도 흥망성쇠를 거듭하므로 어제와 오늘이 같은 것이 아니라 낡고 쓸모없게 되고 찌그러지고 온갖 풍파를 겪게 되기에 그 흔적이 무상함으로 끝이 난다. 그러나 하나님은 흙으로 창조된 인간에게 생기를 불어넣으셔서 '생령'(生靈, Living Soul)이 되게 하셨다는 말씀에 주목할 필요가 있다. 그것은 하나님께서 흙으로 만든 인간에게 생명력을 불어넣으시므로 '만물의 영장'으로 살아갈 수 있는 능력을 부여하신 것이다. 그 능력은 인간 개개인의 특성에 따라 차이가 있으나 인간은 모두 하나님의 귀한 피조물이다. 그러므로 흙으로 지음을 받은 육체는 하나님의 도움 없이는 고장이 날 수밖에 없다. 이와 같은 사실, 즉 '하나님은 어떤 분이신가?'에 대해서는 모세오경과 역사서에 잘 설명되어 있다.

하나님은 전지전능하신 여호와 하나님이실 뿐만 아니라 치유자로서의 여호와 하나님이 되심을 선포하셨다. 모세오경과 역사서의 저자들, 그리고 시편의 저자들은, 치유는 이스라엘 민족의 출애굽 사건 이후에 하나님의 백성으로 선택을 받기 위한 훈련 과정에서 나타난 하나님의 은총임을 확신하였다. 시편 기자는 "내 영혼아 여호와를 송축하며 그의 모든 은택을 잊지 말지어다 그가 네 모든 죄악을 사하시며 네 모든 병을 고치시며 네 생명을 파멸에서 속량하시고 인자와 긍휼로 관을 씌우시며 좋은 것으로 만족하게 하사 네 청춘을 독수리같이 새롭게 하시는도다."(시편103:2-5)라고 하였다.

치유(healing)는 전쟁에 나갔던 군인들의 상처를 '온전하게 회복시키다'라는 뜻에서 파생하였으나 오늘날에는 신체적으로 건강한 상태의 의미로 사용되고 있다. 신·구약 성경에서 치유는 대부분 '고치다, 치료하다, 온전하게 하다, 원래 상태로 고치다, 회복시키다' 등으로 다양하게 표기하고 있다.

스위스의 치유 목회자인 버나드 마틴(Bernard Martin)은 "치유란 영원한 삶으로 이어지는 인격의 완전한 성숙을 저해하는 육체적·정신적·영적인 속박으로부터 자유롭게 되는 것을 의미한다."고 하였고, 제임스 반 버스커크(James D. van Buskirk) 박사는 "치유란 하나님의 능력을 통해 우리 안에 내재해 있는 자연적인 치유의 능력을 저해하는 모든 장애물을 제거하는 것이다."라고 기술하였으며, 1964년 미국 성공회의 '종교와 건강에 관한 특별위원회'는 치유를 "생명력 넘치는 그리스도교 신앙을 배경으로 육체와 정신과 영의 건강을 추구하는 노력"이라고 하였다. 영국 치유 사역의 선구자인 레슬리 웨더헤드(Leslie D. Weatherhead) 목사는 "치유란 인간으로 하여금 그 육체가 물질적인 세계에서, 정신이 참된 이상의 영역에서, 그리고 영이 하나님과의 관계에서 온전히 적용할 수 없게 된 왜곡된 상태로부터 벗어나 조화로운 삶을 되찾을 수 있도록 해주는 과정을 의미한다."[61]고 하였다.

그러나 치유는 기독교에서만 사용되는 단어가 아니라 원시종교를 비롯해 무속신앙과 불교, 도교, 타종교에도 유사한 용어가 있으며 혼용되고 있다는 점에서 오해의 소지도 있다. 예를 들면, 무속신앙의 굿은 한(恨)의 승화이자 춤과 노래가 어우러지는 한판 종교놀이와도 같은 특색이 있다. 곧 굿이 한국인들을 위로하고 치료하는 독특한 장점을 가지고 있다[62]고 한다면, 기독교의 치유의 특징은 오직 예수 그리스도의 십자가의 사랑과 대속의 은총으로 말미암아 병 고침을 받는다는 의미에서 '신유'라는 용어를 사용하기도 한다.

1) 질병의 개념

역사 이래로 질병은 고통의 대명사이기도 하다. 질병은 언제든지 모든 인간에게 찾아오는 삶의 일부분으로 인식되어 왔다. 흔히 질병하면 보통 병균이나 바이러스를 연상할 수 있지만, 질병은 사람이 신체적·육체적·정신적으로 앓고 있다는 것, 괴롭다는 것, 고통스럽다는 것 등으로 표현된다. 그러나 정확한 표현이라고 볼 수 없다.

18세기 중엽까지만 해도 질병은 분류 기준 자체가 명확하지 않았다. 18세기 말 이후에야 환자들을 모아서 치료하고 임상적 경과를 관찰해 질병을 제대로 정의할 수 있었다.[63] 질병의 원인이 단순하지 않기 때문이다. 예를 들면, 어떤 사람은 통증을 느껴서 의사의 진단 결과 병명이 있는 환자가 되지만 그렇지 않은 경우도 많다. 질병은 같은 질환일지라도 환자마다 나타나는 자각 증상이 다르며 치료 경과도 다르게 나타날 수 있다. 일반적으로 질병은 다음과 같은 의미에서 이해될 수 있다.

첫째, 질병은 의학적인 용어이다. 질병은 사람이 병들거나 건강하지 못하다고 느끼는 개인적인 상태라면, 질환은 정상적인 삶에서 수명의 단축이나 능력의 쇠퇴를 초래하는 신체 기능의 변화로 설명한다. 일반적으로 질병은 세 가지의 개념으로 구분될 수 있다.

① 질병은 선천적 요인과 환경적 요인이 복합된 현상이다. 전자의 요인으로는 죄가 깊은 관련이 있다. "욕심이 잉태한즉 죄를 낳고 죄가 장성한즉 사망을 낳느니라."(약1:15)의 말씀처럼 질병은 영적으로 죄의 원형으로 본다. 후자의 요인은 전자의 요인에 의한 결과론으로 대상적인 관계와 물리적인 환경의 관계에서 돌발적으로 또는 만성적으로 나타나는 병의 원형으로 본다.

② 질병은 정신과 마음이 각각 분리된 상태에서 경험하는 현상이다. 주로 질병은 인생사에서 경험하는 정신적·심리적인 원인에서 발생하는 신체적인 증상과 연계되어 나타난다.

③ 질병이란 인간의 구성 요소인 영과 혼, 몸이 정상적인 범위에서 벗어났을 때 나타나는 결손과 상실을 의미한다. 하지만 질병은 육체적으로 생물학적 요인에서만 그 증상이 나타나는 것이 아니라 심리적 요인과 사회적 요인도 함께 동반한다. 이와 같은 측면에서 현대 의학과 의술은 건강보다 질병의 치료와 재활, 예방에 초점을 맞추어 질병을 치료하기 위해 투약과 주사, 수술 등을 행한다. 또한 정신건강의학은 인간의 정신적인 이상 증상에 초점을 맞추고 심리 검사와 진단에 의해 정신 치료와 약물 치료를 병행한다.

둘째, 질병의 위험 요소는 여러 가지 요인으로 분류할 수 있다.
① 연령 : 유아기, 학령기, 청년기, 장년기, 노년기
② 유전적 요인 : 가족력(혈압과 당뇨, 암, 비만 등)
③ 후천적 요인 : 임신 중 어머니의 영양, 음식과 생활습관(약, 술, 흡연)
④ 건강 상태 : 성장기 영양 부족, 생활 습관(자세, 운동), 성생활 등
⑤ 생활양식 : 이혼, 사별, 독거, 은퇴 등

⑥ 환경 요인 : 위험한 작업 환경, 직업병, 휴식과 위생 상태 등

셋째, 질병은 '급성질환이냐, 만성질환이냐'에 따라 다르다. 급성질환은 수술과 약물에 의해 치료 시기도 단축되고 치료 효과도 빨리 나타날 수 있지만, 치료적인 위험도 동반된다. 만성질환은 장기간 또는 평생 약물 치료와 물리적인 요법 등에 의해 치료를 받게 됨으로써 정신적인 고통이 동반된다.

① 급성질환(Acute Illness)은 대체적으로 증상이 빠르게 시작되나 짧은 기간 동안 지속된다. 하지만 신속하게 의술의 도움을 받지 못하면 생사의 기로에 서게 될 수 있다. 대부분 의학적인 의술로 증상이 호전되고 치료할 수 있다.

예) 뇌출혈, 심혈관 질환, 맹장, 찰과상, 안정 및 교통사고 등

② 만성질환(Chronic Illness)은 평소에 건강한 생활을 하다가 신체적인 장애와 손상을 입는 것으로, 장기간 치료를 요하기 때문에 정신적·심리적 변화도 동반된다. 증상이 서서히 시작되고 완화(증상이 호전되는 경우)되는 경우도 있지만, 증상이 악화(증상이 다시 나타나는 경우)되는 경우에는 증상을 예측할 수 없는 특징이 있다.

예) 뇌졸중, 심장병, 편두통, 두통, 관절염, 척추질환, 정신질환 등

질병은 신체적 통증과 기능 장애(심신허약과 무기력), 궁극적으로 육체의 죽음이 동반되는 현상이 나타나기도 한다. 심리적 고통과 사회적 적응 장애 등이 1개월 이상 지속될 경우에는 정신과 치료와 재활 치료 및 상담과 영적인 차원에서의 치료가 필요하다. 그러나 심리적·영적인 고통이 지속되거나 가족관계나 사회생활에 적응하지 못할 정도라면 정신

적인 질환으로 보아야 한다. 만일 의학적인 치료에도 불구하고 합병증이 찾아오고 만성적 또는 간헐적으로 증상이 재발될 경우에는 정신과 치료를 포함해 영적인 상담과 치료를 병행하는 것이 바람직하다.

진단이 붙은 질병은 병 고침을 받을 가능성도 크지만, 의학적으로 뚜렷한 병명이 없다고 진단받을 때는 우선은 안도감을 갖지만, 한편으로는 '병이 없는데 왜 아플까?'라는 의구심을 갖게 된다. 평소에 자각 증상이나 통증이 없다가 정기적인 건강검진에서 암 세포가 발견되면 심각한 상태에 빠지기도 한다. 일상생활에서 느끼는 통증은 개인에 따라 다르다. 급성질환이냐, 만성질환이냐에 따라 고통의 강도도 차이가 있으며, 질병에 따라 통증도 다 다르다. 질병이 늦게 발견되어 사망에 이르는 예도 허다하다.

오래 전에 필자는 결핵병원에서 환자들을 상담한 경험이 있다. 그때 만성 결핵환자들-중증 결핵환자들-의 심리 상태가 매우 불안정하다는 것을 느꼈다. 결핵은 1년 이상 약을 꾸준히 복용하면 치료될 수 있으나 치료 시기를 놓치거나 치료를 미루다가 내성 상태에 이르게 되면, 각혈하다 숨이 막혀 사망에 이르기도 한다. 입원 환자들 중에는 동료 환자들이 죽어가는 모습을 보고 병원 밖에서 자살하는 경우도 있다. 대부분 질병이 의학적인 치료로 고칠 수 있다는 희망이 있으면, 심적인 고통은 어느 정도 참아낸다. 그러나 치료가 되지 않고 증상이 악화되거나 통증이 참을 수 없을 만큼 심해지면, '살고 싶지 않다, 죽게 해달라'고 안락사(존엄사)[64]를 자청하거나 자살까지 생각하는 경우가 있다.

성경의 관점에서 보면, 질병은 죄의 산물이라는 사실을 부인할 수 없다. 하나님이 인간을 창조하실 때 온전한 인간-하나님의 형상-으로 창조하셨으나 인간은 하나님께서 주신 '자유의지'를 남용함으로써 생로병사라는 무거운 고통의 짐을 지고 살아가야 한다.

클라이브 스테이플스 루이스(Clive Staples Lewis)는 인간의 영혼은 모든 상황이 좋아 보일 때는 아집을 포기할 생각을 하지 않는다. 사람은 죄와 무지, 실수와 잘못을 범하고 있으면서도 그 사실을 인식하지 못하는 법이다. 이런 잘못이나 죄는 가면을 쓴 악이다. 그러나 고통은 가면을 벗은 악, 명백히 눈에 보이는 악이라고 하였다.[65]

질병과 함께 찾아오는 고통은 죄의 산물이기 때문에 하나님의 속성이 사랑이라 할지라도 공의의 하나님은 인간이 자신의 고통을 스스로 극복하기를 원하신다. 하나님은 본질상 창조의 질서에 모순되는 일을 행하실 수 없는 분이시기 때문이다. 하나님은 '사랑의 하나님'이시므로 인간의 고통을 방치하지 않으시고 인간의 고통(질병) 문제를 해결하는 길을 열어주셨다. 그 길은 인간 예수를 믿는 것이다. 예수님은 인간이 저지른 죄의 고통을 외면하시기보다 인간을 지극히 사랑하시므로 인간이 받는 고통을 체휼하셨던 것이다. 인간이 겪는 고통을 극복하는 길로 인도하시기 위해 예수님이 오셨다. 친히 예수님이 만병의 의사가 되셔서 각양각색의 수많은 병자들을 치료하셨다. 인간의 고통을 치유할 수 있는 열쇠는 예수 그리스도를 믿는 것이다. 예수님의 십자가의 사랑과 능력에 의해 인간은 생로병사에서 겪는 고통을 능히 극복할 수 있다. 예수 그리스도께서 담당하신 십자가의 고난이 인간의 질병에 대한 자각 증상이라면, 부활은 구원의 증거요, 치유의 증거로 보아야 한다.

병은 주관적 자각 증상에 의해 질병의 유무를 판단할 수 있지만, 자각 증상이 없더라도 일상적으로 또는 정신·신체적으로 고통을 호소하는 사람도 많다. 병이란 그 병을 앓고 있는 환자의 반응에 따라, 사람의 체질적(관습적) 조건과 생활환경(심리적, 정신적, 경제적)에 따라, 그 사람이 속한 사회환경 집단(물리적, 화학적)에 따라, 나아가 국가의 의료 시스템 등에 따라 치료의 결과가 다르게 나타난다. 인류의 질병은 역사적인 변천과 문화에 따라 수없이 변화하며 다양한 형태로 공존해 오고 있다. 질병은 한 지역에 머물지 않고 제국의 팽창과 더불어 전쟁이나 교역을 통해 전파되었다. 알렉산더 대왕이 세계를 정복한 후 헬라어가 보급되어 의사전달이 용이해졌고, 로마제국에 의해 항만과 도로가 건설됨으로써 아시아와 유럽 간에 교역량이 늘어나기 시작하고 교통도 편리해졌다. 이에 따라 풍토병과 전염병도 쉽게 전파되었다.

중세 시대에 유럽국가는 대부분 매우 비참한 생활을 하고 있었다. 14세기에 창궐한 흑사병(Black Death)은 인류 역사상 가장 참혹한 전염병으로 유럽 인구의 3분의 1 이상이 사망하였다. 알려진 바에 따르면, '흑사병'의 감염원은 쥐벼룩이다. 증상은 화상을 입은 것처럼 몸 구석구석에 온통 종기가 생기고 고열과 발작으로 고통을 당하다가 피를 토하고 피부가 새카매지면서 죽어 가는 병이라는 뜻에서 흑사병이라고 이름을 붙였다고 한다. 하지만 흑사병이 유럽에 창궐하고 있을 때 환자를 돌보던 수도사들은 감염이 되어도 쉽게 회복되었고 한 번 앓고 나면 면역력이 생겨서 다시는 걸리지 않았다고 한다. 특히 유대인은 유럽인들처럼 흑사병에 잘 걸리지 않았는데, 조상대대로 전해 내려오는 구약 성경 레위기의 말씀대로 철저한 위생 관념을 갖고 생활하였기 때문이라고 한다.

수년 전에 아프리카의 라이베리아, 기니 등에서 발생한 '에볼라 바이러스'를 비롯해 몇 년 전에 우리나라의 대형병원 응급실에서부터 감염되기 시작한 '메르스(중동호흡기증후군)' 사태로 크나큰 홍역을 치른 바 있다. 또한 해마다 조류독감으로 오리, 닭 등이 수천, 수만 마리씩 대량으로 도살 처분되고 있다.

세계보건기구(WHO)가 발간한 『유엔연례세계건강보고서』에 따르면, 의학의 발달에도 불구하고 감염성 질병이 전 세계적으로 빠르게 확산되고 있고, 치료도 갈수록 어려워지고 있다고 한다. 그 이유로는 이민과 여행의 증가, 잘못된 대처 방법에 의해 내성을 가진 병원체의 확산 등을 들고 있다. 또한 산업재해(유해한 작업환경과 작업상 과로 등)에 의한 직업병도 해마다 증가하고 있고, 일본에서 발생한 규모 9.0의 강진과 '쓰나미'로 발생한 후쿠시마 원전 폭발은 큰 경종을 울리고 있다. 원전 폭발로 말미암아 수년 내에 방사성 물질 누출로 인한 피해자 수가 증가할 것으로 보고되고 있다.

하나님께서 인류를 창조하실 당시에는 질병이나 죽음이 존재하지 않았다. 하나님은 모든 피조물을 창조하실 때마다 "하나님이 보시기에 좋았더라."고 감탄하셨다. 하나님은 마지막으로 인간을 창조하신 후 "하나님이 지으신 그 모든 것을 보시니 보시기에 심히 좋았더라."(창 1:31)고 하신 것은 창조의 완전함을 보여 주신 것이다. '왜 해를 더할수록 질병은 증가하는 것일까?' 그것은 현대 의학으로 해결할 수도 없고 예방할 수도 없다는 데 그 한계성이 있다.

인간에게 있어서 "욕심이 잉태한즉 죄를 낳고 죄가 장성한즉 사망을 낳느니라."(약1:15)라는 말씀처럼 질병은 하나님의 창조 질서에 불순종하고 자기 자신과 이웃, 나아가 자연환경에 대한 일탈 행위에서 비롯되었다.

웹스터(Webster) 사전에서는 질병을 "고요함(tranquility)의 결여와 건강의 부조화(disorder)를 경험하는 상태"로 정의하고 있다. '고요함의 결여'

란 일반적으로 정신적·신체적·심리적으로 다가오는 불안과 공포, 분노와 좌절, 미움과 원한, 스트레스 등에 깨어지는 현상이라고 할 수 있다. 그러나 '건강의 부조화'는 건강한 사람들이 질병에 대한 무지와 무관심, 면역력 약화, 건강의 과신 등에 의해 나타나는 현상이다. 예를 들면, 과식과 과음, 과로와 성적 방종, 과도한 근심과 우울 감정, 운동 부족과 게으름, 불규칙적인 생활 등이 지속된다면, 이미 '나는 걸어 다니는 환자이다.'라고 선포하고 있는 셈이다. 오늘날 흔하게 발생하는 암과 치매, 노화, 혈압과 당뇨 등은 유전적인 요인을 무시할 수 없지만, 평소의 건강관리 부재에서 오는 병명이기도 하다.

질병의 과정과 죄의 과정은 매우 흡사하다. 질병과 죄는 처음부터 드러나야 하는데, 아담이나 하와와 같이 에덴동산에 숨기를 좋아하기 때문이다. 사람들은 '내 몸을 돌볼 시간이 없다, 일이 많다, 너무 바쁘다' 등의 핑계를 대면서 차일피일 검진을 받으러 병원에 가기를 미루며 책임을 전가하곤 한다. 그러다가 증상이 나타나면 '내일은 병원에 가야지, 치료를 받아야지' 하면서 또 차일피일 미룬다. 현대인들은 건강한 삶을 살기 원하면서도 질병과 함께 살기를 좋아한다. 죄를 회개하고 하나님 앞에 돌아와야 함에도 불구하고 회개하지 않는다.

과거 보릿고개 시절에는 병이 들면 돈이 없어서 병원에 가지 못해 사망하는 이가 많았다. 암에 걸리면 모아 놓은 재산을 허비하면서도 어떻게든 살아보려고 애를 쓰던 시절이 있었다. 그러나 오늘날 우리는 의료보험과 사회보험이 발달하였을 뿐만 아니라 병이 들더라도 병원에 가서 치료받을 수 있는 시대에 살고 있다. 게다가 불치병이었던 암도 조기에 발견하기만 하면 완치할 수 있고 누구든지 최고의 의료 시설이 갖추어진 병원에 가서 치료받을 수 있다. 하지만 의사가 질병을 고쳐 준다고 할지라도 회복의 비밀은 약과 의술에 있는 것이 아니라 환자 자신이 갖고 있다.

가끔 매스컴을 통해 의료 사고 뉴스가 전해지곤 한다. 물론 의사의 실수에 의한 의료 사고도 있겠지만, 불가항력적인 사고 요인도 곳곳에 도사리고 있다. 감기나 폐렴에 의해 사망하는 일도 많고, 맹장수술을 성공적으로 잘 마치고도 사망하는 예가 있으며, 합병증과 후유증에 시달리는 환자도 많다. 또한 사망 진단을 받은 환자가 소생하는 경우도 있다.[66]

약과 의술에는 허와 실이 있다. 검증된 약이나 동일한 약이라 할지라도 어떤 환자에게는 약이 되고, 어떤 환자에게는 독약이 될 수 있다. 의사와 약사가 '플라세보 효과'(Placebo Effect)를 기대하고 투여하는 약이 있다. 플라세보는 라틴어로 '즐겁다' 또는 '마음에 들다'라는 뜻인데, '가짜 약' 또는 '위약'으로 번역된다. 위약에는 약리작용을 나타내는 약 성분이 전혀 함유되어 있지 않지만 치료 효과가 있다. 인체에 해를 주지 않으면서 의사의 말 한마디에 그 위약(비타민, 영양제, 소화제, 설탕) 등을 조제해 주었을 경우, 어떤 환자에게는 병이 호전되는 효과가 있으나 어떤 환자에게는 부작용(두통, 현기증, 졸음 현상, 구강 건조 등)이 나타나기도 한다. 수술 시 생긴 상처로 말미암아 심한 통증을 느끼는 수술 환자인 경우, 환자가 통증을 호소할 때마다 모르핀 주사제를 놓다가 나중에는 모르핀 성분이 없는 다른 주사제를 놓았는데도 진통 효과가 50퍼센트 이상으로 나타났다는 연구 보고도 있었다. 오늘날 미용 효과를 노리는 미백 화장품이라든지 대체의학의 건강식품을 마치 '만병통치약'처럼 광고함으로써 '플라세보 효과'에 의한 상술이 만연되어 있다. 사람들이 건강에 대한 많은 정보들을 적절히 걸러내지 못함으로써 암 진단을 받고도 대체의학에 의존하는 일도 많다.

현대 의학의 불청객인 대체의학이 여전히 선호되는 이유는 다음과 같다. 첫째, 약물의 부작용과 합병증에 의해 더 큰 고통을 겪는 환자가 증가하고 있기 때문이다. 이것은 현대 의학의 위기인데, 치료 영역에서 환자에게 치료 효과에 대한 의문을 안겨 주기 때문이다. 둘째, 현대 의술은 인술이 아니라 상술로 환자를 상품화하기 때문이다. 과잉 검사와 과잉 투약, 과잉 진료로 환자에게 의료비 부담을 가중시킴으로써 환자 자신이 중한 병이 아니면 구전이나 광고에서 많이 접해 본 대체의학을 선호하곤 한다. 첨단의료장비에 의한 진단과 검증된 현대 의학이 높은 신뢰성을 갖고 있으나 결코 모든 환자에게 적용되는 말은 아니다. 지금까지 인류의 질병은 1만 2천 여 종으로 알려지고 있지만, 이 가운데 검증된 대체의학-보완요법, 완화의료-으로 치료의 기능을 기대할 수 있는 것은 약 60종에 지나지 않는다. 오래 전부터 미국보건당국은 대체의학센터를 두고 철저하게 대체요법의 효과를 실험하며, 현대 의학의 한계점을 보완하는 운영 체계를 갖추고 있다.

필자는 한때 대체의학에 대한 칼럼을 기고하면서 대체의학은 환자의 증상이나 질병 자체를 치료하기보다는 개개인의 질병에 대한 항상성, 즉 자생력(면역력)을 높일 수 있는 자연치유로 보았다. 예를 들면, 병이 나으려면 환자는 어느 정도 고통의 악순환이라는 과정을 감내해야만 한다. 대체의학은 환자 스스로 몸 밖에서 치료 매체를 찾는 것이 아니라 몸 안에서 질병의 원인을 찾는 것이다.[67] 이것은 곧 인간의 모든 질병은 하나님의 창조 섭리에 따라 치료되어야 한다는 의미이다.

1998년 10월 『사이언스 저널(Science Journal)』에 따르면, 유전자가 풀어주는 '토포아이소메라제'라는 물질이 발견되어 세계적으로 각광을 받은 적이 있었다. 이 물질은 병든 사람들이 스스로 다시 회복할 수 있는 능력을 갖고 있다는 사실을 증명한 사건이었다. 다시 말해, 인체에는 자생력이라 불리는 능력이 있어서 병에 노출된 뒤에 스스로 치유할 수 있는 힘을 갖고 있다는 것이다. 이 자생력은 교육으로 얻어지거나 훈련으로 쌓이는 것이 아니라 선천적으로 인간이 타고날 때부터 유전자 속에 입력되어 때와 필요에 따라 스스로 활동한다는 것이다.[68]

하지만 현대인은 자신의 건강에 대해 자만하거나 저절로 병이 나은 것처럼 착각할 때가 많다. 이것은 매우 잘못된 생각이다. 앞에서 강조하였다시피 하나님은 인간을 창조하실 때 완전한 건강을 주셨으나 인간은 죄의 유전으로 말미암아 생로병사, 특히 질병과 싸워 이겨야 한다. 이 싸움은 자신과의 싸움이고, 죄와의 싸움이며, 사탄과의 싸움이다. 싸움에서 한 번 승리하였다고 그것으로 끝나는 것이 아니라 다시 싸움이 시작되는 것이 질병이다.

암환자인 경우, 수술과 약물 치료, 항암 치료, 방사선 치료로 완치될 수 있다고 믿고 있다. 그러나 우리 몸은 그것대로 반응하지 않는다. 그래서 재발하면 현대 의학도 별것이 아니라 생각하고 대체의학에 눈을 돌려 찾아다니게 된다. 그러나 사실 소문대로 완치되지는 않는다. 왜냐하면 우리 인간은 누구나 다 암 세포를 갖고 있으며 단지 자생력에 의해 암 세포의 활동을 억제시키고 건강을 유지한다고 볼 수 있기 때문이다. 질병은 환자 개인에 따라 통증의 강도도 치유 예후도 각각 차이가 있다. 질병은 인간의 정신력과 의지만으로 정복할 수 없다. 따라서 인간의 질병은 의술의 도움도 필요하지만, 환자 자신이 하나님께서 주신 천연 치료제인 믿음의 자생력에 따른 치유도 간구해야 한다. 하나님께서 인간에게 주신 영적인 유전자인 믿음(자생력)이 최고의 명약이다.

그 명약은 하나님의 말씀이요, 성경이다.

2) 건강의 개념

조만간 건강의 개념도 달라져야 할 것이다. 유전자의 염색체(DNA) 지도가 완성되었다는 점에서 맞춤의학(맞춤치료) 시대가 열리고 있다. 개개인의 질병은 유전자 특성을 분석할 수 있는 인공지능(AI)과 결합한 빅데이터(Big Data)에 의해 질병의 조기 진단과 치료가 신속하게 이루어질 뿐만 아니라 미리 질병의 유전자를 예측해 그 유전자를 제거함으로써 건강 100세 시대가 다가오고 있기 때문이다. 또한 치매와 암 등도 머지않은 시기에 완치될 것이다. 그럼에도 불구하고 변하지 않는 것이 있다. 인간은 인공지능의 노예가 될 수 없다는 것이다. 인간을 창조하신 하나님이 인간의 유전자에 하나님의 생령을 담고 있다는 사실을 부인할 수 없다.

세계보건기구(WHO)는 "건강이란 신체적, 정신적, 그리고 사회적 안녕의 완전한 상태이며 단순한 질병이나 허약의 부재를 말하는 것이 아니다."라고 정의해 왔다. 그 후 1957년에 건강의 실용적인 측면을 강조해 정적이고 절대적인 개념으로 주관적인 요소인 웰빙(well-being)을 포함해 건강이란 "육체적으로, 환경적으로 주어진 조건 하에서 적절한 생체 기능을 나타내고 있는 상태"라고 정의하였다. 그러나 이 같은 정의는 객관적인 측면에서 측정 가능한 내용이 제시되어 있지 않을 뿐더러 중요한 동적 또는 예후적인 내용이 포함되어 있지 않기 때문에 설명이 모호하다고 보았다. 그래서 세계적인 기독교 단체와 기독교 의료인들에 의해 하나님께서 인간을 창조하신 본래의 모습과 기능을 할 때 건강한 상태로 보아야 한다는 주장이 대두되었다. 그 결과 1982년 인도 뉴델리에서 개최된 '세계기독교의사회'(World Christian Medical Society)에서 "건강을 신체적·정신적·영적·사회적으로 정상적인 상태"로 정의함으로써 '영적' 건강을 하나님과의 바른 관계로 규정하였다.

1998년 세계보건기구 집행이사회는 영적인 개념을 건강의 정의로 확대 해석해 '영적 건강'(Spiritual Health)을 추가해 개정하였고 전문을 전 세계에 공포한 바 있다. 그 전문은 다음과 같다.

"A dynamic state of complete physical, mental, social, spiritual well-being and not merely the absence of disease and infirmity."

그럼에도 불구하고 '영적 건강'에 대한 논란은 계속되었다. 그 이유는 '영적 안녕'(Spiritual Well-being)은 문명의 혜택을 받지 못하거나 종교적으로 성숙하지 못한 나라들의 범신론적 종교사상과 샤머니즘 신앙까지 포함한 포괄적인 내용이기 때문이다. 이것은 성경에서의 영(spirit=ruah, pneuma, spiritus)의 개념과 차이가 있고, 영적 안녕은 종교보다 매우 추상적(Spirituality is more abstract than religion.)이기 때문이다. 때마침 세계보건기구의 건강의 개념이 기독교의 영성과 같다고 생각하는 것은 경계해야 한다는 주장이 대두되었다. 물론 전적으로 부정하지는 않지만, 영적 안녕(Spiritual Well-being)은 타종교에서 말하는 영성의 수련을 통한 정신적·심리적으로 축적된 신념의 가치관과 휴머니즘에 의한 감성에 더 가깝다. 또한 반기독교 입장에서는 포스트모더니즘과 종교 다원주의에서 추구하는 영성과 유사하며 나아가 불교에서 말하는 영성과도 그 맥을 같이한다.

세계보건기구의 건강은 일반적인 개념이지, 성경적인 개념으로 볼 수 없다. 사람은 육체와 정신, 영성을 담고 있는 그릇이지만, 그 그릇을 만드신 이는 하나님이시다. 곧 건강의 주인이 인간인 것 같지만, 인간에게 생명을 주신 분은 하나님이시다. 그러므로 기독교의 영성은 영적 안녕(Spiritual Well-being)과 구별되어야 한다. "내가 그리스도와 함께 십자가에 못 박혔나니 그런즉 이제는 내가 산 것이 아니요 오직 내 안에 그리스도께서 사시는 것이라."(갈2:20)고 하셨기 때문이다. 비록 인간이 추구하는 영적 안녕이 수도사적인 훈련과 금욕, 명상과 종교적인 행위로 누릴 수 있다고 하지만, 그것은 예수 그리스도의 영성과는 거리가 멀다. 일반적인 영성이 나를 비우고 그 자리에 새로운 자아를 채우는 것이라면, 기독교 영성은 나를 비우고 그 자리를 예수 그리스도로 채우는 것이다.

기독교에서의 영적 안녕은 예수 그리스도로 말미암아 하나님과 인간의 관계가 회복되었을 때 찾아오는 것이므로 신비주의적 영성은 경계해야 한다. 기독교인 가운데 성령의 내주하심을 경험하였다고 할지라도 기독교의 영성과는 거리감이 있다. 기독교의 영성은 구원과 깊은 관련이 있다. 성경적인 건강에 대해 "그런즉 누구든지 그리스도 안에 있으면 새로운 피조물이라 이전 것은 지나갔으니 새 것이 되었도다 모든 것이 하나님께로서 났으며……."(고후5:17-18)라고 하였다. 건강은 창조주 하나님과 모든 피조물이 화해한 상태에서 이루어진다고 볼 때 그리스도를 믿는 믿음 안에서 나타나는 구원의 은총이다. 구원은 예수 그리스도를 믿음으로 죄 사함을 받게 되고, 그로 말미암아 인생의 무거운 생로병사에서 자유와 평안을 얻게 될 뿐만 아니라 새로운 피조물로서 온전하게 될 때 강건하게 된다.

인간의 생명의 주인은 하나님이시지만, 건강의 관리자는 인간이다.

주 안에서 영혼이 건강하다는 것은 육체적으로 건강하다는 증표이며, 구원의 증거이기도 하다. 따라서 하나님께서 주신 천연 치료제인 믿음에 따라 환자 자신에게 나타나는 치유의 효과도 다르다고 볼 수 있다. 건강은 의술의 힘과 인간적인 의지와 정신력만으로 유지할 수 없다. 운동선수가 건강관리를 소홀히 하면, 일반인들보다 질병의 위험에 노출될 가능성이 더 크다. 건강은 하나님께서 주시는 것이지만, 건강을 지키는 몫은 인간의 책임이다.

2 / 전인적인 치유

병원목회의 성경적 근거는 예수님의 치유 사역에 두고 있다. "예수께서 열두 제자를 불러 모으사 모든 귀신을 제어하며 병을 고치는 능력과 권위를 주시고 하나님의 나라를 전파하며 앓는 자를 고치게 하려고 내보내시며"(눅9:1-2)에서 예수님은 제자들에게 병들을 찾아가라고 하셨다. 성경에 나타난 치유는 예수님의 복음전파가 목적이 아니라 접근 방법으로써 예수님의 사랑과 돌봄의 실천적 행위이다. 인류 역사에서 병원의 기원은 성경에서 그 근원을 찾을 수 있다. 예수께서는 노약자, 죽은 자, 병든 자, 상처받은 자, 눈먼 자, 지체장애인과 정신이상자, 소외당하는 자 등을 만나 위로하시고 치료하시고 복음을 가르치시고 전하셨다. 특히 '선한 사마리아인'의 비유를 통해 병원은 병든 자와 고아, 순례자들이 쉬었다가 가는 쉼터임을 알려주셨다. 쉼터는 사랑과 자비의 장소요, 이들의 숙소의 기능을 갖고 있었다.

치료는 의학적인 용어로 '병이 낫는 것'을 의미하고 있지만, 치유(治癒, healing)는 단순히 병 고침만을 의미하지 않는다. 20세기에 들어와서 의사들은 질병이 약과 주사, 수술 등 치료적인 행위만으로 완치될 수 없다는 것을 깨닫게 되었다. 그 결과 기독교인 의사와 목회자들은 '전인치유'라는 말을 사용하기 시작하였다. 예수님의 치유 사역은 환자들의 육체적인 병 고침만을 의미하지 않고 정서적·영적인 요소가 조화된 차원에서의 사역을 의미한다.

전인적인 개념은 세 가지 의미를 갖고 있다. 첫째, 한 부분의 합과 다른 전체적인 합의 의미이다. 인간의 개개인의 문제는 어느 한 부분의 문제이지만, 인간의 전체적인 구성 요소(영과 혼, 육, 이웃과 사회, 자연)의 합에 영향과 관련이 있다. 결국 인간의 문제인 질병의 회복도 이 모든 것을 포괄하는 통전성을 갖고 있다. 둘째, 전체적인 합은 개방적이며 함께 작용한다는 의미이다. 전인적으로 상호 간에 '함께 작용한다.'는 의미에서 각 부분들은 서로 관계적으로 작용해 유기체의 필요성을 충족시킨다는 것이다. 예를 들면, 열 손가락 가운데 하나의 손가락이 아프면, 온 신경이 그곳에 집중하게 된다. 마찬가지로 인간의 전체적인 구성요소들은 끊임없이 역동적으로 상호작용하고 있다. 셋째, 인간의 문제는 통전적인 의미에서 동질성을 갖고 있다. 인간의 전인은 삶의 목적과 구원의 목적을 이루기 위해 함께 가야 한다. 인간의 건강과 질병은 삶의 조건이 아니라 하나님의 사람으로서 온전함을 이루기 위한 과정으로, 이 둘은 동떨어진 관계가 아니라 '하나님 나라'의 백성으로서의 삶의 동질성을 갖고 있다.

흔히 '전인치유'(Holistic Care)는 육체적·정신적·정서적·영적인 요소가 조화된 차원에서 서로 균형을 이루며, 이들 관계가 서로 밀접하고 건강하게 유지되어 결합된 상태를 말한다. 폴 투르니에(Paul Tournier, 1974)는 "의학과 전인치유"라는 주제의 강연에서 진정한 치유란 몸, 정신, 영혼의 합일로 이루어지며 치유와 구원은 연합된 상태라고 정의하였다. 버나드 마틴(Bernard Martin)은 치유란 영원한 삶으로 이어지는 인격의 완전한 성숙을 저해하는 육체적·정신적·영적인 속박으로부터 자유롭게 되는 것을 의미한다고 하였으며, 데이비(T. F. Davey)는 인간의 전인적인 건강을 지향하는 것이라고 하였다. 그리스도교는 치유와 선하신 하나님의 존재를 부인하는 일체의 악한 세력들에게 지속적으로 그리고 당당하게 승리하는 것으로 이해되고 있다. 치유는 악이 지배하고 있는 이 세상(궁극적인 승리가 죽음 저 너머에 놓여 있지만 영원한 생명을 주시는 성령의 은사를 통해 그 승

리가 이미 선포된 곳) 가운데서 그리스도의 역사에 참여하는 것이다.**[69]**

　이와 같은 관점에서 성경적인 치유는 인간의 몸과 마음, 영이 각각 분리되어 있는 상태로 보지 않는다. 인간을 구성하는 영과 혼, 몸은 상호 연관된 의존적인 관계요, 통전적인 인간관에 기초를 두고 있다는 관점에서 이해해야 한다. 신체적으로 한 부분이 손상을 입게 되었을 때 마치 '외상 후 스트레스 장애'와 같이 와해와 위기를 경험하게 되는 것처럼 육체의 손상은 인간의 정신과 마음에 왜곡된 상태를 초래한다. 그때 전인적인 치유는 불균형적이고 병적인 몸과 영혼이 조화로운 삶을 되찾을 수 있도록 성령의 역사로 말미암아 도와주는 과정이다. 예를 들면, 인간은 질병의 경험을 통해서 질병이 전체적이면서도 한 부분임을 깨닫게 된다. 육체적인 질병이 정신적으로도 손상을 가져오며, 정신적·심리적인 스트레스와 질병이 육체적인 손상으로 발전할 수도

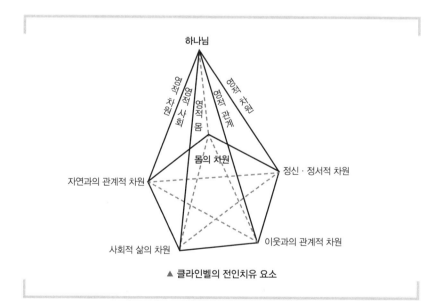

▲ 클라인벨의 전인치유 요소

있다. 질병은 영적인 것과도 깊은 관계가 있다.

클라인벨(Clinebell)은 예수님의 풍성한 삶(요10:10)을 위해서는 여섯 가지 차원에서의 욕구가 충족되어야 한다고 하였다. 그 욕구는 정신·정서적 차원, 몸의 차원, 이웃과의 관계적 차원, 자연과의 관계적 차원, 사회적 삶의 차원, 영적 차원이다. 그는 여섯 가지 차원에서 인간의 욕구를 해결할 수 있는 핵심적인 열쇠가 영적 차원이라고 설명한다.[70]

원목은 전인적인 치유를 두 가지 관점에서 바라보아야 한다. 첫째, 치유는 창조성 회복의 과정으로 보아야 한다. 질병을 건강의 적으로 보았을 때 질병은 하나님의 창조 질서에 역행하는 산물이다. 그러므로 인간에게 질병이 찾아왔을 때 인간이 회개하고 하나님과의 관계를 원상대로 회복함으로써 온전한 사람이 되는 것이 치유이다. 둘째, 치유는 그리스도의 은총에 의한 구원의 과정으로 보아야 한다. 질병이 찾아왔을 때 인간은 예수 그리스도의 대속의 은총을 받아들임으로써 병고침을 받는다. 전인적인 치유는 한 부분이 아닌 전체적인 영역에서의 기능적인 건강을 의미한다. 이것이 성경적인 인간의 온전함에 있다면, 하나님과 인간, 인간과 이웃, 인간과 환경의 화해를 통해 하나님의 사람으로서 치유를 받는 것이다. 전인치유는 신체적, 정신·심리적, 정서적, 환경적, 영적인 질병 상태에서 정상적인 상태로 온전히 회복함을 의미한다. 전인치유는 의학적인 치료와 인간의 제한된 의술과 달리 총체적 치유 과정이다.

이명수는 전인치유의 총체적인 치유 체계를 도표로 설명하였다.[71]

기독교에서 목회 상담은 전인적인 치유에 초점을 둔다. 치유는 어느 한 영역에만 국한되지 않는다. 사도 바울은 "평강의 하나님이 친히 너희를 온전히 거룩하게 하시고 또 너희의 온 영과 혼과 몸이 우리 주

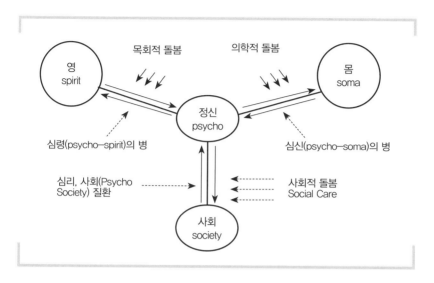

예수 그리스도께서 강림하실 때에 흠 없게 보존되기를 원하노라.”(살전 5:23)고 하였다. 그러므로 원목은 환자의 전인적인 치유를 위해서 환자로 하여금 그리스도 안에서 하나님과의 관계를 회복하여 치유될 수 있도록 인도해야 한다.

1) 질병과 의술의 관계

질병과 의술은 각각 구분해서 논리적으로 설명할 수는 있으나 분리할 수는 없다. 이 둘의 관계는 동전의 양면과 같이 밀착되어 있다. 이미 임상적인 실험을 통해 의사들은 플라세보 효과(위약, Placebo Effect)에 의한 정신과 육체의 상관관계를 아주 잘 이해하고 있다. 심인성 질환인 경우, 내과의사 또는 신경과의사가 환자에게 비타민, 소화제 등을 처방하였는데도 치료 효과가 있곤 한다. 의사 입장에서 보면, 약을 처방하지 않아도 되는데 환자는 임상적으로 느끼는 통증을 호소한다. 이때 의사는 위약 처방을 할 수 있다. 플라세보 효과는 신경성 위장장애와 궤양, 혈압, 편두통 등에서 효과가 나타나고, 치아 교정과 코 또는 성형 수술에서도 효과가 나타난다고 한다. 의사들 사이에 일반화된 사실은 환자들이 의사에게 호소하는 모든 문제들의 80퍼센트 이상은 자연치유될 수 있다는 것이다. 이런 환자의 문제는 의사가 무엇을 해주는 것과 상관없이 호전된다.[72]

질병의 원인과 치료에 대해 이야기하는 것만큼 원시적인 이야기는 없다. 질병은 유전과 생물학적인 요인을 비롯해 정신적·심리적·영적·사회환경적 요인들이 복잡하게 관계성을 가지고 있다고 알려져 있다. 저명한 의사이며 목사인 로이드 존스(M. Lloyd Jones)는 병이란 단지 내면의 심각한 문제를 외적으로 드러내는 표시와 증상에 불과하다고 하였다.[73] 필자가 정신과 의사를 포함해 몇몇 사람들과 식사하는 자리에서 그 의사는 환자들의 이야기를 열심히 들어주며 그들의 이야기를 메모하다 보면 환자 자신이 병이 다 나은 것 같다고 말하는 경우가 많다고 하였다.

의사들은 환자를 대상으로 진료하는 과정에서 환자의 정신적·심리적·영적인 상태를 돌볼 여유가 없다. 미국의 의사인 멜빈 코너(Melvin J. Konner)는 현대 의학은 인간적인 측면보다 기술적인 부분에 의해 크게 영향을 받기 때문에 질병 치료에 대해 그런 부분에서 의학적 딜레마에 빠질 수 있다고 하였다.[74] 의사인 멜덴존(R. S. Mendelsohn) 또한 대부분의 사람들은 첨단 의료란 멋진 것이고, 그 기술을 이용하는 의사에게 치료를 받으면 건강해질 것이라고 믿고 있으나 그것은 대단한 착각이며, 의료 행위의 당사자인 의사들이야말로 건강을 위협하는 가장 위험한 존재라고 비판하였다.[75] 오늘날 우리의 일상생활을 보면, 노트북이나 스마트 폰으로 지구촌의 정보들을 실시간으로 공유하며 활용하고 있다. 이전에는 병원에 가서 검사받아야 하였던 초음파 기기도 스마트 폰 크기로 축소될 것이며, 환자 스스로 검사해서 정보를 보내주면 진단 결과도 약 처방도 집에서 받는 시대가 다가올 것이다.

또한 수명의 한계를 극복하기 위한 연구들로 말미암아 머지않아 뇌세포가 죽지 않고 지속적으로 활동할 수 있는 기술적 돌파구가 생길 수도 있다. 인공지능 장치가 인터페이스로 연결되거나 그것을 소형화시켜 뇌에 삽입해 활용할 수 있는 기술로 뇌세포를 재생하거나 세포의 수명을 늘릴 수 있다면 인류의 지능은 지금보다 훨씬 높아질 것이고, 새로운 차원의 문명을 만들어 갈 수도 있을 것이다.[76] 그러나 인공지능에 의한 질병 퇴치가 가능할까? 그렇지 않다. 과거 문명과 질병의 역사에서 볼 수 있듯이, 사회의 변화가 빠를수록 신체적·정신적·사회적 부적응의 문제가 발생할 소지가 높고 이는 '새로운 질병의 시대'를 열 수 있다. 그 이유는 변화가 지금보다 더욱 가속화된다면 그만큼 새로운 문제나 질병이 등장할 가능성이 높아지기 때문이다.[77] 장차 인공지능에 의한 초첨단 의료기기의 진단과 치료 등이 예견되고 있음에도 불구하고 여전히 환자의 고통은 완화되지 않고 그 후유증으로 평생 고생하는 환자도 증가할 것이다. 현대 의료 시장은 날이 갈수록 기독교 세계관과 멀어지고 있으므로 언젠가는 의료 행위가 단지 돈벌이 수단으로 전락한다는 것에 대해 경계해야 한다.

2) 발병 이후의 변화

발병 이후에 인간에게 찾아오는 신체 및 생리적인 변화는 정형화되어 있는 것이 아니라 인간 자신이 처해 있는 환경과 정서적인 변화에 따라 그 속도와 감정의 폭이 불규칙적으로 진행되어 나갈 수 있다. 예를 들면, 산모가 해산 이후 산후우울증에 빠진다거나 교통사고 이후 뇌 기능이 충격에서 깨어나지 못한다거나 치매나 뇌졸중 등으로 말미암아 거동을 하지 못한다거나 정신적인 활동을 하지 못한다는 것 등은 예견될 수 있는 일이다. 하지만 그 결과는 개인에게 있어서 매우 치명적인 사건으로 좀처럼 망각될 수 없다. 특히 육체적인 질병에 장애가 동반된다든가 경제적인 어려움이나 심리적·영적인 갈등 등이 발생하면 환자에게는 이중, 삼중의 고통이 된다. 이와 같은 고통은 마치 자물쇠와 열쇠 또는 열쇠와 자물쇠처럼 따라다니며 삶 자체를 위태롭게 한다. 인간은 기능적으로 또는 기질적으로 질병을 경험할 때 육체적인 고통뿐만 아니라 정신적·심리적으로도 함께 고통을 받게 된다. 육체적인 질병 또는 정신적인 질환은 따로 분리해 치료하기보다는 이 둘의 관계를 전인적인 관점에서 이해하고 치유해야 한다.

일반적으로 보면, 발병 이후에 인간에게 생길 수 있는 변화 요인은 세 가지로 요약할 수 있다.

첫째, 발병 이후에도 스트레스 요인으로 남는다. 발병 이전에는 어지간한 기능적 장애는 지적 경험과 정보, 통찰력에 의해 극복할 수 있다. 그러나 발병 이후에는 환자의 교육과 인식 기능에 따라 갈등, 근심, 불안, 우울, 공포, 긴장 등 부정적 감정이 생기며 정서적으로 변화가 일어난다. 흔히 사람들은 질병을 '신경성' 또는 '스트레스'(외상 후 스트레스 장애), '화병'이라고 한다. 이를 정신의학에서는 신체생리적용 또는 정신신체장애라 말하기도 한다. 소화기 내과질환인 경우, 내원환자 중 약 90퍼센트 이상이 신경성 요인에 의한 위장장애를 호소한다. 오래 전,

필자는 석사논문을 쓸 당시, 위장 질환으로 진단받은 환자들을 대상으로 MMPI(인성 및 심리) 검사를 한 적이 있었는데, 95퍼센트 이상의 환자가 심인성 요인과 위장장애가 상관관계가 있는 것으로 조사되었다.

둘째, 발병 이후에는 생리적인 흐름이 원활하지 않다. 성장 과정에서 외상 후 스트레스를 받았을 경우, 당시에 제대로 치료를 받지 못하면, 그 상처가 고스란히 유착된 상태로 남아 있게 된다. 대부분의 사람들은 성장 과정에서 겪은 상처들이 제대로 치유되지 않고 무의식에 내재되어 있다고 볼 수 있다. 상처가 치유되지 않고 잠재되어 있는 무의식적인 본능과 습관들이 유사한 어떤 상황에 직면하였을 때 이를 극복하기 위한 치료와 해결 과정에서 방어기제로 작용하게 된다. 약물과 수술로 특정 질병은 고침을 받는다 해도 완치 이후에도 여전히 생리적인 흐름이 원활하지 않은 경우가 많다. 그것은 질병의 원인이 제거되지 않았기 때문이다.

일반적으로 만성적이고 기능적인 질환의 요인으로는 일곱 가지를 들 수 있다. 즉, 과음(過飮)과 과식(過食), 과색(過色, 성적 욕구), 과우(過憂, 근심과 걱정), 과욕(過慾), 과소(過小, 무기력과 나태함), 과중(過中, 불규칙적인 생활)인데, 그것으로 말미암아 병은 치료되었으나 여전히 그 증상은 재발될 수 있다. 만성적으로 신경통이 반복되거나 긴장성 불안과 두려움, 두통이나 편두통, 심장 발작, 소화기 장애 등을 호소한다. 또한 사업의 실패나 자존감 상실, 타인에게 받은 모욕감이나 우울 감정이 심해지면 약도 거부하고 식욕도 감퇴되어 병을 악화시킨다.

셋째, 발병 이후에는 인지 기능이 약화된다. 병명이 있는 환자인 경우, 인지 기능의 변화뿐만 아니라 사고의 혼란과 정체성에 변화가 일어난다. 질병이 경증이냐, 중증이냐에 따라 정신적·심리적 감정의 변화로 인해 혈압이 상승되거나 사고가 불안정하기도 하다. 암으로 진단을 받은 경우, 감정 반응이 절망적이거나 부정적인 사고의 형태로 나타날 수 있고 때로는 치료에 의지를 불태우며 긍정적인 형태로 반응하기도 한다. 그러나 심인성 질환인 경우, 동반되는 증상들은 대부분 약이나 의술에 의존하지 않고 자연치유되기도 한다. 그러나 이러한 증상은 질병으로 다가가는 신호라는 점에서 주의가 필요하다. 성경적으로 보면, 인간의 질병은 영적으로 자아를 성찰하는 길이고, 성숙한 인생으로 나아가는 과정이며, 구원에 이르는 통로이다.

일반적으로 질병은 어떤 관점에서 바라보느냐에 따라 달라질 수 있으나 다음과 같은 견해들이 있다.

첫째, 질병을 자연 현상으로 보는 견해이다. 병을 자연 현상의 하나로 보는 것이다. 평소에 건강관리를 잘하고 잘 아프지 않던 사람이라도 나이가 들어 신체적으로 노화가 오면 질병이 찾아온다. 사람들이 안전사고나 교통사고로 상해를 입을 경우, 염증과 골절, 병균의 침입, 합병증 등을 염두에 두어야 하는 것도 자연 현상으로 보아야 한다. 이때의 반응은 불안, 공포, 좌절, 우울 등이고, '운이 나쁘다', '어쩔 수 없다', '병원에 가서 진찰 한 번 받아보자' 등 현실적으로 노력하려고 하지만, 그것도 자연 현상의 일부로 수용함으로써 병을 키워 나갈 수도 있다. 일부는 자신의 종교적 신념 또는 신에게 도움을 청하기도 하고 주어진 환경에 맞추어 대증요법에 의존하지만, 잠시 위안을 줄 뿐 생명 연장이나 질병 치료에는 크게 영향을 주지 않는다. 이것을 인간적인 관점에서 보면, '병이란 생로병사의 과정이다', '운명이다', '하나의 과정이다'로 받아들이는 견해이다.

둘째, 질병을 초자연적 또는 영적으로 보는 견해이다. 예를 들면, 귀신 들린 현상을 두 가지 관점에서 보면, 하나는 질병을 마귀(귀신, 악마, 혼령 등)의 역사로 보고 어떤 주술적 힘에게 도움을 요청하게 된다. 다른 하나는 질병 또한 자신의 죄의 대가나 죄로 인한 징벌로 보는 것이다. 이때 환자는 속칭 '액땜'으로 보고 '이제 됐다.' 또는 '이제 나았다.'는 안도감을 갖게 된다. 하지만 의사로부터 치료를 받았음에도 불구하고 여러 가지 합병증으로 말미암아 고생할 경우에는 의학의 무용론을 제기하고 의사의 진료를 불신하기도 한다.

오래 전에 필자가 교회에서 목회할 때 결혼한 지 몇 년 안 된 자매가 귀신 들린 것을 보았다. 이 자매는 열심히 신앙생활을 하고 있었지만, 남편의 도박으로 말미암아 남편에 대한 배신과 분노가 그녀에게 정신적으로 큰 상처를 입혔다. 어느 날 밤늦게 도박을 하고 귀가한 남편의 손을 보고는 손에서 피가 철철 흘러내린다고 말하고는 현관 물청소를 하는 등 비정상적인 행동을 하였다. 필자가 목사로서 찾아가 남편과 예배를 보고 있는데도 침대에서 일어나지 않을 뿐더러 찬송을 부를 때 "미쳤다!"고 소리치면서 예배를 방해하거나 반항하였다. 그 후에도 필자가 찾아가면 피하여 도망가거나 문을 꼭꼭 닫고 열어주지 않았다. 나중에는 할 수 없이 남편과 함께 정신병원에 데리고 가서 치료를 받게 함으로써 어느 정도 회복되었다.

셋째, 질병을 영적인 훈련 과정으로 보는 견해이다. 이것은 성경적 견해와 유사하지만, 질병을 반드시 연단으로만 볼 수 없는 경우가 많다. 그러나 환자들은 질병에 적극적으로 대응하며, 정신적인 의지로 극복해 나가려 한다. 그럼에도 불구하고 회복되지 않고 합병증에 시달리는 경우도 있다. 이와 같이 질병에서 회복되지 않고 합병증에 시달리는 이들을 보면 영적인 요인이 작용하고 있는 경우도 있지만, 반드시 일치된다고 보기는 어렵다.

3) 환자 심리

질병을 비롯해 예기치 않은 사고로 말미암아 입은 신체적인 손상 등은 인간의 삶의 환경을 변화시키기도 하지만, 양면성을 갖고 있다. 어떤 환자에게는 삶을 회생 불능 상태로 만들기도 하지만, 어떤 환자에게는 제2의 삶의 전환점이 되기도 한다. 환자의 심리는 다음과 같이 구분해 볼 수 있다.

첫째, 병을 부정해 본다. 대부분 우리나라 사람들은 일반병원에서 암이나 중한 병으로 진단을 받았을 경우, 의심하고 대학병원을 찾아가 다시 진단을 받는 경우가 흔하다. 환자는 의사의 진단을 한번쯤은 의심하거나 재검사를 통해 자신의 병에 관한 진단이 정확한지를 확인받기를 원한다.

둘째, 충격을 받는다. 큰 병이 아닐까, 혹 죽을병이 아닐까 등 공포와 불안을 느낀다. 의사의 진료 요청에 잠시 망설이거나 멍한 상태에서 혼란을 겪게 된다.

셋째, 질병의 원인을 찾으려고 한다. 발병한 것에 대한 원망, 분노의 감정에 사로잡히다가 '왜 하필 나인가, 이제 살 만한데 병에 걸리다니 너무하다' 등 병의 원인을 찾아 그 책임을 다른 것에 전가해 자기 자신이 위로함을 받고자 한다.

예) 뇌졸중, 교통사고, 산업재해, 불의의 사고 등

넷째, 병을 받아들이고 우울해 한다. 의사의 진단을 받아들이고 치료에 응하면서도 낙담해 우울 감정에 휩싸이거나 정체성의 혼란을 경험하기도 한다.

다섯째, 질병과 타협한다. 암으로 진단받은 후 투병 의지를 갖고 적극적으로 치료를 받고자 한다. 그리고 자신의 병에 관한 정보들을 수집하거나 주변에 도움을 요청하게 된다.

여섯째, 병이 걸린 의미를 생각하게 된다. 지난 삶을 돌아보고 자신의 미래를 생각하며 인격적으로 겸손해지고 영적으로 성숙되어 간다.

4) 믿음과 질병의 관계

필자도 목회자인지라 '사도 베드로와 바울처럼 목회 현장에서 치유의 능력이 나타나면 얼마나 좋을까?'라는 생각을 한 적이 있다. 그러나 그것은 인간적인 욕심일 뿐이다. 가끔 거리의 현수막과 기도원 간판을 볼 때 원목으로서 부끄러움을 느낄 때가 있다. 난치병은 물론, 암과 정신병 등 모든 병을 고칠 수 있다는 문구가 눈에 띈다. '저 기도원이 영혼을 위한 기도원인지, 병을 고치는 기도원인지'를 의심하게 한다.

오래 전, 필자는 한 사무실에서 황당한 일을 경험하였다. 목사라는 분이 들어와서는 쉬고 있는 여성을 향해 부부 문제를 해결해 주겠다고 접근하였다. '선 무당이 사람 잡는다.'라는 속담처럼 일부 사이비 목회자가 환자들을 유인하는 호객 행위가 공공연히 사무실, 병원, 거리 등에서 일어나고 있다.

결론은 목사는 목회자이지 질병을 고치는 의사가 아니라는 것이다. 나아가 정신과의사도 아니며, 심리 치료사도 아니다. 물론 목회자들 가운데는 의학과 심리학, 심리 치료 등을 터득한 전문가도 있다. 그러나 모름지기 목사는 하나님 말씀으로 무장하고 영혼을 구원하려는 소명감으로 환자들을 돌보는 영적인 의사이다. 따라서 목회자는 자신의 신학적 사고와 성령의 역사를 부인하고 인간적인 생각으로 의사들의 영역인 육적인 병을 고치려는 생각을 버려야 한다.

'치료하시는 여호와 하나님'을 본받아 마치 자신이 하나님처럼 치유의 능력이 있다고 착각해서는 안 된다. 목회자가 예수 그리스도의 마음과 같이 영혼을 사랑하고 구원하고자 하는 믿음과 소명감으로 무장되어 있다면 어찌 병이 낫지 않을 수 있겠는가! '치료는 의사에게, 약은 약사에게'라는 말이 있듯이, '영혼 구원은 목사에게' 있다. 목사는 병 고치는 자가 아니라 복음을 전파하는 자이어야 한다. 하나님이 감동하시면, 곧 성경적으로 바로 서 있다면 얼마든지 치유 역사도 임하게 될 것이다.

'질병은 죄 때문일까?' 그렇다면 '병 고침만이 의술인가, 아니면 하나님의 은총에 의한 치유인가?'는 다음과 같은 관점에서 난해한 질문들이다.[78]

질문 1. 모든 육체적 질병과 죽음은 과연 죄 때문인가?
대답은 '예'와 '아니요' 양쪽 모두이다. 모든 질병은 인류의 조상 아담과 하와로부터 유전된 죄와 연결되어 있기 때문이다. 하지만 하나님의 특별 계시에 의해 하나님의 영광을 드러내시기 위한 영광과 연단에 의한 질병도 있다. 하지만 병 고침에 앞서서 가장 중요한 문제는 구원의 문제이다.

질문 2. 만일 예수 그리스도가 해답이라면 예수님을 믿는 그리스도인은 질병으로부터 자유로워야 하지 않는가?

대답은 '아니요'이다. 하나님께서 질병을 허락하셨다는 것이 아니라 질병은 개인의 육체적인 일탈과 정신건강에 대한 자만심과 무지, 게으름, 영적인 불순종에 의해 찾아오는 경우가 많다. 하나님은 모든 인간이 건강하게 살아가기를 원하셨고 설사 인간에게 질병이 찾아오더라도 그 질병을 능히 극복할 수 있는 자연 치유력을 주셨다. 그리고 예수 그리스도를 믿음으로 말미암아 치유되는 은총도 안겨 주셨다.

질문 3. 질병은 죄의 문제라고 하는데 그리스도인도 의술의 도움을 받아야 하는가?

대답은 '예'이다. 하나님은 인간에게 의술(약과 의학적 방법)의 지혜를 주셨다.

기독교인 상담자와 목회 상담자는 성경적 관점에서 질병을 이해하는 것이 보다 중요하다. 그 이유는 예수께서 "병들었을 때에 돌보았고"(마25:36)라고 말씀하셨는데, 이것은 영적 돌봄의 필요성을 강조하신 것이다. 특히 예수님의 핵심적인 사역은 '전도와 교육, 치유'였다. 이 가운데 병든 자에 대한 깊은 관심을 엿볼 수 있다. "그가 채찍에 맞으므로 우리는 나음을 받았도다."(사53:5하)라는 기록에서 알 수 있듯이, 이사야는 예수님을 인간의 질병을 고치시기 위해 오실 분이라고 예언하였다. 필자는 병원 원목으로서 치유 사역에 대해 많은 도전을 받아 왔다. 현재도 사역을 통해 원목들의 질적인 돌봄에 대해 스스로 성찰할 때가 있다.

좀처럼 현대 의학은 성경적 치유를 신뢰하지 않는다. 현대 의술은 첨단 의료 장비를 사용해 병을 찾아내고 진단하는 기술은 뛰어나지만 병을 치료하는 의술은 그렇다고 단정할 수 없다. 질병의 원인에 대해서는 정확하게 알지 못하기 때문이다. 원인이 밝혀지지 않기 때문에 의사의 치료는 '미완' 또는 '추후 관찰'로 끝나는 경우가 많다. 그럼에도 불구하고 생명과학과 의학은 인간이 120세까지 살 수 있다고 호언장담하고 있다. 물론 가능한 이야기이다. 성경에서 무드셀라는 969세까지 살았고, 노아는 600세까지 살았다. 이런 사실을 외면한 채 인간이 120세까지 살 수 있다고 호들갑을 떨고 있는 셈이다. 나노 기술[79]을 응용한 로봇 수술 장비에 의해 인체의 미세한 부분까지도 고칠 수 있다고 할지라도 하나님의 치유의 능력을 뛰어넘을 수는 없다.

구약 성경에 등장하는 유대 왕 히스기야는 하나님으로부터 "너는 집을 정리하라 네가 죽고 살지 못하리라."(왕하20:1)고 사형선고를 받았다. 이에 히스기야 왕은 어쩌면 죽음을 피하기 위해 자신의 병을 치료하려고 당시 최고의 의술과 처방에 의지해 백방으로 노력하였을 것이다. 히스기야는 죽음이 피할 수 없는 치명적인 질병인 것을 알고 있었다. 그러나 그는 결코 포기하지 않고 "히스기야가 낯을 벽으로 향하고 여호와께 기도하여 이르되 여호와여 구하오니 내가 진실과 전심으로 주 앞에 행하며 주께서 보시기에 선하게 행한 것을 기억하옵소서 하고 히스기야가 심히 통곡하더라."(열하20:2-3)고 하였다. 그 결과 히스기야는 고침을 받았을 뿐만 아니라 15년 동안 생명을 연장받았다고 성경은 기록하고 있다. "내가 네 기도를 들었고 네 눈물을 보았노라 내가 너를 낫게 하리라 네가 삼 일 만에 여호와의 성전에 올라가겠고 내가 네 날에 십오 년을 더할 것이며 내가 너와 이 성을 앗수르 왕의 손에서 구원하고"(왕하20:5-6)라는 응답을 받았다.

성경에 나타난 치유를 보면, 거의 다 초자연적으로 일어났다. 그렇다고 현대 의학을 거부하지는 않는다. 하나님은 인간을 통해 영광을 받기를 원하시기 때문이다.

그리스도인에게 중한 난치병이 찾아왔을 때 '왜 나에게 이런 병이 찾아왔을까?'라고 얼마든지 의문을 제기할 수 있다. 그러나 그 의문은 하나님과의 관계가 회복될 때만 풀릴 수 있다. 그것은 질병이 인생의 끝이 아니라 새로운 삶의 시작이며 그것에 하나님의 영광을 나타나기 위한 섭리가 담겨 있기 때문이다. 예수님의 제자들은 길을 가다가 날 때부터 소경된 자를 만나자 의심을 갖게 되었다. 제자들은 평소 그 소경을 어느 정도 알고 있던 터라 '왜 그는 날 때부터 소경이 되었을까?'에 대해 서로 이야기를 주고받다가 그 원인이 매우 궁금하였다. 그래서 예수께 질문을 하였다. "제자들이 물어 이르되 랍비여 이 사람이 소경으로 난 것이 누구의 죄로 인함이니이까 자기니이까 그의 부모니이까."(요9:2)라고 질문하자 "예수께서 대답하시되 이 사람이나 그 부모의 죄로 인한 것이 아니라 그에게서 하나님이 하시는 일을 나타내고자 하심이라."(요9:3)고 말씀하셨다. 이 밖에도 예수님은 나사로가 병들었을 때 "이 병은 죽을 병이 아니라 하나님의 영광을 위함이요 하나님의 아들이 이로 말미암아 영광을 받게 하려 함이라."(요11:4)고 하셨으며, 사도 바울 또한 로마로 호송되어 감옥에 갇혀 있을 때 "형제 중 다수가 나의 매임으로 말미암아 주 안에서 신뢰함으로 겁 없이 하나님의 말씀을 더욱 담대히 전하게 되었느니라."(빌1:14)고 하였다.

폴 투르니에(Paul Tournier)는 "성경의 관점에서 보면 모든 일은 의미를 지닌다. 이 확실한 사실이 성경의 처음부터 끝까지 일관되게 나타난다. 무의미하게 발생하는 사건은 없다. 세계의 창조와 종말이나 역사 속에서 일어난 가장 작은 사건과 인간의 삶에서 발생하는 어떤 일도 의미 없이 일어나지는 않는다. 모든 일은 하나님의 계획에 의해 일어난다."[80]고 하였다. 지금까지 발생한 헤아릴 수 없이 많은 질병이 모두 의미나 원인 없이 일어난 것처럼 보이지만, 이면에는 모든 인간이 하나님 앞으로 더 가까이 나아갈 수 있는 구원의 통로를 열어 두시기 위한 섭리가 숨어 있다. 하나님은 인간의 생사화복의 주인이시고, 인간을 창조한 분이시기 때문이다. 또한 하나님만이 인간의 질병을 치료하시고, 인간을 구원하시기 때문이다.

chapter 5

/

성경에 나타난 치유

치유는 인간이 죄에서 회개하고 예수 그리스도를
믿는 자에게 안겨 주시는 하나님의 사랑과 은총의
선물이다.

chapter 5

성경에 나타난 치유

성경에 나타난 치유

1 / 치료와 치유

보통 의학적인 측면에서 치료는 비정상적인 신체적 기능을 정상적으로 또는 원래적으로 회복하는 것을 의미한다. 치유는 일반적으로 망가진 신체적 기능의 정상적인 회복을 의미한다. 치료는 하나님이 인간에게 주신 지혜와 재능, 그리고 의학적 지식과 훈련을 통해 인간의 병을 낫게 하는 것이다. 그러나 치유는 하나님의 말씀에 의해 성령의 역사와 예수 그리스도를 믿음으로 말미암아 나타나는 하나님의 은총이다. 이 둘의 관계는 별개가 아니라 밀접하다. 그 이유는 하나님께서 인간의 생사화복을 주시기 때문이요, 의사가 인간의 병을 치료하지만, 낫게 하시는 분은 하나님이시기 때문이다. 특히 치유는 기독교적 인간관이 요구하는 보다 넓은 의미에서 인간을 향한 하나님의 뜻에 따라 인간으로 하여금 하나님의 통일체로 기능하도록 힘을 부여하는 것을 말한다. 존 윌킨슨(John Wilkinson)은, 치유는 의학적으로 엉터리 치료도 아니고 신학적으로 주변적인 것도 아니다. 오히려 치유는 전통 의학의 실천과 사람을 신학적인 측면에서 온전하게 만드는 것을 모두 포함한다고 하였다.[81]

자연적인 관점에서 살펴보면, 치유는 의학적이거나 인위적으로 병 고침을 받는 것이 아니라 면역력[82] 또는 자생력[83] 에 의한 자연 치유력[84]에 의해 고침을 받는 것으로도 이해될 수 있다. 그러나 기독교 관점에서 보면, "나는 너희를 치료하는 여호와임이라."(출15:26)에 근거할 때 하나님의 영적인 권위로 말미암아 나타나는 병 고침으로 보아야 한다. 곧 치유는 특정한 부위를 고치는 것만을 의미하는 것이 아니라 인간의 몸과 마음과 영혼의 전 존재와 관련된 전인적인 치유를 의미한다. 대부분 기독교 교단에서는 치유라는 용어를 사용하지만, 보수교단인 성결교와 일부 교단은 신유[85]라는 용어를 사용한다.

일반적으로 치유라면, 신체적인 결함 또는 손상 상태에서 온전히 회복됨을 의미하는 것으로 이해될 수 있지만, 성경적인 치유는 전통적으로 전승된 민간요법과 의학적 치료와 심리 치료를 초월한 하나님의 섭리에 따라 그리스도인이 믿음으로 받는 은사로 이해될 수 있다. 치유는 의학적으로는 검증될 수 없기 때문에 의·과학의 관점에서 거부 반응을 일으킬 수 있다. 그렇다고 해서 치유를 주술적인 치료나 비신앙적인 치료로 볼 수는 없다.

현대 의학도 역사적인 관점에서 보면, 아프리카 오지 종족의 의료인에서부터 대도시 중심지에 위치한 거대한 사원-병원을 비유함-의 의료인에 이르기까지 의료 자체는 본질적으로 종교성을 띠고 있다.[86]

5세기에 의사였던 히포크라테스의 전집에는 "사실 신으로부터의 특별한 지식은 의학이라는 형태로 인간의 마음속에 들어왔다······단지 의학에서는 그 능력이 다 발휘되지 않을 뿐이다. 의사들은 그들의 손으로 많은 일을 하지만 많은 질병들은 저절로 치유되기도 한다······사람들은 그렇게 생각하지 않을지라도 신(하나님)만이 진정한 의사인 것이다."[87]라고 기록되어 있다.

현대 의학도 역사적인 발자취를 따라가 보면, 전통적인 또는 민간적인 경험의 의술로부터 발전되어 왔으며, 그 과정에서 종교적인 영향을 많이 받았다는 것을 부인할 수 없다. 성경의 치유에 의한 사건들을 제외하더라도, 고대사회 때부터 수많은 환자들은 병 고침을 받기 위해 사원 또는 교회의 문턱을 필사적으로 넘나들었다. 그 예로, 신약 성경에 나오는 베데스다 연못가에는 38년 동안 반신불수의 장애인 환자를 비롯해 많은 환자들이 모여들었다. "천사가 가끔 못에 내려와 물을 움직이게 하는데 움직인 후에 먼저 들어가는 자는 어떤 병에 걸렸든지 낫게 됨이러라."(요5:4)라는 소문에 의지해 장애인들은 그 우물가에서 오랫동안 또는 수년 동안 혹시라도 병 낫기만을 기대하며 기다렸을 것이다.

고대에는 효과적으로 상처를 치료하고 통증을 조절하는 치료법이 존재하였을 것이다. 오늘날에도 흔하게 사용되고 있는 약물들 중 아스피린이나 디감지털리스 같은 것은 전통적인 민간요법에서 유래되었다. 뿐만 아니라 기독교는 고아원이나 호스피스, 양로원은 물론, 병원의 성장에도 큰 역할을 하였다. 신성로마제국의 황제 시대인 325년경에 각 교회는 병원을 세우도록 포고하였으며, 교회는 병원의 재정과 의사들의 관리를 담당하였다.[88]

신학적인 측면에서 치유는 인간의 창조성에 관한 회복을 의미하는 데, 이것은 의학적인 치료와 정신적·심리학적 치료 및 영적인 치료를 포함한 하나님으로부터의 치유의 은총을 의미한다. 기독교에서의 치유는 의학적인 치료와 달리 하나님의 뜻(성령의 역사)에 의한 병 고침으로 보아야 하며, 이것은 곧 전인적인 치유를 의미한다.

2 / 구약 성경에서의 질병

'구약 성경에서 인류 최초의 질병의 원인은 어디에서 찾아볼 수 있을까?' 하나님은 인류의 조상 아담에게 "여호와 하나님이 그 사람에게 명하여 이르시되 동산 각종 나무의 열매는 네가 임의로 먹되 선악을 알게 하는 나무는 먹지 말라 네가 먹는 날에는 반드시 죽으리라."(창2:16-17)고 경고하셨다. 곧 하나님의 명령은 인간의 행복과 건강, 그리고 질병과 죽음에 관한 지침서이다. 인간의 행복과 건강은 하나님의 선물이지만, 질병과 죽음은 하나님의 명령에 불순종함의 열매이다. 이것은 히브리 민족의 출애굽 당시 "이르시되 너희가 너희 하나님 나 여호와의 말을 들어 순종하고 내가 보기에 의를 행하며 내 계명에 귀를 기울이며 내 모든 규례를 지키면 내가 애굽 사람에게 내린 모든 질병 중 하나도 너희에게 내리지 아니하리니 나는 너희를 치료하는 여호와임이라."(출15:26)와 그 맥을 같이한다.

'애굽 사람에게 내린 모든 질병은 무엇일까?' 하나님이 애굽 왕 바로와 그 민족에게 내린 열 가지 재앙이었다. 열 가지 재앙 가운데 애굽의 생명의 젖줄인 "나일 강의 고기가 죽고 그 물에서는 악취가 나니"(출7:21), 또한 개구리 재앙으로 개구리 떼가 죽으므로 "악취가 나더라."(출8:14), 그리고 악성 종기 재앙으로 "애굽 온 땅의 사람과 짐승에게 붙어서 악성 종기가 생기리라."(출9:9)는 기록으로 보건대, 여호와의 은총의 기회를 거부해 버린 애굽의 왕과 백성들, 모든 짐승들이 다 병에 걸려서 죽어버리므로 막대한 재산상의 손해를 보았을 것이다. 하나님은 이유 없이 징계하지 않으신다. 애굽에 내린 여섯째 재앙인 '악성 종기'는 대표적인 질병으로, 바로 왕과 애굽 민족에게 직접 가해진 재앙이다.

이것은 물질적·정신적·육신적으로 고통이 엄청나서 인간의 힘으로 극복할 수 없는 것들이었다.

구약에서 치유는 하나님의 율법과 깊은 관련이 있다. 하나님의 말씀을 온전히 순종하는 자들은 치유하시고 그들에게 건강의 복을 안겨 주시지만, 하나님의 말씀에 불순종하는 자들은 질병으로 고통을 받았다. 최초로 하나님께서 병을 고치신 기록은 "아브라함이 하나님께 기도하매 하나님이 아비멜렉과 그의 아내와 여종을 치료하사 출산하게 하셨으니."(창20:17)에서 찾을 수 있다. 또한 하나님은 "이제는 나 곧 내가 그인 줄 알라 나 외에는 신이 없도다 나는 죽이기도 하며 살리기도 하며 상하게도 하며 낫게도 하나니 내 손에서 능히 빼앗을 자가 없도다."(신32:39)라고 말씀하셨다. 인간을 시시각각으로 위협하는 질병과 죽음의 환경에서 구원하실 분은 여호와 하나님이시며, 만병의 의사가 되심을 선포하셨다. 하나님은 히브리 민족을 언약의 백성으로 삼으시기 위해 철저하게 훈련하셨다. 그것은 하나님 자신의 명령에 순종하기를 원하셨기 때문에 치유 이전에 질병의 고통에 대해 경계하시고, 레위기에서 예방의학적 차원에서 위생의 중요성을 가르치시고 율법을 주신 것이다.

1) 구약에서의 치유 형태

구약 시대의 히브리 민족은 질병과 죽음을 인과응보(因果應報)로 보았다. 기원전 1500년경 하나님께서는 히브리 민족을 해방시키시는 과정에서 애굽의 바로 왕의 강퍅함을 응징하심으로 시작하셨다. 열 가지 재앙에서 장자의 죽음(출12:29-34)은 응징하심을 절정에 이르게 한다.

그 후 히브리 민족은 하나님의 율법에 대한 불순종으로 말미암아 육체적·사회적·정치적 결과라는 정황 속에서 하나님께서 이스라엘 백성들에게 내리는 질병의 목록들을 발견하게 된다(레26:14-16, 신28:21-23, 27-29, 34-35).[89] 하나님께서는 질병의 원인이 이스라엘 민족에게 있다는 것을 분명하게 가르치고 계시다. 하나님은 "네가 만일 이 책에 기록한 이 율법의 모든 말씀을 지켜 행하지 아니하고 네 하나님 여호와라 하는 영화롭고 두려운 이름을 경외하지 아니하면 여호와께서 네 재앙과 네 자손의 재앙을 극렬하게 하시리니 그 재앙이 크고 오래고 그 질병이 중하고 오랠 것이라."(신28:58-59)고 경고하셨다.

구약 시대의 사람들은 장수하였다. 그러나 점차 문명이 발달함에 따라 인간의 수명이 단축되기 시작하였는데, 이러한 원인도 인간의 죄성과 깊은 관련이 있다. 구약 시대에나 오늘날에나 여전히 질병은 하나님의 경고를 무시한 데서 그 원인을 찾을 수 있다. 모름지기 모든 인간은 자기와 싸우거나 죄와 투쟁하다가 질병에 걸려 노환에 이르게 되고 생물학적인 죽음을 맞게 된다. 그러나 하나님은 "이제는 나 곧 내가 그인 줄 알라 나 외에는 신이 없도다 나는 죽이기도 하며 살리기도 하며 상하게도 하며 낫게도 하나니 내 손에서 능히 빼앗을 자가 없도다."(신32:39)라고 말씀하심으로써 하나님 자신이 인간의 삶과 질병, 생명과 죽음에 대해 최고의 권한을 갖고 계신 전능자이시고 만병의 의사이시므로 치유 방법이 다양함을 드러내셨다. 이 말씀에는 현대 의학으로 설명할 수 없는 초자연적인 치유도 포함되어 있다.[90]

특히 하나님은 히브리 민족의 '마라의 쓴 물' 사건으로 인해 하나님의 말씀과 법도를 지킬 경우, 건강에 대해 다섯 가지를 약속하셨다. 첫째, 하나님의 명령과 법도에 대한 순종 여부에 따라 건강을 보장하셨고 지켜주신다는 것이다. 둘째, 질병의 예방을 약속하신다는 것이다. 그 것이 질병의 근원까지 제거하신다는 것은 아니다. 셋째, '마라의 사건' 이전까지의 질병들은 히브리 민족이 애굽을 떠나도록 허락하기 전 애굽인들이 당하던 고통들이었다. 따라서 히브리 민족에게는 그 질병을 내리시지 않는다는 것이다. 넷째, 하나님께서 질병을 통해 사람들을 괴롭게 하실 수도 있고 그렇지 않게 하실 수도 있다는 것이다. 다섯째, 사람들이 질병으로 고통당할지라도 하나님께서는 자신들을 치료하실 수 있다는 것을 확신하게 된다는 것이다.[91]

이 약속을 보면, 하나님의 목적을 두 가지로 축약할 수 있다. 하나는 질병에 대한 책임이 히브리 민족에게 있다는 것을 알려주시기 위함이고, 다른 하나는 질병을 사전에 예방함으로써 히브리 민족 스스로 질병의 노예가 되지 않도록 하시기 위함이다. 그 길은 바로 하나님의 말씀에 순종하며, 그 법도를 지키는 것이다. 따라서 하나님은 히브리 민족에게 질병 예방에 관한 규례를 상세하게 구체적으로 가르쳐 주셨다. 유대계 내과의사인 문트너(S. Muntner)는 "613개 성경적 명령과 금지 조항 가운데 213개나 되는 조항이 엄격하게 준수해야 할 의식의 형태로 부과된 건강 규칙들"이라고 평가하였다.[92]

구약에서의 치유는 병 고침에 초점을 두기보다 위생 관리와 예방 지침을 엄격하게 제시하였다. 하나님은 히브리 민족을 언약의 백성으로 삼는 자격 조건을 철저하게 하나님의 명령에 대한 순종 여부에 두셨다. 그 근거로, 레위기 11장에서는 부패한 음식을 먹는 것을 금하고 있고, 12장에서는 산모의 산후 관리와 정결할 것을 가르치고 있으며, 13~ 15장에서는 '나병에 대한 규례'와 진단 방법, '나병자의 정결례' 등을 기록하고 있다. 또한 신명기 23장에는 '배설물 처리 방법'(신23:12-13)이

나오고, 호세아서 7장 5절에는 "술의 뜨거움으로 병이 나며"라는 말씀에서 알코올 중독이 병의 원인이 된다는 사실을 기록하고 있다. 이 같은 견해로 볼 때 모든 치유가 일차적 근원으로써 하나님께로부터 온다는 것을 구약 성경은 의심하지 않는다.[93]

구약 성경에서의 치유 사례를 보면, 아브라함과 모세, 엘리야와 엘리사, 욥과 히스기야, 다윗 등은 병 고침에 있어서 하나님 앞에 기도하고 간구함으로써 전염병이 제압되고 치유의 역사가 일어났다.

구약에서의 치유는 단순한 구약 시대에만 나타난 사건으로 이해할 것이 아니라 구속사적인 의미에서 영적인 모형으로 제시되고 있다.

첫째, 구약의 치유는 구속사적인 측면에서 이해해야 한다. 하나님은 히브리 민족을 아브라함 시대부터 언약의 백성으로 삼으시고, 그 언약을 성취할 인물도 장차 오리라고 말씀하셨다. 이사야는 "그는 실로 우리의 질고를 지고 우리의 슬픔을 당하였거늘 우리는 생각하기를 그는 징벌을 받아 하나님께 맞으며 고난을 당한다 하였노라 그가 찔림은 우리의 허물 때문이요 그가 상함은 우리의 죄악 때문이라 그가 징계를 받으므로 우리는 평화를 누리고 그가 채찍에 맞으므로 우리는 나음을 받았도다."(사53:4-5)[94]라고 예언하였다. 이것은 곧 예수 그리스도가 인간의 죄로 말미암아 고난의 십자가를 지시므로 기꺼이 그 죄를 담당하셨을 뿐만 아니라 그가 이루신 사역으로 인간의 모든 질병을 치유하실 분으로 묘사하였다.

둘째, 구약의 치유는 언약의 백성으로서 하나님의 말씀에 순종할 때 나타나는 응답으로 이해해야 한다. 히브리 민족의 고난과 질병은 하나님의 법에 불순종하고 배도할 때 찾아왔으며, 이를 깨닫고 회개해 제사장을 통해 대속의 제사를 드렸을 때 고침을 받았다. 또한 구약 시대의 치유의 상징적인 예표는 하나님의 백성으로서의 구속과 함께 화해의 삶을 통해 치유함이 이루어졌다. 구약의 치유는 히브리 민족의 육체적·정신적·종교적이며 공동체적인 환경까지도 치유하시는 온전함(wholeness)에 목적을 두고 있다.

셋째, 구약의 치유는 발병 전에 예방학적인 측면에서 이해해야 한다. 현대 의학은 최첨단 의료 장비에 의한 진단과 의술에도 불구하고 치료 과정에서 합병증과 의료 사고 등으로 말미암아 인간을 의술의 노예로 전락시키고 있다. 따라서 발병 전에 예방하는 길만이 최선의 방법이다. 곧 구약의 치유는 인간이 질병으로 고통받기 전 예방의학적인 관점에 중점을 두고 있다.

2) 구약 시대의 치유

구약 성경에서 치유와 관련된 단어는 '라파'(rapha)와 '로페'(ropha)로, '회복시키다, 보수하다'는 의미이다. 이 의미를 적용시켜 보면, 어떤 사람의 상태를 건강한 상태로 회복시키는 것, 즉 질병을 치유하는 것을 가리킨다.[95]

히브리 민족에게 나타난 질병은 전염병을 비롯해 돌연사, 종기(암), 간질과 정신질환 등으로 분류할 수 있으나 질병의 원인과 치료에 대해서는 구체적으로 기록되어 있지 않다. 그 예로, "온 머리는 병들었고 온 마음은 피곤하였으며 발바닥에서 머리까지 성한 곳이 없이 상한 것과 터진 것과 새로 맞은 흔적뿐이거늘 그것을 짜며 싸매며 기름으로 부드럽게 함을 받지 못하였도다."(사1:5-6)라고 기록함으로써 히브리 민족의 질병 상태를 은유적으로 표현하고 있지만, 간단하게 묘사하고 있다. 질병에 관한 처치 방법도 '짜며 싸매며'라고 하여 상처 부위를 세척하고 천으로 싸고 기름(약)을 발라주는 것 등으로 기록하고 있다. 하지만 병이 고침을 받지 못하였을 때 "길르앗에는 유향이 있지 아니한가 그 곳에는 의사가 있지 아니한가 딸 내 백성이 치료를 받지 못함은 어찌 됨인고"(렘8:22)에서 질병 치유의 필요성을 언급하고 있다. 당시 의사는 병을 고칠 때 '유향'을 사용하였음을 짐작해 볼 수 있다.

그러나 구약 시대의 질병이 모두 의사와 약제로 치료되지 않았던 것 또한 알 수 있다. "처녀 딸 애굽이여 길르앗으로 올라가서 유향을 취하라 네가 치료를 많이 받아도 효력이 없어 낫지 못하리라."(렘46:11), "바벨론이 갑자기 넘어져 파멸되니 이로 말미암아 울라 그 상처를 위하여 유향을 구하라 혹 나으리로다."(렘51:8) 등에서 당시 치유는 직접적인 치유보다 예언적이고 은유적이었으므로 치유에 한계가 있음을 암시하고 있다. 또한 "인자야 내가 애굽의 바로 왕의 팔을 꺾었더니 칼을 잡을 힘이 있도록 그것을 아주 싸매지도 못하였고 약을 붙여 싸매지도 못하였느니라."(겔30:21)고 하신 말씀을 예언자적인 입장에서 이해할 때 '싸매지도 못하였고 약을 붙여'라는 메시지는 마치 몸에 상처가 났을 때 약을 바르고 붕대를 감는 것처럼 인간에게 하나님의 영적 치유가 필요함을 언급한 것으로 볼 수 있다. 문장의 내용적 의미로 볼 때 이것은 현대 의학에서의 응급 처치 방법과 매우 유사하다고 생각되며 이 치유 방법은 현대 의학의 교재로 평가받을 만하다.

구약 시대에는 "너희가 그 연약한 자를 강하게 아니하며 병든 자를 고치지 아니하며 상한 자를 싸매 주지 아니하며"(겔34:4)의 말씀처럼 '병든 자'와 '상한 자'는 치료받아야 함을 강조하고 있다. 구약의 특이한 점은 히브리 민족이 질병을 치유함에 있어서 이방인들이 부르는 어떤

신들의 종교적인 의식에 도움을 구하지 않고 오직 하나님을 전적으로 의지하는 치유의 당위성을 언급하고 있다는 것이다. 놀랍게도 구약 시대의 처방은 현대 의학의 처치 방법의 원전이라는 사실이 입증되었다. 시편에서 하나님이 질병의 치유자가 되심을 언급하는 구절을 찾을 수 있다. "그가 네 모든 죄악을 사하시며 네 모든 병을 고치시며"(시103:3), "그가 그의 말씀을 보내어 그들을 고치시고 위험한 지경에서 건지시는 도다."(시107:20) 시편 기자는 모든 질병을 고치시고 회복하게 하시는 분을 하나님으로 묘사하고 있다. 또한 "어두울 때 퍼지는 전염병과 밝을 때 닥쳐오는 재앙을 두려워하지 아니하리로다."(시91:6), "여호와께서 소경들의 눈을 여시며"(시146:8) 등에서 하나님은 인간의 질병을 치유하시고 보호하시는 분임을 보여 주셨다.

3) 구약 시대의 의술과 현대 의학

성경에서 보면, 질병은 그냥 우연히 발생하지 않는다. 로베르트 코흐(Robert Koch)가 결핵균을 발견하면서 질병을 일으키는 요인을 규명한 것으로 유명하지만, 현실에서는 한 가지 요인만으로 질병의 발생 원인을 설명하기가 어려울 때가 많다. 따라서 어떤 한 가지 요인이 질병의 발생을 결정하는 것이 아니라는 주장이 광범위하게 받아들여지고 있다. 특히 만성질환이 건강 문제의 대부분을 차지하게 된 20세기 후반부터는 다요인설이 질병의 발생을 설명하는 주된 이론이 되었다.[96]

애굽의 유명한 고대 의서인 『파피루스 에버스』에 보면, 당시에 통용되던 수백 가지의 치료법이 수록되어 있다. 예를 들면, 당시 환자들에게 사용하였던 약들은 도마뱀의 피, 돼지 이빨, 썩은 고기, 썩은 악취가

나는 기름, 똥, 동물의 기름(기린, 당나귀, 개, 고양이 등) 등이었다. 그러나 구약성경에서 현대의 의학적인 교재와 비교될 만큼 그 내용과 관련된 예언적인 구절을 찾을 수 있다.

첫째, 마취의학 : (창2:21-22) "여호와 하나님이 아담을 깊이 잠들게 하시니 잠들매 그가 그 갈빗대 하나를 취하고……여자를 만드시고"의 구절에서 '아담을 깊이 잠들게 하시니'는 '마취의학'과 비교될 수 있고, '그 갈빗대 하나를 취하고'는 '수술' 방법을 연상하게 한다. 이것은 인류 최초의 마취와 수술이 아닐까라는 생각이 든다. 하나님은 인간이 질병에 의해 고통을 당하지 않도록 초월적인 방법으로 아담을 깊이 잠들게 하신 후 그의 갈빗대를 취하셨다.

오늘날 마취의학은 수술 시 환자에게 마취를 하는 데 국한되지 않고 통증의학의 전문 분야로 자리 잡게 되었다. 특히 마취는 잠들게 하는 수면의 효과를 가져왔다. 인간에게 있어서 수면은 매우 중요하다. 그리고 내시경 검사로 인체의 병을 찾아낼 수 있게 하는 것도 마취 효과이다. 이같이 마취로 단잠을 이루게 하는 것은 정신 건강에도 도움이 된다.

둘째, 예방의학 : (출15:26) "너희가 너희 하나님 나 여호와의 말을 들어 순종하고 내가 보기에 의를 행하며 내 계명에 귀를 기울이며 내 모든 규례를 지키면 내가 애굽 사람에게 내린 모든 질병 중 하나도 너희에게 내리지 아니하리니 나는 너희를 치료하는 여호와임이라."의 구절에서 '내 계명에 귀를 기울이며 내 모든 규례를 지키면'이라는 말씀은 질병에 대한 규례로, 오늘날 예방의학의 효시라고 할 수 있다. 특히 '애굽 사람에게 내린 질병'은 히브리 민족이 노예 상태에서 해방되기에 앞서 열 가지 재앙으로 말미암은 것으로 그 질병의 고통과 그로 인한 죽음이 얼마나 무서운지를 경험하였던 사실을 상기시켜 주고 있다. 하나님의 피조물인 인간이 하나님의 명령을 거역한 대가는 질병과 죽음이라는 사실을 상기시켜 주시며, 하나님의 규례를 지키는 것이 보다 중요함을 가르쳐 주셨다.

예방의학과 관련시켜 보면, 이스라엘 민족은 공동생활을 하였다. 변변한 위생 시설도 없고 그러한 지식도 갖추고 있지 않은 터라 철저하게 질병 예방에 대한 중요성을 구체적으로 기록하고 있다. 레위기에는 먹어도 되는 고기와 먹지 말아야 하는 고기, 해산 후의 여인에 대한 규칙, 피부병에 걸렸을 때의 증상과 치료 방법, 의복이나 가죽옷에 생기는 곰팡이 위생 규칙, 병들었을 때 정결하게 되는 규칙, 집의 위생에 관한 규칙, 몸에 유출병이 있을 때의 위생 관리 등이 상세하게 기록되어 있다. 오늘날 질병은 평소 건강관리의 무관심, 건강에 대한 자만심과 부주의 등으로 찾아오는 경우가 많다. 그러다가 병에 걸리면 자신 자신을 돌이켜 보고 자기 잘못으로 받아들이지 못하고 환경, 직업 등 남의 탓으로 돌릴 때가 많다. 하나님이 인간에게 질병을 안겨 주신 것이 아니라 인간 스스로 질병을 불러들였다는 표현이 정확하다.

필자가 3년 여 동안 지역 일간지에다 『건강 칼럼』을 기고하게 된 이유도 여기에 있다. 오늘날 우리가 건강하게 살고 있다는 것과 질병 가운데서 치료를 받을 수 있다는 것이야말로 하나님의 귀한 선물이 아닐 수 없다. 언젠가 『국민일보』에서 설교 한 편을 청탁받고 요한3서 2절을 "영이 먼저이냐, 육이 먼저이냐"라는 제목으로 요약한 일이 있다. 성경은 우리에게 영육 간에 강건하려면 먼저 영혼이 건강해야 육신도 건강함을 가르쳐 주었다. 모든 질병은 예방과 관련이 깊다.

셋째, 방사선 치료와 영상의학 : (말4:2) "내 이름을 경외하는 너희에게는 공의로운 해가 떠올라서 치료하는 광선을 비추리니 너희가 나가서 외양간에서 나온 송아지 같이 뛰리라.”의 구절에서 ‘치료하는 광선’은 은유적인 표현으로 복음의 파급력을 의미하고 있지만, 오늘날 방사선 치료(치료방사선의학 : 방사선 동위원소)를 상징하고 있다. ‘외양간에서 나온 송아지 같이 뛰리라.’는 구절은 매우 재미있는 표현으로, 하나님은 변함없이 모든 환자에게 치료하는 광선을 발하시며 하나님이 창조하신 지구촌에서 강건한 생명체로 살아가기를 원하신다는 말씀이다.

하나님께서 인류를 창조하신 때부터 피조물인 생명체로 살아갈 수 있는 조건-산소, 물, 흙, 햇빛, 바람-을 주셨다. 만일 생명체가 햇빛을 받지 못하고 산다면 정상적인 상태가 아닌 질병의 포로가 될 수밖에 없다. 지구촌에는 가시광선, X-선, 감마선, 코발트선 등 여러 가지 광선(ray)이 존재하며 그것들을 이용해 최첨단 암 치료기들이 개발되고 있다. 말라기 선지자는 이같이 치료의 광선은 복음의 기쁜 소식일 뿐만 아니라 복음의 능력처럼 병든 영혼과 육을 치료하는 의술의 도구가 됨을 예언하였다.

넷째, 감염의학 : (레13:45-46) “나병 환자는 옷을 찢고 머리를 풀며 윗입술을 가리고 외치기를 부정하다 부정하다 할 것이요 병 있는 날 동안은 늘 부정할 것이라 그가 부정한즉 혼자 살되 진영 밖에서 살지니라.”의 구절에서 나병 환자의 고침은 현대 의학에서 ‘전염병’ 환자의 격리 치료를 의미할 수 있다.

레위기 13장의 나병에 대한 규례는 오늘날 검역 분야에서의 중요성을 강조하고 있다. 인류 역사를 보면, 갖가지 전염병으로 말미암아 헤아릴 수 없이 많은 생명이 희생을 당하였다. 이미 나병은 거의 완치되는 질병이지만 위생이 철저하지 못한 시대에는 암보다 무서운 질병이었다.

전염병을 사전에 격리 조치하지 못하면 의술의 힘도 무용지물이 되고 만다.

2015년, 대형병원 응급실에서 중동을 여행하고 온 환자가 다녀간 이후 발생한 메르스(MERS, 중동호흡기증후군)는 온 국민을 공포에 휩싸이게 하였다. 병원마다 수개월 동안 외부인의 방문을 통제하였다. 당시 필자의 병원에서도 병원예배를 수개월 동안 드리지 못하였다. 메리스로 말미암아 1만 3천 명 정도가 격리 조치되었고, 총 33명이 사망하였다. 또한 2018년 1월, 모 대학병원 신생아실에서 발생한 네 명의 유아 사망 사건에서 볼 수 있듯이, 위생 관념은 구약 시대나 오늘날에나 매우 중요하다는 것을 가르쳐 주고 있다. 레위기에서 나병 환자가 발생하였을 때 소문을 내게 해서 환자와의 접촉을 차단하고 환자를 마을 공동체에서 격리해 전염을 예방하게 하였다. 이것은 오늘날 현대 의학에서 전염병 확산을 사전에 차단할 수 있도록 격리 치료의 중요성을 가르쳐 주고 있다.

다섯째, 보건과 위생학 : (신23:12-13) "네 진영 밖에 변소를 마련하고 그리로 나가되 네 기구에 작은 삽을 더하여 밖에 나가서 대변을 볼 때에 그것으로 땅을 팔 것이요 몸을 돌려 그 배설물을 덮을지니."의 기록에서 히브리 민족은 질병 예방을 위해 배설물을 철저히 관리하였다는 것을 알 수 있다. 이것은 전염병을 사전에 예방하고, 위생 관념에 철저함으로써 예방의학의 효시로 볼 수 있다. 또한 (민19:11, 13) "사람의 시체를 만진 자는 이레 동안 부정하리니. 누구든지 죽은 사람의 시체를 만지고 자신을 정결하게 하지 않는 자는 여호와의 성막을 더럽힘이라."의 구절에서 위생 관리과 장례 방법까지도 구체적으로 제시하였다. 보건과 위생은 인간이 질병과 전염병을 사전에 예방할 수 있게 할 뿐만 아니라 현대 간호학과 위생학의 핵심 내용이다. 구약 시대부터 하나님은 히브리 민족에게 보건과 위생의 중요성을 가르쳐 주심으로써 공중의학의 중요성을 일깨워 주셨다.

4) 구약 시대 질병의 종류

구약 시대에 일어난 치유 사건을 보면, 선지자들의 기도와 간구로 병 고침이 이루어졌다. 치유 사건에 관한 기록은 다음과 같다.

첫째, 불임증 치료 : 아브라함의 기도로 불임증이 고침을 받아 아기를 낳았다. "아브라함이 하나님께 기도하매 하나님이 아비멜렉과 그 아내와 여종을 치료하사 출산하게 하셨으니."(창20:17)

둘째, 나병(문둥병) 치료 : 모세의 기도로 미리암이 나병에서 고침을 받았다. "미리암은 나병에 걸려 눈과 같더라 아론이 미리암을 본즉 나병이 걸렸는지라."(민12:10), "모세가 여호와께 부르짖어 이르되 하나님이여 원하건대 그를 고쳐 주옵소서."(민12:13)

셋째, 전염병 차단 : 아론의 기도로 이스라엘 민족이 전염병에서 벗어났다. "아론이 모세의 명령을 따라 향로를 가지고 회중에게로 달려간즉 백성 중에 염병이 시작되었는지라 이에 백성을 위하여 속죄하고 죽은 자와 산 자 사이에 섰을 때에 염병이 그치니라."(민16:47-48)

넷째, 뱀에 물린 자 치료 : 모세에 의해 불뱀에 물린 이스라엘 백성이 고침을 받았다. "여호와께서 불뱀들을 백성 중에 보내어 백성을 물게 하시므로 이스라엘 백성 중에 죽은 자가 많은지라."(민21:6), "모세가 놋뱀을 만들어 장대 위에 다니 뱀에게 물린 자가 놋뱀을 쳐다본즉 살더라."(민21:9)

다섯째, 사망한 아이 소생 : 엘리야의 기도로 이미 죽었던 아이가 살아났다. "이 일 후에 그 집 주인 되는 여인의 아들이 병들어 증세가 심히 위중하다가 숨이 끊어진지라."(왕상17:17), "여호와께서 엘리야의 소리를 들으시므로 그 아이의 혼이 몸으로 돌아오고 살아난지라." (왕상17:22)

여섯째, 나아만 나병 치료 : 엘리사의 명령에 순종함으로써 나아만이 나병에서 고침을 받았다. "나아만이 이에 내려가서 하나님의 사람의 말대로 요단 강에 일곱 번 몸을 잠그니 그 살이 어린 아이의 살 같이 회복되어 깨끗하게 되었더라."(왕하5:14)

일곱째, 악창(피부암) 치료 : 욥의 기도로 그 자신이 악창에서 고침을 받았다. "사단이 이에 여호와 앞에서 물러가서 욥을 쳐서 그 발바닥에서 정수리까지 악창이 나게 한지라."(욥2:7), "그 후에 욥이 백사십 년을 살며 아들과 손자 대를 보았고 욥이 늙어 나이가 차서 죽었더라."(욥42:16-17)

여덟째, 불치병 치료 : 히스기야 자신의 기도로 사형선고를 받은 불치병이 고침을 받았다. "그 때에 히스기야가 병들어 죽게 되매……히스기야가 낯을 벽으로 향하고 여호와께 기도하여 이르되"(왕하20:1-2), "내가 네 기도를 들었고 네 눈물을 보았노라 내가 너를 낫게 하리니 네가 삼 일 만에 여호와의 성전에 올라가겠고 내가 네 날에 십오 년을 더할 것이며"(왕하20:5-6하)

아홉째, 전염병 차단 : 범죄의 근원을 차단함으로써 전염병에서 벗어났다. "이스라엘이 싯딤에 머물러 있더니 그 백성이 모압 여자들과 음행하기를 시작하니라."(민25:1), "이스라엘 남자와 그 여인의 배를 꿰뚫어서 두 사람을 죽이니 염병이 이스라엘 자손에게서 그쳤더라."(민25:8)

열째, 조현증(정신분열증) 치료 : 다윗이 하나님을 찬양하므로 악령이 사울 왕에게서 떠나게 되었다. "하나님께서 부리시는 악령이 사울에게 이를 때에 다윗이 수금을 들고 와서 손으로 탄즉 사울이 상쾌하여 낫고 악령이 그에게서 떠나더라."(삼상16:23)

구약 성경에서 치유의 특징을 보면, 어떤 행위에서 병 고침이 임하는 것이 아니라 하나님의 명령에 불순종하거나 히브리 민족의 계율을 위반하였을 때 제사장의 주도 하에 하나님께 사죄의 제사를 드려 병 고침을 받았다. 이와 같은 측면에서 구약의 치유는 세 가지 측면으로 이해할 수 있다.

첫째, 구속사적인 측면에서 이해해야 한다. 대부분 병 고침이 선지자들을 통해 일어나고 있기 때문이다. 하나님의 지도자와 선지자들의 예언적 사역은, 하나님은 선민을 통해 역사하시는 분이며, 치유는 영적인 것, 즉 예수 그리스도는 언약을 성취하시는 분으로 상징하고 있다. 예수님은 십자가를 지심으로써 인간의 연약함과 질병을 담당하셨을 뿐만 아니라 그가 이루신 복음 안에 인간의 죄 사함과 영생, 병의 치유를 포함시켜 주셨다.

둘째, 예방의학적 측면에서 이해해야 한다. 예방은 인간이 병에 걸리지 않기 위해 질병의 원인을 차단하는 일이다. 영적으로 인간이 죄로 말미암아 고통을 받기보다는 죄를 멀리해 경계할 것을 일컫는 말이다. 오늘날 국민건강보험공단은 질병을 조기 진단하고, 예방의학에 초점을 두는 정책을 펴고 있다. 현대 의학이 눈부신 발전을 거듭하고 있지만, 질병의 치료 과정에는 예기치 않은 부작용과 후유증으로 말미암아 환자들이 사망에 이르는 일이 많다. 그러므로 진단명이 붙은 환자가 되기 전에 평소 건강관리를 하는 것이 매우 중요하다. 하나님은 이미 히브리 민족에게 위생과 예방의 중요성을 규례로 정하셨다.

　셋째, 하나님과의 관계적인 측면에서 이해해야 한다. 히브리 민족은 언약의 백성으로 선택을 받았다. 그 과정에서 히브리 민족이 하나님의 말씀을 거역할 때는 환난과 질병이 찾아왔다. 하나님은 이미 아브라함을 통해 하나님의 말씀에 순종하면 건강한 삶을 주신다고 약속을 하셨기 때문이다. 하나님의 치유에는 하나님의 백성으로서의 구속과 화해, 구원이 담겨 있다. 곧 구약의 치유는 하나님이 택하신 백성으로서의 완전함에 초점을 두고 있다. 특히 하나님 자신이 '치료하는 여호와'라고 선포하시므로 말미암아 하나님이 택하신 백성들의 모든 질병을 고쳐 주겠다고 약속하셨다. 곧 구약 시대의 치유는 하나님이 임재하신다는 표적이요, 건강은 언약의 백성으로서의 증표임을 보여 주고 있다.

3/ 4복음서에 나타난 치유

예수님의 공생애에서 가장 돋보이는 사역은 치유이다. 주님 자신이 "건강한 자에게는 의사가 쓸 데 없고 병든 자에게라야 쓸 데 있느니라 내가 의인을 부르러 온 것이 아니요 죄인을 부르러 왔노라."(막2:17, 눅 5:31)에서 '만병의 의사'가 되심을 선포하셨다. 주께서 "가면서 전파하여 말하되 천국이 가까이 왔다 하고 병든 자를 고치며 죽은 자를 살리며 나병 환자를 깨끗하게 하며 귀신을 쫓아내되 너희가 거저 받았으니 거저 주라."(마10:7-8)고 하신 것처럼 예수께서 세상에 오신 목적은 복음을 전하시는 것이다. 그 과정에서 병든 자를 치유하는 것, 귀신을 쫓아내는 것, 그리고 복음을 전파하는 것이 사사로운 개인의 감정이나 사익을 얻는 목적이 되어서는 안 된다고 가르치고 계시다.

구약 시대의 치유가 하나님의 규례를 지키고 죄를 다스리기 위한 하나님의 섭리가 담겨 있다면, 신약 시대의 치유는 예수께서 전하시는 복음의 소식을 듣고 믿을 때 병든 자가 치유된다. 예수 그리스도의 복음 말씀을 믿고 회개하며 온전한 믿음-옥토-을 가질 때 병든 자가 치유되고 회복되어 구원을 받게 되는 것이다.

당시 예수님으로부터 치료를 받은 사람들은 대부분 난치병이거나 중증환자들이었기 때문에 그 고통은 이루 헤아릴 수 없었을 것이다. 환자 부모 또한 간절히 자녀들의 병이 낫기를 주님께 간구하였는데 그 열정이 매우 뜨거웠다. "간곡히 구하여 이르되 내 어린 딸이 죽게 되었사오니 오셔서 그 위에 손을 얹으사 그로 구원을 받아 살게 하소서."(막 5:23) 그리고 이들은 모두 병 고침을 받았다.

4복음서에 나타난 치유 사례와 관련된 내용을 보면 다음과 같다. 마태

복음에는 1,058구절 가운데 99절(9퍼센트), 마가복음에는 678구절 가운데 139절(20퍼센트), 누가복음에는 1,149구절 가운데 134절(15퍼센트), 요한복음에는 879구절 가운데 112절(13퍼센트)이 병 고침에 대해 기록하고 있다.[97]

예수의 공생애 시기 동안에는 헤아릴 수 없이 많은 환자들이 찾아왔으며, 주님은 그들을 외면하거나 배척함 없이 무수히 질병을 고쳐 주셨다. 예수님의 치유 사례는 크게 38가지로 분류된다. 그 가운데 26개는 개인의 질병에 관한 사례이고, 12개는 집단적인 질병에 관한 사례이다. 현대인의 질병은 크게 정신적 질환(기능적 질환과 기질적 질환)과 육체적인 질병(전염병, 급성질환과 만성질환)으로 분류할 수 있으나 성경에는 영적[98]으로 악령(귀신)에 들려 정신질환을 앓고 있는 자도 고침을 받았다. 그러나 주의해야 할 것은 모든 정신 질환자들이 악령에 사로잡힌 자라고 판단해서는 안 된다는 것이다.

예수님의 사역 가운데 귀신 들린 자에 관한 치유 사례도 여러 곳에서 언급되고 있지만, 각양각색의 환자들이 고침을 받은 것으로 보인다. "그의 소문이 온 수리아에 퍼진지라 사람들이 모든 앓는 자 곧 각종 병에 걸려서 고통당하는 자, 귀신 들린 자, 간질하는 자, 중풍병자들을 데려오니 그들을 고치시더라."(마4:24)

예수님의 치유 방법은 다음과 같이 분류할 수 있다.

1) 안수에 의한 치유

일반적으로 안수는 주의 종들이 주의 백성들을 축복할 때, 직분자를 세울 때, 병자들을 치유할 때 영적인 권위에 의한 행위로 이해될 수 있다. 곧 안수는 믿음과 함께 동반되는 행위이다. 그것은 병자와 그와 더불어 기도하는 사람이 기도하는 바로 그 순간, 하나님의 능력이 성령을 통해 그의 삶과 육신에 영향을 미쳐 나타나는 바를 믿도록 격려한다.[99]

① 나병(한센병(Hansen's Disease), 나균에 의해 감염되는 3종 법정 전염병으로 말초 신경과 피부에 괴사를 일으키는 증상) : "예수께서 손을 내밀어 그에게 대시며 이르시되 내가 원하노니 깨끗함을 받으라 하시니 즉시 그의 나병이 깨끗하여진지라."(마8:3)

신·구약 성경에는 나병 환자에 대한 이야기가 자주 언급되고 있다. 나병은 당시 의술로는 고칠 수 없는 '천형병(天刑病)'이었으나 현대 의학으로는 피부질환으로 분류되고 있으며 완치 가능하다.

② 정신병(조현증) : 성경에는 18년 동안 귀신 들린 여인 이야기가 나오는데, 그것은 하나님의 저주로 말미암아 나타나는 병으로 단정하고 귀신 들린 자를 악령에 사로잡힌 자로 이해하였다. 오늘날 정신의학에서는 귀신 들린 자를 정신 질환자로 보고 있으나 일상생활에서 과중한 심리적 부담과 스트레스에 의한 기능적 장애와 뇌 손상에 의해 나타나는 기질적 장애로 구분해야 한다. 미국정신의학편람[100]에서는 귀신 들림을 일종의 망상으로 보고 '조현병'으로 분류하고 있다.

성경에도 귀신 들린 자에 관한 구분은 명확하지 않다. 하지만 치유의 문맥으로 보아 예수께서 귀신 들린 자를 쫓아내신 경우, 악령에 사로잡힌 자와 그렇지 않은 자를 달리 구분하고 계시다.

"열여덟 해 동안이나 귀신 들려 앓으며 꼬부라져 조금도 펴지 못하는 여자가 있더라……안수하시니 여자가 곧 펴고 하나님께 영광을 돌

리는지라."(눅13:11-13)

③ 수종병(고창병, 얼굴과 상하지 말단이 붓는 부종으로 호흡 곤란과 흉통 동반) : "주의 앞에 수종병 든 한 사람이 있는지라."(눅14:2)

④ 잘려 나간 귀 봉합(수지 및 인대 등의 접합 및 봉합 수술) : "그 중의 한 사람이 대제사장의 종을 쳐 그 오른쪽 귀를 떨어뜨린지라 예수께서 일러 이르시되 이것까지 참으라 하시고 그 귀를 만져 낫게 하시더라."(눅22:50-51)

⑤ 선별된 치유 : "거기서는 아무 권능도 행하실 수 없어 다만 소수의 병자에게 안수하여 고치실 뿐이었고 그들이 믿지 않음을 이상히 여기셨더라."(막6:5-6)

⑥ 무차별 안수 : "해 질 무렵에 사람들이 온갖 병자들을 데리고 나아오매 예수께서 일일이 그 위에 손을 얹으사 고치시니"(눅4:40)

그리고 간접 치료에 의한 치유로, 환자 자신이 예수님의 옷자락을 만지므로 병 고침이 일어났다.

① 혈루증(출혈이 멈추지 않는 질환) 여인 : "열두 해 동안이나 혈루증으로 앓는 여자가 예수의 뒤로 와서 그 겉옷 가를 만지니"(마9:20)

② 해변에서의 많은 무리 : "많은 사람을 고치셨으므로 병으로 고생하는 자들이 예수를 만지고자 몰려왔음이더라."(막3:10)

2) 말씀에 의한 치유

예수님은 오늘날의 의사들처럼 환자의 증상을 듣거나 어떤 결과에 따라 질병을 고치시는 것이 아니라 주의 말씀으로 병을 완치하셨다.

치유 사례는 말씀에 의해 귀신을 축출하는 경우와 질병에 의한 장애를 치유하시거나 죽은 자를 살리시는 경우 등으로 구분할 수 있다.

(1) 귀신에 사로잡힌 자의 치유

흔히 사탄과 귀신은 영적인 존재로 귀신에 사로잡힌 자에게서 귀신을 내쫓는 것을 '축사(逐邪)'로 표현한다. 사탄은 본래 하나님을 섬기는 자였으나 교만하여 하나님께 반역한 자들이다. 루시퍼와 타락한 천사들은 하늘로부터 내쫓김을 당하였다. 사탄의 존재에 대해 "너 아침의 아들 계명성이여 어찌 그리 하늘에서 떨어졌으며 너 열국을 엎은 자여 어찌 그리 땅에 찍혔는고 네가 네 마음에 이르기를 내가 하늘에 올라 하나님의 뭇 별 위에 내 자리를 높이리라 내가 북극 집회의 산 위에 앉으리라 가장 높은 구름에 올라가 지극히 높은 이와 같아지리라 하는도다."(사14:12-14)라고 하였다.

존 윔버(John Wimber)는, 악한 악령은 세 가지 방법으로 공격한다고 하였다. 첫째는 사람들을 유혹해 죄악과 죽음에 빠뜨리고, 둘째는 주의 백성들이 복음을 전파할 때 하나님 나라의 확장을 방해하고, 셋째는 주의 자녀들의 인격과 육체적 삶을 공격한다.[101] 이것은 질병과 돌발적인 사고, 죄의 유혹으로 주의 자녀들을 공격하거나 위기에 처하게 함으로써 악한 영-귀신과 사탄-에 사로잡히게 한다는 의미이다.

① 회당 안에 귀신 들린 자 : "예수께서 꾸짖어 이르시되 잠잠하고 그 사람에게서 나오라 하시니 더러운 귀신이 그 사람에게 경련을 일으키고 큰 소리를 지르며 나오는지라."(막1:25-26)

② 거라사의 귀신 들린 자 : "예수께서 바다 건너 거라사인의 지방에 이르러……이는 예수께서 이미 그에게 이르시기를 더러운 귀신아 그

사람에게서 나오라 하셨음이라."(막5:1~8)

③ 간질병(경련과 발작 증상)의 아이 : "이에 데리고 오니 귀신이 예수를 보고 곧 아이로 심히 경련을 일으키게 하는지라 그가 땅에 엎드러져 구르며 거품을 흘리더라."(막9:20), "예수께서 무리가 달려와 모이는 것을 보시고 그 더러운 귀신을 꾸짖어 이르시되 말 못하고 못 듣는 귀신아 내가 네게 명하노니 그 아이에게서 나오고 다시 들어가지 말라 하시매."(막9:25)

(2) 신체적인 장애인의 치유

① 중풍병(신체 일부분의 마비 증상) 환자의 치유 : "중풍병자에게 말씀하시되 일어나 네 침상을 가지고 집으로 가라 하시니 그가 일어나 집으로 돌아가거늘"(마9:6하-7)

② 신체적 결손(청각장애인 등) 환자의 치유 : "예수께서 거기서 떠나사 갈릴리 호숫가에 이르러 산에 올라가 거기 앉으시니 큰 무리가 다시 저는 사람과 장애인과 맹인과 말 못하는 사람과 기타 여럿을 데리고 와서 예수의 발 앞에 앉히매 고쳐 주시니 말 못하는 사람이 말하고 장애인이 온전하게 되고 다리 저는 사람이 걸으며 맹인이 보는 것을 무리가 보고 놀랍게 여겨 이스라엘의 하나님께 영광을 돌리니라."(마15:29-31)

③ 손 마른 사람(신경마비 등)의 치유 : "예수께서 손 마른 사람에게 이르시되 한 가운데에 일어서라 하시고……내밀매 그 손이 회복되었더라."(막3:3-5)

④ 열 명의 나병 환자의 치유 : "한 마을에 들어가시니 나병 환자 열 명이 예수를 만나 멀리 서서 소리를 높여 이르되 예수 선생님이여 우리를 불쌍히 여기소서 하거늘 보시고 이르시되 가서 제사장들에게 너희

몸을 보이라 하셨더니 그들이 가다가 깨끗함을 받은지라.”(눅17:12-14)

(3) 죽은 자를 살리신 경우

① 나인 성 과부의 아들 : “청년아 내가 네게 말하노니 일어나라 하시매 죽었던 자가 일어나 앉고 말도 하거늘”(눅7:14하-15)

② 마리아의 오빠 나사로 : “예수께서 이르시되 돌을 옮겨 놓으라 하시니 그 죽은 자의 누이 마르다가 이르되 주여 죽은 지가 나흘이 되었으매 벌써 냄새가 나나이다……이 말씀을 하시고 큰 소리로 나사로야 나오라 부르시니 죽은 자가 수족을 베로 동인 채로 나오는데 그 얼굴은 수건에 싸였더라 예수께서 이르시되 풀어 놓아 다니게 하라 하시니라.”(요11:39-44)

(4) 안수와 말씀이 함께한 치유

① 베드로 장모의 열병(원인 미상의 고열) : “예수께서 베드로의 집에 들어가사 그의 장모가 열병으로 앓아 누운 것을 보시고 그의 손을 만지시니 열병이 떠나가고”(마8:14-15), “예수께서 가까이 서서 열병을 꾸짖으신대 병이 떠나고 여자가 곧 일어나”(눅4:39상)

② 나병 환자 : “예수께서 손을 내밀어 그에게 대시며 이르시되 내가 원하노니 깨끗함을 받으라 하시니 즉시 그의 나병이 깨끗하여진지라.”
(마8:3, 막1:42, 눅5:13)

③ 회당장 야이로의 딸의 죽음 : “들어가서 그들에게 이르시되 너희가 어찌하여 떠들며 우느냐 이 아이가 죽은 것이 아니라 잔다 하시니……그 아이의 손을 잡고 이르시되 달리다굼하시니 번역하면 곧 내가 네게 말하노니 소녀야 일어나라 하심이라 소녀가 곧 일어나서 걸으

니"(막5:39-42상)

④ 두 맹인 : "예수께서 거기에서 떠나가실새 두 맹인이 따라오며……이에 예수께서 그들의 눈을 만지시며 이르시되 너희 믿음대로 되라 하시니 그 눈들이 밝아진지라."(마9:27-30상)

⑤ 귀신 들린 지체장애 여인 : "예수께서 보시고 불러 이르시되 여자여 네가 네 병에서 놓였다 하시고 안수하시니 여자가 곧 펴고"(눅13:12-13상)

⑥ 안수가 생략된 경우, 맹인 바디매오 : "예수께서 이르시되 가라 네 믿음이 너를 구원하였느니라 하시니 그가 곧 보게 되어"(막10:52)

(5) 타액(침)을 사용하신 치유

① 귀먹고 어눌한 자(귀가 잘 들리지 않고 말도 잘 하지 못하고 더듬는 증상을 가진 자) : "예수께서……손가락을 그의 양 귀에 넣고 침을 뱉어 그의 혀에 손을 대시며 하늘을 우러러 탄식하시며 그에게 이르시되 에바다하시니 이는 열리라는 뜻이라."(막7:33-34)

② 벳새다의 맹인 : "벳새다에 이르매 사람들이 맹인 한 사람을 데리고 예수께 나아와 손 대시기를 구하거늘 예수께서 맹인의 손을 붙잡으시고 마을 밖으로 데리고 나가사 눈에 침을 뱉으시며 그에게 안수하시고 무엇이 보이느냐 물으시니 쳐다보며 이르되 사람들이 보이나이다."(막8:22-24상)

③ 선천적인 맹인 : "예수께서 길을 가실 때에 날 때부터 맹인 된 사람을 보신지라……땅에 침을 뱉어 진흙을 이겨 그의 눈에 바르시고 이르시되 실로암 못에 가서 씻으라 하시니 이에 가서 씻고 밝은 눈으로 왔더라."(요9:1-7)

오늘날 의학은 전승되어 온 전통적인 민간의술과 한약, 침술 등을 이용하는 한의학과 의·과학적으로 검증된 현대 의학으로 구분할 수 있다. 신약 시대에는 어떠한 의술도 발달되지 않았기 때문에 예수께서 타액으로 진흙을 이겨서 병든 자를 고치시는 방법은 다소 이해하기 어려운 측면이 있지만, 다른 치유 방법과 비교할 때 매우 독특한 방법이다. 타액과 흙을 혼합해 사용한 방법은 인간의 몸속에 있는 병을 이길 수 있는 면역체를 응용하는 사례로 보인다.

현대 의학에서의 약과 의술은 하나님이 창조하신 자연의 원리와 자원을 통해 발전해 왔다. 따라서 현대 의학의 의술을 행함에 있어서 하나님의 창조 질서를 역행하는 비인간적이고 비윤리적인 생명 경시 행위는 또 다른 범죄가 아닐 수 없다는 점에 유의해야 한다.

(6) 원격 치유

① 백부장 하인의 중풍병 : "예수께서 가버나움에 들어가시니 한 백부장이 나아와 간구하여 가로되 주여 내 하인이 중풍병으로 집에 누워 몹시 괴로워하나이다……예수께서 백부장에게 이르시되 가라 네 믿은 대로 될지어다 하시니 그 즉시 하인이 나으니라."(마8:5-13)

② 수로보니게 여인의 귀신 들린 딸 : "그 여자는 헬라인이요 수로보니게 족속이라 자기 딸에게서 귀신 쫓아내 주시기를 간구하거늘……예수께서 이르시되 이 말을 하였으니 돌아가라 귀신이 네 딸에게서 나갔느니라 하시매 여자가 집에 돌아가 본즉 아이가 침상에 누웠고 귀신이 나갔더라."(막7:26-30)

③ 고열로 죽음에 이른 신하의 아들 : "신하가 이르되 주여 내 아이가 죽기 전에 내려오소서 예수께서 이르시되 가라 네 아들이 살아 있다 하시니 그 사람이 예수께서 하신 말씀을 믿고 가더니 내려가는 길에서 그

종들이 오다가 만나서 아이가 살아 있다 하거늘 그 낫기 시작한 때를 물은즉 어제 일곱 시에 열기가 떨어졌나이다 하는지라."(요4:49-52)

예수님의 치유는 환자를 대면하지 않고서도 일어났다. 이것은 주변의 환자가 응급 치료를 요할 때 보호자와 주변 교인들의 중보기도가 필요함을 암시하는 것이다. 마치 오늘날 농어촌 취약 지역에서 응급 환자가 발생하면 환자를 이송하지 않은 채 거점병원의 전문의로부터 원격 진료를 받는 것을 연상하게 한다.

(7) 상담에 의한 치유

예수께서는 많은 사람들의 육체적인 질병과 정신적 장애를 고치셨다. 당시에는 사회적인 차별과 인종적인 편견으로 말미암아 심리적·정서적 장애를 겪는 약자들이 많았다. 특히 수가성의 우물가 여인은 예수님과의 대화를 통해 자신의 심리적인 고통과 정서적인 장애를 고침받았다.

예수님 : "내가 주는 물을 마시는 자는 영원히 목마르지 아니하리니 내가 주는 물은 그 속에서 영생하도록 솟아나는 샘물이 되리라."(요4:14)

여 인 : "주여 그런 물을 내게 주사 목마르지도 않고 또 여기 물 길으러 오지도 않게 하옵소서."(요4:15)

예수님 : "이르시되 가서 네 남편을 불러 오라."(요4:16)

여 인 : "나는 남편이 없나이다."(요4:17상)

예수님 : "네가 남편이 없다 하는 말이 옳도다."(요4:17하), "너에게 남편

다섯이 있었고 지금 있는 자도 네 남편이 아니니 네 말이 참되 도다."(요4:18)

여　인 : "주여 내가 보니 선지라로소이다 우리 조상들은 이 산에서 예 배하였는데 당신들의 말은 예배할 곳이 예루살렘에 있다 하더 이다."(요4:19-20)

예수님 : "여자여 내 말을 믿으라 이 산에서도 말고 예루살렘에서도 말 고 너희가 아버지께 예배할 때가 이르리라."(요4:21), "하나님 은 영이시니 예배하는 자가 신령과 진정으로 예배할지니라." (요4:24)

여　인 : "메시야 곧 그리스도라 하시는 이가 오실 줄을 내가 아노니 그 가 오시면 모든 것을 우리에게 알려 주시리이다."(요4:25), "여 자가 물동이를 버려 두고 동네로 들어가서 사람들에게 이르 되 내가 행한 모든 일을 내게 말한 사람을 와서 보라 이는 그리 스도가 아니냐 하니 그들이 동네에서 나와 예수께로 오더라." (요4:28-30)

예수께서 행하신 치유 방법은 영적인 권위에서 나타난 일방적인 방 법이 아니라 환자들의 입장에 선 치유였다. 예수님은 병든 자의 고통 을 이해하셨으며, 그들의 간절함과 보호자의 간청에 따라 치유가 일어 났다. 4복음서에 나타난 치유 사역은 복음전파를 위한 징검다리요, 치 유는 병든 자를 구원하는 방법이었음을 보여 주셨다. 예수님의 치유는 주로 안수와 말씀, 타액과 흙, 믿음과 대화를 통해 이루어졌으며 치유 대상도 신분과 나이는 물론, 그들의 환경을 초월하고 있다. 죄인이라 고 할지라도 그들의 죄 사함을 확인하거나 회개를 통해 병 고침이 일어났다.

　예수님의 치유 방법을 보면, 환자의 믿음과 장소 등에 따라 다르게 나타나고 있다. 크게 다섯 가지로 분류할 수 있다. 첫째는 환자의 죄를 용서함으로써 병 고침을 받았다. 둘째는 믿음을 보시고 환자의 질병이 고침을 받았다. 셋째는 예수님의 말씀에 의해 병 고침이 나타났다. 넷째는 환자의 침(타액)을 귀에 넣으므로 언어장애인(벙어리)이 고침을 받았다. 다섯째는 진흙을 시각장애인(맹인)의 눈에 바를 때 병 고침이 나타났다. 그러나 예수님 치유의 가장 중요한 핵심은 예수께서 환자들을 사랑하는 마음으로 다가갈 때 치유의 능력이 함께 임하였으며 그들이 모두 구원을 받았다는 점이다.

　이와 같은 맥락에서 보면, 예수님의 치유는 인간을 죄에서 구원하기 위한 구속사적인 맥락에서 이해되어야 한다. 예수님은 질병 그 자체를 치료하러 오신 것이 아니라 인간을 죄에서 구원하기 위해 오셨기 때문에 죄로 인해 질병과 죽음, 사탄과의 싸움에서 고통당하는 인간을 긍휼히 여기시고 치유의 은총을 베풀어주신 것이다.

3) 사도 시대의 치유

　사도 시대의 치유는 "예수께서 열두 제자를 불러 모으사 모든 귀신을 제어하며 병을 고치는 능력과 권위를 주시고 하나님의 나라를 전파하며 앓는 자를 고치게 하려고 내어 보내시며"(눅9:1-2)에서 찾게 된다. 초대교회에서의 치유 사역은 예수님 제자에 의해 반복적으로 일어났다.

　치유와 관련된 기사들은 당시 사람들에게만 일어났던 단순한 사건으로 볼 수 없다. 치유는 오늘날에도 그리스도인에게 나타나는 구속적 은총이다. 조이 도슨(Joy Dawson)은 사도 시대의 치유는 예수님의 죽음과 부활 후에 일어난 사건이다. 이것은 예수님의 부활과 승천, 오순절 성령강림 사건 후에 복음의 원동력이 되었다고 하였다.[102] 그러나 초대교회에서 일어난 치유 사건은 4복음서에 기록되어 있는 것처럼 병 고침을 받은 대상과 병명이 구체적으로 기록되어 있지 않다. 예수님의 치유는 대부분 군중들을 대상으로 복음을 전파하였을 때 치유되었고, 사도 시대의 치유는 예수님의 제자로서 위임을 받은 자의 입장에서 치유한 것이기 때문이다. 따라서 치유의 형태가 같다고 단정할 수는 없지만 병 고침의 결과에 있어서는 유사하다. 초대교회 시대의 치유 사례는 개인적인 사례와 집단적인 사례로 구분할 수 있다.

예수님의 제자인 "베드로가 이르되 은과 금은 내게 없거니와 내게 있는 이것을 네게 주노니 나사렛 예수 그리스도 이름으로 일어나 걸으라 하고 오른손을 잡아 일으키니 발과 발목이 곧 힘을 얻고 뛰어 서서 걸으며 그들과 함께 성전으로 들어가면서 걷기도 하고 뛰기도 하며 하나님을 찬송하니"(행3:6-8)라는 기적이 일어났다. 또한 바울의 사역에서도 "심지어 사람들이 바울의 몸에서 손수건이나 앞치마를 가져다가 병든 사람에게 얹으면 그 병이 떠나고 악귀도 나가더라."(행19:12)는 병 고침이 일어났다. 야고보는 병들었을 때 "믿음의 기도는 병든 자를 구원하리니 주께서 그를 일으키시리라 혹시 죄를 범하였을지라도 사하심을 받으리라."(약5:15)고 하였다.

(1) 개인적인 치유

초대교회에서의 치유는 베드로와 바울에 의해 집중적으로 나타났다. 병 고침만이 아니라 죽은 자도 살아났다. 다섯 건의 병 고침 사례와 두 건의 죽은 자를 살린 사례가 기록되어 있다.

① 앉은뱅이(지체장애인)의 치유 : "베드로가 이르되 은과 금은 내게 없거니와 내게 있는 이것을 네게 주노니 나사렛 예수 그리스도의 이름으로 일어나 걸으라고 하고 오른손을 잡아 일으키니 발과 발목이 곧 힘을 얻고 뛰어 서서 걸으며 그들과 함께 성전으로 들어가면서 걷기도 하고 뛰기도 하며"(행3:6-8)

② 중풍병자 애니아의 치유 : "거기서 애니아라 하는 사람을 만나매 그는 중풍병으로 침상 위에 누운 지 여덟 해라 베드로가 이르되 애니아야 예수 그리스도께서 너를 낫게 하시니 일어나 네 자리를 정돈하라 한대 곧 일어나니"(행9:33-34)

③ 선천적인 지체장애인의 치유 : "루스드라에 발을 쓰지 못하는 한 사람이 앉아 있는데 나면서 걷지 못하게 되어 걸어 본 적이 없는 자라 바울이 말하는 것을 듣거늘……큰 소리로 이르되 네 발로 바로 일어서라 하니 그 사람이 일어나 걷는지라."(행14:8-10)

④ 귀신 들린 여종의 치유 : "우리가 기도하는 곳에 가다가 점치는 귀신 들린 여종 하나를 만나니……바울이 심히 괴로워하여 돌이켜 그 귀신에게 이르되 예수 그리스도의 이름으로 내가 네게 명하노니 그에게서 나오라 하니 귀신이 즉시 나오니라."(행16:16-18)

⑤ 보블리오의 부친과 여러 사람들의 치유 : "보블리오의 부친이 열병과 이질에 걸려 누워 있거늘 바울이 들어가서 기도하고 그에게 안수하여 낫게 하매 이러므로 다른 병든 사람들이 와서 고침을 받고"(행28:8-9)

⑥ 다비다의 소생 : "베드로가 사람을 다 내보내고 무릎을 꿇고 기도하고 돌이켜 시체를 향하여 이르되 다비다야 일어나라 하니 그가 눈을

떠 베드로를 보고 일어나 앉는지라 베드로가 손을 내밀어 일으키고 성도들과 과부들을 불러 들여 그가 살아난 것을 보이니"(행9:40-41)

⑦ 유두고의 소생 : "유두고라 하는 청년이 창에 걸터 앉아 있다가 깊이 졸더니 바울이 강론하기를 더 오래하매 졸음을 이기지 못하여 삼 층에서 떨어지거늘 일으켜보니 죽었는지라 바울이 내려가서 그 위에 엎드려 그 몸을 안고 말하되 떠들지 말라 생명이 그에게 있다 하고……사람들이 살아난 청년을 데리고 가서 적지 않게 위로를 받았더라."(행20:9-12)

(2) 집단적인 치유

초대교회 당시 베드로와 바울의 사역을 통해 나타난 병 고침은 매우 강렬하였던 것으로 보인다. 이들이 가는 곳마다 행한 치유 사역은 온 예루살렘에 퍼졌으며, 모든 병자들이 치유되었다. 특징이라면 그들의 치유는 예수님과 같이 신적인 권위의 말씀에 의해 나타난 것이 아니라 예수께서 위임한 권한에 의한 간접적인 치유라는 것이다. 사도행전에서의 치유는 4복음서 중 다른 치유 행전에 비해 구체적이지 못하며, 내용과 분량 면에서도 제한적이고 간결하다. 이것은 초대교회에서는 치유보다 복음전파에 더 큰 비중을 두고 있었기 때문에 치유 방법을 간접적이거나 집단적으로 기술한 것으로 보인다.

① 허다한 무리들의 치유 : "심지어 병든 사람을 메고 거리에 나가 침대와 요 위에 누이고 베드로가 지날 때에 혹 그의 그림자라도 누구에게 덮일까 바라고 예루살렘 부근의 수많은 사람들도 모여 병든 사람과 더러운 귀신에게 괴로움 받는 사람을 데리고 와서 다 나음을 얻으니라."(행5:15-16)

② 바울의 몸에 댄 치유 : "심지어 사람들이 바울의 몸에서 손수건이

나 앞치마를 가져다가 병든 사람에게 얹으면 그 병이 떠나고 악귀도 나가더라."(행19:12)

③ 멜리데 섬 환자들의 치유 : "섬 가운데 다른 병든 사람들이 와서 고침을 받고"(행28:9)

(3) 바울서신과 일반서신의 치유

서신서의 치유 기록은 질병에 대한 언급이 짧을 뿐만 아니라 사도행전과 많은 차이를 보이고 있다. 서신서의 치유에 관한 내용은 문자적이고 은유적인 표현으로, 교회의 구성원들에 의한 치유의 은사와 기도가 강조되었다.

① 병 고치는 은사 : "다른 사람에게는 같은 성령으로 믿음을, 어떤 사람에게는 한 성령으로 병 고치는 은사를"(고전12:9)이라고 언급하였다.

② 병든 자의 기도 : "믿음의 기도는 병든 자를 구원하리니 주께서 그를 일으키시리라."(약5:15상)

서신서에는 치유에 관한 기록은 적지만 전인적인 건강에 대해서는 많이 언급하고 있다. 사도 바울은 몸과 교회를 하나의 유기체로 보았으며, 교회를 그리스도의 몸으로 은유적으로 비교하였다. 그는 전인적인 인간으로서의 건강한 믿음과 삶을 대비하고 있다. "몸은 하나인데 많은 지체가 있고 몸의 지체가 많으나 한 몸임과 같이 그리스도도 그러하니라."(고전12:12)고 하였으며, "나는 이제 너희를 위하여 받는 괴로움을 기뻐하고 그리스도의 남은 고난을 그의 몸된 교회를 위하여 내 육체에 채우노라."(골1:24)고 하였다. 바울은 그리스도인의 몸은 그리스도의 지체로서 건강해야 한다고 강조하고 있다. 바울 자신이 '육체의 가시'

로 말미암아 질병에 관한 고통을 누구보다 많이 경험한 사도이기 때문에 "여러 계시를 받은 것이 지극히 크므로 너무 자만하지 않게 하시려고 내 육체에 가시 곧 사탄의 사자를 주셨으니"(고후12:7)라고 하였다. 나아가 그리스도인의 현재의 고난(특히 질병과 죽음)은 장차 그리스도가 나타나실 때 "예수를 죽은 자 가운데서 살리신 이의 영이 너희 안에 거하시면 그리스도 예수를 죽은 자 가운데서 살리신 이가 너희 안에 거하시는 그의 영으로 말미암아 너희 죽을 몸도 살리시리라."(롬8:11, 비교 고전15:42-52)고 하며 곧 성도의 몸은 부활의 영체로서 변화될 것을 암시하였다.

구약의 치유는 집단적으로 히브리 민족을 연단하기 위한 하나의 도구로 나타나고 있지만, 4복음서에서의 치유는 예수 그리스도에 의한 구속사적인 맥락에서 인간을 죄에서 구원하기 위한 도구로 나타나고 있다. 따라서 복음서에 나타난 치유는 예수께서 인간을 구원하시기 위한 무조건적인 은총이요, 선물이다. 또한 사도 시대의 치유도 복음전파를 위한 방편으로 "친히 나무에 달려 그 몸으로 우리 죄를 담당하셨으니 이는 우리로 죄에 대하여 죽고 의에 대하여 살게 하려 하심이라 그가 채찍에 맞음으로 너희는 나음을 얻었나니"(벧전2:24)에서 죄와 치유가 관련되어 있다는 것을 밝히고 있다.

성경에서의 치유는 현대 의학으로 규명할 수 없고, 그러한 이유에서 치유를 거부해서는 안 된다. 예수님의 치유 방법을 주의 깊게 살펴보면, 현대 의학의 불완전함을 보완하고 있을 뿐만 아니라 현대 의학을 배척하지도 않는다.

4/믿음과 치유의 관계

믿음이 포도나무라면, 그 가지는 치유에 비유할 수 있다. 포도나무 잎이 나오지 못한다면 그 열매도 맺을 수 없다. 또한 세찬 바람에 견디지 못하고 가지가 부러진다면 치유라는 열매도 맺지 못한다. 성경의 핵심 내용은 죄와 병이 밀접한 관계성을 갖고 있다는 것이다. 하나님 으로부터 선택받은 히브리 민족의 역사에서도 잘 나타나 있지만, 그들이 고난이라는 훈련 과정에서 하나님께서 질병을 고난의 도구처럼 사용하시는 것으로 생각해서는 안 된다. 인간이 평생 자신에게 주어진 인생의 무거운 짐을 지고 살아가야 하듯이, 질병도 피할 수 없는 것이다.

'사람들에게 왜 예수를 믿습니까?'라고 질문하면 이구동성으로 구원받기 위해서라고 말한다. 그것은 질병과 관련해서도 마찬가지이다. 건강하게 살기 위해서 예수님을 믿는 것이다. 질병의 고통은 죄의 고통과 불가분의 관계요, 한 핏줄이다. 또한 대대로 유전되고 변형되어 나타난다. 그러므로 인간이 믿음 없이 산다는 것은 망망대해를 홀로 항해하는 선장과 같다. 그 선장은 『노인과 바다』의 주인공처럼 살다가 죽게 된다. 그 선장에게는 인도자가 필요하다. 그분이 예수 그리스도이시다. 믿음은 예수 그리스도를 믿는 것이다. 머리로 믿는 것이 아니라 마음으로 믿고 확신해야 한다.

성경은 "만일 네가 네 입으로 예수를 주로 시인하며 또 하나님께서 그를 죽은 자 가운데서 살리신 것을 네 마음에 믿으면 구원을 받으리니 사람이 마음으로 믿어 의에 이르고 입으로 시인하여 구원에 이르느니라."(롬10:9-10)고 하셨는데, 믿음은 곧 마음으로 믿고 의로 행동하고 입으로 시인하는 것이다. 구약 시대의 선지자 하박국은 "의인은 그의 믿음으로 말미암아 살리라."(합2:4하)고 선포하였다. 믿음으로 사는 의인은 자신의 공로와 행위에 의해 사는 것이 아니라 "내가 그리스도와 함께 십자가에 못 박혔나니 그런즉 이제는 내가 사는 것이 아니요 오직 내 안에 그리스도께서 사시는 것이라 이제 내가 육체 가운데 사는 것은 나를 사랑하사 나를 위하여 자기 몸을 버리신 하나님의 아들을 믿는 믿음 안에서 사는 것이라."(갈2:20)고 하였기 때문이다. '왜 예수를 믿는데 질병으로 고생을 할까?, 왜 치유되지 못할까?'라고 하기 전에 우리는 과연 내 삶이 의인의 삶인가를 돌아보아야 한다. 바울 사도처럼 '육체의 가시'로 말미암아 괴로움을 당하는 경우도 있지만, 믿음이 있다면 우리는 능히 질병을 이길 수 있으며 고침을 받을 수 있다. 인간의 힘과 능력, 즉 약과 의술로 고칠 수 없는 불가항력적인 질병이라면, 그것은 전적으로 하나님께서 치유하셔야 한다.

'왜 믿음과 치료의 관계가 중요할까?' 그것은 믿음의 능력에 놀라운 약속이 주어져 있기 때문이다. "예수께서 이르시되 할 수 있거든이 무슨 말이냐 믿는 자에게는 능히 하지 못할 일이 없느니라."(막9:23)고 약속하셨기 때문이다. 로이드 존스(M. Lloyd Jones)는 "우리는 환자나 질병을 치료함에 있어서 일상적인 방법을 사용해야만 한다. 하나님께서는 일반적인 수단과 방법들을 통해 이루어주신다. 곧 하나님께서는 인간에게 부여하신 치유 능력과 자연 속에 풍부하게 있는 약물 등을 통해 치유하신다. 또한 하나님께서는 믿음의 기도에 대한 응답으로 이상적인 방법을 사용하실 수도 있다."[103]고 하였다. 의사의 의술이나 그리스도인의 믿음도 하나님께서 주신 선물이요, 은사이다. 의사도 하나님의 창조 질서에 순응함으로써 질병의 고침을 받을 수 있다. 의사의 치료와 믿음의 치유는 각각 별개의 것처럼 생각될 수 있지만, 이 둘은 함께 가야 한다.

많은 사람들이 의술을 맹신한 결과 부작용과 합병증을 겪고 후회하는 일들도 있다. 이것은 환자 자신이 하나님이 주신 창조의 원리를 이탈한 사실을 외면하고 자신의 삶을 제 것으로 착각하고 살기 때문이다. 사이비 종교집단은 비성경적인 영적 치유만을 고집한다. 그들이 주장하는 영적 치유가 하나님의 말씀과 예수님의 사랑, 성령의 임재로 치유하시는 삼위일체 하나님을 부인하고 사악한 영에 이끌리어 고귀한 인명을 사망하게 하는 일들이 있다.

본래 질병은 하나님이 주신 것이 아니라 인간 스스로 만들어 낸 것으로, 그 자신이 질병의 환경에 심취되어 살아왔다는 증거이다. 하나님은 인간을 사랑하시기 때문에 인간이 죄에서 구원받기를 원하시며, 질병을 인간에 대한 징계의 수단으로 삼으시거나 주시지 않는다. 만일 질병이 찾아왔다면 스스로 자신을 돌아볼 줄 아는 것이 매우 중요하다. 또한 육적인 질병은 한 가지 원인만으로 나타나는 것이 아니라 다양한 원인에 의해 나타난다. 예를 들면, 암은 한 가지 원인 때문에 발생하지 않다. 일상적인 식습관과 생활양식, 유전적인 요인과 생리적인 요인, 직업적 환경 요인, 정신·심리적인 요인, 영적 요인 등이 복합적으로 내재되어 있다. 여기에서 일방적인 한두 가지 요인에 의해 암이 발생하지 않는다는 것은 이미 밝혀진 사실이다. 결과적으로 자연 만물과 의·과학 지식은 하나님께서 주신 선물이므로 우리는 그것을 거부해서는 안 된다. 그렇다고 남용해서도 안 된다. 만물의 연장인 인간의 의술과 과학적인 방법들이 죄의 도구가 되어서는 안 되며, 하나님 앞에 영광의 도구로 사용되어야 한다.

1) 구원과 치유

　믿음의 핵심이 예수 그리스도라면, 구원과 치유는 믿음의 행위의 결과이다. 예수 그리스도의 대속의 은총이 아니면 믿음도 있을 수 없고 치유도 기대할 수 없다. 나아가 구원을 받을 수도 없다. 오스본(T. L. Osborn)은, 복음의 핵심은 그리스도께서 우리의 죄를 대신 짊어지셨으므로 우리는 그 죄를 짊어질 필요가 없고, 그 죄로부터 구원을 받았다. 동일한 방법으로 그리스도께서 우리의 질병을 짊어지셨으므로 우리는 그 병을 짊어질 필요가 없고, 그 질병으로부터 치유를 받았다. 그리스도께서는 우리의 시련, 박해, 고생, 고난을 짊어지신 것이 아니라 우리의 병과 죄를 짊어지셨다. 그리스도께서 우리의 병과 죄를 짊어지셨으므로 우리는 그것을 짊어질 필요가 없다. 바로 이것이 그가 우리의 대속물이 되신 이유이다. 그리스도께서는 우리를 대신하셨다. 그리스도께서 우리를 위해 십자가의 길을 가셨다는 것을 믿기만 하면, 질병에서 자유와 함께 영원히 자유롭게 될 것이라고 하였다.[104]

　구원의 열매가 치유라는 것을 그 누구도 부인해서는 안 된다. 치유의 주인은 예수 그리스도이시다. 의사가 아무리 뛰어난 의술을 갖고 있다고 할지라도 약과 주사가 있어야 병을 고칠 수 있다. 믿음이 있다고 할지라도 그 믿음 안에 예수 그리스도가 없다면, 치유를 기대할 수 없다. 원목이 질병에 대해 기억해야 할 것은, 하나님의 치유 방법은 자연적인 것-의술과 약 등-으로 병을 고치실 뿐만 아니라 초자연적인 능력으로도 병을 고치신다는 것이다.

　오럴 로버트(Oral Robert)가 처음 사역을 시작할 때는 오직 이적을 통한 치병만을 강조하였다. 그러나 그는 근래에 생각을 바꾸어 종합대학교 외과대학을 건립해 이적 치료와 자연 치료를 병행하고 있다. 그는 오늘날 일부 교회가 병원 출입을 정죄하는 일은 하나님의 은총을 부인하는 일이요, 하나님의 주권을 부인하는 잘못이다……병 고치는 방법이 초자연적인 방법이든 자연적인 방법이든 그 결과는 하나님의 주권에 있다고 하였다.[105] 사무엘 스톰스(C. Samuel Storms)는 오럴 로버트(Oral Robert)대학교의 표어 '표식과 놀라움을 통한 사랑의 일치'의 모습을 인용하며 다음과 같이 치유의 목적을 제시하였다.

첫째, 하나님께서 예수님을 통해 백성들을 치유하신 것은 메시아이심을 확증하시기 위한 것이다(막2:10, 요5:36, 9:11-38).

둘째, 예수님의 치유 사역과 인격 속에서 하나님 나라가 도래하는 것을 보여 주신 증표이다.

셋째, 예수께서 육체적 질병에 걸린 신체를 치유하심으로써 죄로부터 영혼의 치유를 예시하셨다(한센병자에게 치유라는 말 대신에 깨끗함을 받았다고 말씀하신 것).

넷째, 하나님과 예수님 자신의 영광을 드러내시고 제자들로 하여금 믿게 하시기 위함이었다(요2:11, 9:3, 마15:31).

다섯째, 기적은 예수께서 그리스도이시라는 것을 확증할 뿐만 아니라 그 자신을 계시하신 신적 속성을 나타내신 사건이다. 또한 이적을 통해 백성들에 대한 사랑을 드러내셨다.[106] 결국 치유는 죄인이 하나님 앞에 나아가는 구원의 통로이다. 그러나 사도 바울의 '육체의 가시'와 같이 예외적인 경우도 있다. 현대 의학으로 병명도 알 수 없고 의술로 치료를 받고 있음에도 병이 낫지 않고 합병증에 시달리는 경우도 있지만, 그로 말미암아 하나님 앞에 더 가까이 다가갈 수 있다면 건강한 사람들보다 더 축복받은 사람이다.

치유의 하나님은 하나님의 백성이 의학에 의해 병 고침을 받도록 인도하시지만, 예수 그리스도를 믿음으로 말미암아 그 믿음 가운데 병 고침을 받으며 구원의 길로 갈 수 있도록 인도하신다. 하나님은 인간을 구원하시기 위해 예수 그리스도를 보내셨고, 예수 그리스도로 말미암아 치유 은총을 주신다. 사람들이 신앙생활을 하면서도 치유함을 경험하지 못할 때 그것은 믿음이 없는 것이 아니라 믿음의 확신이 부족하기 때문이다. 나아가 하나님과 자신과의 관계를 회복함에 있어서 소극적인 상태에 머물러 있기 때문이다. 이미 하나님은 택한 자녀를 구원하셨을 뿐만 아니라 질병 가운데서도 병 고침을 약속하셨다.

이에 대해 김창모는 "예수님의 회복 사역에서 볼 수 있는 특징으로 첫째는 예수님은 어떤 환자들을 만나셔도 그들의 현재의 비참한 외형적 조건을 보지 않으시고, 내면에 있는 하나님의 형상이라는 귀한 존재로 보시고 미래적으로 치료받고 구원을 얻은 후에 긍정적으로 변화될 인격으로 대하셨다. 둘째는 법과 사랑의 요구 가운데 사랑 중심적으로 인간들을 대하시며, 그들을 생리적 인간으로 대하지 않으시고 병리적 인간으로 보시고 치유하셨다. 셋째는 환자 및 그 가족의 고통을 외면하지 않으시고 괴로움을 나누시며, 때로 직접 신체적 접촉을 하시며 사랑의 모범을 보이셨다. 넷째는 낙심한 자와 실패한 자를 포기하지 않으시고 다시 새로운 힘을 부어주시고 전인적으로 치유하시고 회복시키셨다."고 하였다.[107]

치유는 단순한 병 고침이 아니라 구원받은 자에게 허락하시는 하나님의 특권이다. 이사야는 구원과 치유의 관계성에 대해 "그가 찔림은 우리의 허물 때문이요 그가 상함은 우리의 죄악 때문이라 그가 징계를 받으므로 우리는 평화를 누리고 그가 채찍에 맞으므로 우리는 나음을 받았도다.”(사53:5)라고 하였다.

치유의 궁극적인 목적은 죄로 단절되었던 인간이 하나님 앞에 돌아와 회개하고, 하나님과의 영적인 관계를 새롭게 회복하게 하심으로써 하나님께서 창조하신 인간의 본래대로 회복하는 것이다. 그러므로 인본주의 믿음과 율법적인 행위에 의한 믿음은 하나님이 원하시는 치유도 구원의 방법도 아님에 주의해야 한다.

2) 예수님의 치유 유형

예수님과 병자들의 관계는 곧 의사와 환자들의 관계요, 상담자와 피상담자들의 관계적 모형으로 볼 수 있다. 바울은 “주의 몸을 분별하지 못하고 먹고 마시는 자는 자기의 죄를 먹고 마시는 것이니라 그러므로 너희 중에 약한 자와 병든 자가 많고 잠자는 자도 적지 아니하니”(고전 11:29-30)라고 하였다. 그럼에도 불구하고 하나님은 인간의 질병을 치유하시겠다고 약속하셨다. 이사야는 “그는 실로 우리의 질고를 지고 우리의 슬픔을 당하였거늘……그가 상함은 우리의 죄악 때문이라……그가 채찍에 맞으므로 우리는 나음을 받았도다.”(사53:4-5)에서 장차 예수 그리스도의 질고와 상함, 채찍은 인간을 위한 것임을 예언하였고 그대로 성취되었다. 오스본(T. L. Osborn)은 “대속의 메시지는 그리스도께서 우리의 죄를 짊어지셨으므로 우리는 그 죄를 짊어질 필요가 없고 우리는 그 죄로부터 구원을 받았다는 것이다. 동일한 방법으로 그리스도께서 우리의 질병을 짊어지셨으므로 우리는 그 병을 짊어질 필요가 없고 그 질병으로부터 치유를 받았다. 그리스도께서는 우리의 시련, 박해, 고생, 고난을 짊어지신 것이 아니라 우리의 병과 죄를 짊어지신 것이다. 그리스도께서 우리의 병과 죄를 짊어지셨으므로 우리는 그것을 짊어질 필요가 없다. 바로 이것이 그가 우리의 대속물이 되신 이유이다. 그리스도께서는 우리를 대신하셨다. 그리스도께서 우리를 위해 지셨기 때문에 오직 믿기만 하면 우리는 그가 짊어지신 것들로 말미암아 영원히 자유롭게 될 것이다."[108]라고 하였다.

믿음의 능력에는 치유가 포함되어 있다는 것을 누구도 부인해서는 안 된다. 믿음의 주인은 예수 그리스도이시기 때문이다. 의사가 아무리 뛰어난 의술을 갖고 있다고 할지라도 약이 있어야 병을 고칠 수 있다. 믿음이 있다고 할지라도 그 믿음 안에 예수 그리스도가 없다면 그 믿음은 죽은 것과 같다. 우리가 질병에 대해 오해하는 것 가운데 하나는 질병이 자연적으로 생긴다고 생각하는 것이지만, 사실 질병에는 원인이 있다. 흔히들 질병의 원인을 크게 세 가지로 분류한다. 첫째는 죄를 회개하기 위함이요, 둘째는 하나님의 뜻을 깨닫기 위함이요, 셋째는 하나님의 영광을 나타내기 위함이다. 문제는 인간 개개인은 자신의 질병이 어떤 원인에 의한 것인지 깨닫지 못할 때가 많다는 것이다.

그러므로 주님께서도 "내 이름으로 무엇이든지 내게 구하면 내가 행하리라."(요14:14), "무엇이든지 기도하고 구하는 것은 받은 줄로 믿으라 그리하면 너희에게 그대로 되리라."(막11:24)고 하셨다. 이것은 모두 믿음으로 구해야 한다는 것이다. 야고보는 병든 자에게는 믿음으로 기도할 것을 권면하고 있다. 가나안 여인이 믿음으로 기도해 사랑하는 딸을 질병의 고통으로부터 자유롭게 하였듯이, 믿음을 가지고 기도할 때 질병의 사슬에서 고침을 받게 된다.

치유의 하나님은 그리스도 안에서 믿음이 있을 때 그 믿음으로 말미암아 치유하시겠다는 것이다. 치유는 믿음의 열매이며, 하나님의 약속이다. 그러나 많은 사람들이 믿음이 있는데도 질병에서 치유함을 경험하지 못하는 것은 치유의 열쇠가 하나님께만 있다고 생각하기 때문이다. 질병의 원인은 인간에게 있으며, 치유의 열쇠 또한 인간이 가지고 있다. 하지만 주의해야 할 것이 있다. 율법적인 행위와 믿음으로 치유되기를 원한다고 할 때 그것은 하나님이 원하시는 치유로 볼 수 없다. 진정한 믿음에는 치유도 함께 따라온다. 예수님과 당사자 간에 이루어지는 관계적 치유 유형을 보면 다음과 같다.

① 인내형 : 귀신 들린 딸을 위해 수모를 당하면서도 전혀 개의치 않고 끈질긴 믿음으로 주님 앞에 나아갈 때 그의 딸이 치유되었다.

여　인 : "주여 옳소이다마는 개들도 제 주인의 상에서 떨어지는 부스러기를 먹나이다."(마15:27)
예수님 : "여자여 네 믿음이 크도다 네 소원대로 되리라 하시니 그 때로부터 그의 딸이 나으니라."(마15:28)

② 믿음형 : 12년 동안 혈루증을 앓은 여인이 간절한 믿음으로 치유되었다.

여　인 : "내가 그의 옷에만 손을 대어도 구원을 받으리라."(막5:28)
예수님 : "딸아 네 믿음이 너를 구원하였으니 평안히 가라 네 병에서 놓여 건강할지어다."(막5:34)

③ 혼합형 : 맹인이요, 거지인 바디매오가 간절한 믿음으로 치유되

었다.

　　바디매오 : "소리 질러 이르되 다윗의 자손 예수여 나를 불쌍히 여기소
　　　　　　　　 서."(막10:47)
　　예수님 : "가라 네 믿음이 너를 구원하였느니라 하시니 그가 곧 보게
　　　　　　　 되어 예수를 길에서 따르니라."(막10:52)

　④ 전도형 : 열 명의 나병 환자가 병 고침을 받았으나 온전하게 구원
을 받은 사람은 사마리아인 한 사람뿐이었다.

　　사마리아인 : "그 중의 한 사람이 자기가 나은 것을 보고 큰 소리로 하
　　　　　　　　　 나님께 영광을 돌리며 돌아와 예수의 발 아래에 엎드리
　　　　　　　　　 어 감사하니"(눅17:15-16)
　　예수님 : "일어나 가라 네 믿음이 너를 구원하였느니라."(눅17:19)

　⑤ 중보형 : 위기에 처한 아들이 아버지의 믿음으로 치유를 받았다.

　　신　 하 : "내 아들의 병을 고쳐 주소서 하니 그가 거의 죽게 되었음이
　　　　　　　 라."(요4:47)
　　예수님 : "가라 네 아들이 살아 있다 하시니 그 사람이 예수께서 하신
　　　　　　　 말씀을 믿고 가더니 내려가는 길에서 그 종들이 오다가 만나
　　　　　　　 서 아이가 살아 있다 하거늘"(요4:50-51)

　⑥ 자비형 : 회당에서 18년 동안 귀신 들려 등을 펴지 못한 여인을 치

유하셨다.

여 인 : "열여덟 해 동안이나 귀신 들려 앓으며 꼬부라져 조금도 펴지
　　　　못하는 한 여자가 있더라."(눅13:11)
예수님 : "예수께서 보시고 불러 이르시되 여자여 네가 네 병에서 놓였
　　　　다 하시고 안수하시니 여자가 곧 펴고 하나님께 영광을 돌리
　　　　는지라."(눅13:12-13)

⑦ 선택형 : 베데스다 못에서 38년 동안 누워 있는 병자를 치유하셨다.

환 자 : "주여 물이 움직일 때에 나를 못에 넣어 주는 사람이 없어 내
　　　　가 가는 동안에 다른 사람이 먼저 내려가나이다."(요5:7)
예수님 : "예수께서 이르시되 일어나 네 자리를 들고 걸어가라."(요5:8)

⑧ 긍휼형 : 예수를 따르는 많은 무리들의 질병을 긍휼히 여기시고
치유하셨다.

예수님 : "예수께서 나오사 큰 무리를 보시고 불쌍히 여기사 그 중에
　　　　있는 병자를 고쳐 주시니라."(마14:14)
예수님 : "그 곳 사람들이 예수이신 줄을 알고 그 근방에 두루 통지하
　　　　여 모든 병든 자를 예수께 데리고 와서 다만 예수의 옷자락에
　　　　라도 손을 대게 하시기를 간구하니 손을 대는 자는 다 나음을
　　　　얻으니라."(마14:35-36)

3) 믿음의 증거

1996년 여름, 미국 『타임(Time)』지에 "믿음과 치유"(Faith and Healing)라는 제목으로 믿음이 병을 치유하는 능력이 있다는 증거에 대한 많은 의사들의 증언을 기사화한 일이 있다. 치유는 하나님의 은혜요, 선물이기 때문에 그리스도인은 건강하였을 때나 병들었을 때나 언제든지 기도해야 한다. "너희 중에 병든 자가 있느냐⋯⋯믿음의 기도는 병든 자를 구원하리니 주께서 그를 일으키시리라 혹시 죄를 범하였을지라도 사하심을 받으리라."(약5:14-15)고 하셨기 때문이다.

『진정한 치유』의 내용에 따르면, 기독교 믿음과 의학적 연구는 많은 점에서 일치하고 있다. 인간 신체의 면역학적인 체계나 질병으로부터 회복되는 체계가 갖는 정상적인 반응에서 뿐만 아니라 주어진 어떤 시간에라도 이러한 과정을 촉진시키는 데 하나님께서 은혜로 개입하신다는 점으로 볼 때 둘 다 하나님의 섭리에 의존하고 있기 때문이다.[109] 믿음과 병 고침의 상관관계는 다음과 같다.

첫째, 믿음과 병 고침은 불가분의 관계이다. 믿음이 하나님이 주시는 은총이라면, 믿음 안에 치유가 있다. 많은 사람들은 질병을 통해 자신을 돌아보게 될 뿐만 아니라 치유받기를 원한다. 그러나 치유는 인간의 바람대로 일어나지 않는다. 치유는 하나님의 권한이시기 때문이다. 그 예는, 히스기야 왕의 믿음에서 찾아볼 수 있다. 열왕기하 20장에 히스기야 왕의 치유 이야기가 나온다. 그는 병들어 죽게 되었다. 그러자 "히스기야가 낯을 벽으로 향하고 여호와께 기도하여 이르되 여호와여 구하오니 내가 진실과 전심으로 주 앞에 행하며 주께서 보시기에 선하게 행한 것을 기억하옵소서 하고 심히 통곡하더라."(왕하20:2-3), 그 결과 "하나님 여호와의 말씀이 내가 네 기도를 들었고 네 눈물을 보았노라 내가 너를 낫게 하리니 네가 삼 일 만에 여호와의 성전에 올라가겠고 내가 네 날에 십오 년을 더할 것이며"(왕하20:5-6)라는 응답을 받았다. 분명한 사실은 우리에게 질병이 찾아왔을 때 의사가 질병을 치료하였더라도 궁극적으로 치유하신 분은 하나님이시라는 사실을 믿어야 한다. 믿음이 있다면, 믿음에는 질병을 이길 수 있는 치유의 열쇠가 있다는 것을 부인할 수 없다.

둘째, 믿음과 병 고침은 회개의 기회를 가져온다. 투병 환자들은 대부분 자신의 질병에 대해 이전보다 더 많은 정보를 접하게 된다. '왜 자신에게 이런 질병이 왔는지?'에 대해 나름대로 그 원인을 찾게 된다. 다시는 이런 질병으로 고통을 당하지 않으리라고 반성하며 건강관리를 잘 하겠다고 스스로 다짐한다. 질병은 그리스도인이나 비그리스도인 모두에게 반갑지 않은 손님이다. 그러나 그 손님 때문에 배울 점도 많다. 도둑에게 집안의 금은보화를 털리고 나면 집주인은 더 이상 도둑이 침입하지 못하도록 문단속을 한다. 도둑을 맞았다는 것은 집주인이 문단속을 잘못하였기 때문이다. 마치 질병은 도둑처럼 보인다. 하지만 질병은 축복이기도 하다. 질병으로 말미암아 지난날 자신의 건강에 대한 자만과 과신, 게으름과 나태함 등을 돌아보게 되고 회개한다면, 자신의 믿음의 집이 부실해 재건축이 필요하다는 것을 발견할 수 있기 때문이다. 많은 환자들은 질병을 얻고 나서야 하나님과의 관계가 회복되기를 원하고 믿음이 성숙하게 되는 기회를 갖게 된다. 그러할 때 치유를 기대할 수 있다.

셋째, 믿음과 병 고침은 영적인 건강을 위한 통로이다. 질병은 그동안 건강한 삶을 살아온 것에 대해 하나님 앞에 감사하게 된다. 대부분 건강한 사람들은 병든 이들의 마음을 헤아리지 못한다. 자신이 환자 입장이 되어서야 건강한 삶이 얼마나 큰 축복이었고 인생에서 얼마나 큰 자산이었는지를 깨닫게 된다. 건강한 사람이 장수할 것 같지만 결코 그렇지 않다. 오히려 병치레를 자주하는 사람들이 질병을 보다 잘 극복할 수 있다. 질병은 사람을 영적으로 보다 더 믿음의 사람이 되게 하기 때문이다.

신앙의 힘은 다른 사람을 희생시키고 자신을 강화시키는 것이 아니라 여기서 저리로 퍼지는 고요하면서도 창조적인 힘이다……바울은 자신에게 육체의 가시인 질병을 떠나게 해달라고 세 번 간구하였지만, 단지 "내 은혜가 네게 족하다."(고후12:9)는 음성을 들었을 뿐이다. 하나님으로부터 나오는 힘, 즉 그분의 은혜는 우리를 치유하시고 우리를 나약함에서 건져 내시기도 하지만 때로는 그것과 전혀 다른 힘, 곧 그 고통을 받아들일 수 있는 힘을 주시기도 한다. 그러나 심리학은 그렇게 하지 못한다.

가장 혹독한 고통을 받고 있어도 신실한 믿음을 가지고 있는 환자에게서는 하나님의 능력을 발견할 수 있었다. 그 힘은 고통을 받는 신체나 마음이 치유를 받는 것보다 더 위대한 것 같다.[110] 믿음과 치유는 열쇠와 자물쇠처럼 인간의 질병을 극복하게 할 뿐만 아니라 건강을 위한 영적인 시금석이다.

넷째, 믿음과 병 고침은 인간의 삶을 풍요롭게 한다. 많은 사람들은 건강하였을 때는 예수님을 믿지 않다가 질병을 얻고 나서 예수님을 알게 되고 구원을 받을 수 있는 기회를 갖게 된다. 질병을 통해서 불신앙적인 고집과 교만을 깨뜨리게 되고 겸손을 배우게 되고 예수님을 영접하게 된다. 예수님의 치유의 목적은 "우리의 연약한 것을 친히 담당하시고 병을 짊어지셨도다 함을 이루려 하심이더라."(마8:17)와 같다. 예수께서 오심은 더 이상 인간이 연약함과 병을 짊어지고 살아갈 이유가 없다는 것을 의미한다. 그것은 인간의 죄 문제가 해결되었기 때문이다. 그럼에도 불구하고 인간이 질병을 인간의 힘으로 고침을 받으려고 할 때 또 다른 죄의 함정에 빠질 수 있다. 믿음은 있는데 병원에 입원해 있다는 이유로 영적인 자유마저 박탈당한다면, 그것은 병원 경영자의 탐욕과 무지의 결과이다.

서구는 의료의 시장화를 통해 소비자의 권익이나 의료의 질에 대한 통제의 강화와 같은 조치들을 동시에 수용함으로써 정책의 정당성을 높였다. 반면에 우리나라는 시장화 정책만을 추진하고 있을 뿐 그로 인한 부작용을 예방하고 의료 체계를 합리적으로 개선하기 위한 정책적 고려가 미흡하다. 의료의 질에 대한 통제도 이제 막 연구를 시작하는 단계에 있을 뿐이다.[111]

원목 사역이 의료 정책과 거리가 멀어질수록 환자의 영적인 자유도 점점 고립될 수밖에 없다. 그 점에서 환자의 서비스를 위한 정책이 강화될수록 오히려 의료의 질은 높아진다. 그것은 인간에게 생명을 주신 분이 하나님이시기 때문이다. 하나님만큼 인간을 육체적·정신적·심리적·영적으로 잘 아시는 분은 없다. 따라서 우리의 생명을 의술에 맡기는 것도 중요하지만 하나님의 치유를 간구하는 것만큼 중요한 일은 없을 것이다.

5/성령과 치유

신약 성경에는 성령과 그 사역에 대해 상징적인 표현을 비롯하여 다양하게 기록하고 있다. 예수 그리스도는 성령으로 잉태되셨고(마1:18, 눅1:35)와 공생애를 시작하시기 전, 세례 요한에게 세례를 받으실 때 "예수께서 세례를 받으시고 곧 물에서 올라오실새 하늘이 열리고 하나님의 성령이 비둘기 같이 내려 자기 위에 임하심을 보시더니"(마3:16)와 같이 성령이 임하셨으며, 성령에 이끌리어 40일 동안 광야에서 시험을 받으셨고(마4:1, 눅4:1), 그 밖에도 주의 사역 속에 성령의 역사가 임하였다. 예수님 자신이 "주의 성령이 내게 임하셨으니 이는 가난한 자에게 복음을 전하게 하시려고 내게 기름을 부으시고 나를 보내사 포로 된 자에게 자유를, 눈 먼 자에게 다시 보게 함을 전파하며 눌린 자를 자유롭게 하고 주의 은혜의 해를 전파하게 하려 하심이라 하였더라."(눅4:18-19)고 진술하셨다.

본문은 성령이 예수께 임하신 목적을 분명히 언급하였는데, 그 가운데 '눈 먼 자에게 다시 보게 함을 전파하며'에서 '눈 먼 자'는 곧 '병자'로 그를 치유하는 일이다. 예수님의 공생애 전체에 성령의 역사가 개입되었음은 의심할 여지가 없다. 예수님의 사역에서뿐만 아니라 오순절 성령강림 사건 이후에 주의 종들과 성도들이 성령 충만을 받으므로 말미암아 복음이 전파되었으며, 병 고침도 나타난다.

성령의 구원론적 사역에서 그리스도와의 연합이라는 중요한 기초적 교리에 근거해 성령은 지속적으로 내주하면서 그리스도와의 교통이라는 사역을 성취한다……성령의 임재와 기름 부으심이 예수 그리스도와 항상 함께하였듯이, 그리스도를 믿고 받아들인 자들에게 성령을 부어주는 것이다.[112] 곧 불을 밝히려면 성냥이 있어야 하듯이, 예수께서 "보혜사 곧 아버지께서 내 이름으로 보내실 성령 그가 너희에게 모든 것을 가르치고 내가 너희에게 말한 모든 것을 생각나게 하리라."(요14:26)고 하셨다. 보혜사 성령은 하나님께서 그리스도의 이름으로 보내셨기 때문에 곧 삼위일체 하나님의 사역이요, 영이심을 가르치고 있다. 성령의 사역으로 말미암아 성도들에게 하나님의 말씀을 깨닫게 하실 뿐만 아니라 그들을 회복과 치유의 길로 인도하시고 구원하신다.

그러나 우리가 병들었을 때 병 낫는 것만을 소원하거나 하나님 앞에서 병 낫는 큰 기적이 일어날 것이라고 믿는다면 그것은 착각이다. 성경에 구원과 연관을 맺지 않고 기적이 일어났다고 기록된 구절은 한 줄도 없다. 예수 그리스도로 말미암아 인간의 구원과 치유가 연결되어 있으며, 그 때문에 성령의 역사로 말미암아 병 고침도 기대하게 되는 것이다.

인간적으로 보면 병든 자가 고침을 받거나 죽은 자 가운데서 살아나는 일이 중요하지만, 그보다 더 중요한 일은 지속적으로 성령의 사역이 그리스도와 연합해 우리 삶 가운데 역사하도록 인도함을 받는 것이다. 보혜사 성령은 삼위일체가 되신 성령의 하나님이시며, 하나님의 영으로서 그 권위를 갖고 계시다. 하나님은 성령의 사역으로 말미암아 예수 그리스도를 믿는 모든 그리스도인을 진리의 길로 인도하시고 구원하실 뿐만 아니라 회복과 치유의 은총도 약속하셨다. 오순절 사건 때 강력하게 나타난 성령의 역사에서 성령은 하나님의 영으로, 모든 그리스도인과 하나님의 관계 회복으로 말미암아 죄와 사망에서 해방되었음은 물론, 치유의 은사도 안겨주었다.

바울은 "그리스도 예수 안에 있는 생명의 성령의 법이 죄와 사망의 법에서 너를 해방하였음이라."(롬8:2)고 선언하였으며, '성령의 법'과 '죄의 법'을 대조시켜서 성령의 사역에 대해 증언하였다. 구원받는 그리스도인은 '성령의 법'의 지배를 받음으로써 하나님의 말씀과 그 뜻에 따라 선한 삶을 살아갈 뿐만 아니라 성령의 인도와 함께 보호를 받아야 한다. 그 결과 영의 사람과 육의 사람에 대해 "육신을 따르는 자는 육신의 일을, 영을 따르는 자는 영의 일을 생각하나니 육신의 생각은 사망이요 영의 생각은 생명과 평안이니라."(롬8:5-6)고 하였다. 나아가 바울은 성령의 은사(고전12:7-11)와 성령의 열매(고전13:1-13)에 대해 구분하였다.

특히 성령의 은사 가운데 '병 고치는 은사'가 포함되어 있다. '병 고치는 은사'는 육체의 병을 비롯해 병든 영혼을 성령의 능력으로 회복하게 하는 은사이다. 이와 같은 은사는 현대 의학에서 병을 고치는 의술과 전혀 별개의 것이다. 성령의 은사와 달리 병 고치는 은사들(Gifts of Healing)은 복수로 표현되어 있다는 점을 고려해 보면, 당시 여러 종류의 병들을 치료하였다는 것을 의미한다. 예수님의 사역 중 3분의 1 정도가 치유 사역이었음을 볼 때 '병 고치는 은사'가 오늘날에도 얼마나 중요한지 알 수 있다.[113]

진정한 치유를 원한다면, 그 조건은 질병의 노예가 아니라 믿음의 자녀로서 하나님과의 관계의 온전함에 두어야 하고, 치유도 믿음에 의해서 나타나야 한다. 오늘날 대부분의 질병은 현대 의학으로도 얼마든지 호전되거나 고침을 받을 수 있지만, 그것은 약과 의술의 효과이기 전에 하나님께서 인간에게 안겨주신 의술의 지혜와 능력을 통한 천부적인 치유로 보아야 한다. 그러므로 신앙인이 질병 중에 기도해야 할 중요성에 대해 하나님은 "믿음의 기도는 병든 자를 구원하리니 주께서 그를 일으키시리라 혹시 죄를 범하였을지라도 사하심을 받으리라 그러므로 너희 죄를 서로 고백하며 병이 낫기를 위하여 서로 기도하라 의인의 간구는 역사하는 힘이 큼이니라."(약5:15-16)고 가르치셨다.

환자들은 투병 중에 의술에 의한 치료를 받는 것도 중요하지만, 생명의 주인이신 하나님 앞에 기도하는 것도 중요하다. 그 이유는 하나님께서 주신 자원에는 약과 의술이 포함되어 있지만, 믿음에 의해 전인적으로 회복되기를 원하시기 때문이다. '왜 그럴까?' 그것은 현대 의학이 하나님의 의술과 전혀 다르기 때문이다. 의학은 첨단의학으로 완벽성을 추구하지만, 일시적인 현상에 의한 착각에 지나지 않는다. 시편 기자는 "우리의 체질을 아시며 우리가 단지 먼지뿐임을 기억하심이로다."(시편103:14)라고 하였고, 주님은 "너희에게는 머리털까지 다 세신바 되었나니"(마10:30)라고 하셨다.

인간의 병을 고치는 의사는 병의 증상만을 제압하는 것으로 자신의 책임을 다하였다고 보지만, 하나님은 질병의 근원까지 고치시는 분이시다. 일찍이 하나님은 히브리 민족에게 질병의 고통을 당하지 않는 방법을 반복적으로 가르치셨다. 하나님의 말씀도, 예수님의 오심도, 보혜사 성령도 인간의 질병을 치유하기 위해 역사하시는 것이 아니라 하나님의 자녀로서 회복되기를 원하시기 때문이다.

루이스(C. S. Lewis)는 기적은 결코 원인이 없는 사건도 아니고 결과가 없는 사건도 아니다. 기적의 원인은 하나님의 활동이다. 기적의 결과는 자연법칙에 따라 나타난다고 하였다.[114]

병원 현장에서 보면, 질병을 치유받고 싶은 신앙인 환자에게는 영적인 갈급함이 있으나 성령이 개입하기까지는 걸림돌이 있음을 발견하게 된다. 그것은 인간적인 믿음과 탐욕, 과학적인 사고 등으로 인해 회개를 통한 진정한 믿음의 고백이 이루어지지 않았기 때문이다. 성령의 역사란 단순하다. 그 예로, 예수님은 "아무든지 나를 따라오려거든 자기를 부인하고 날마다 제 십자가를 지고 나를 따를 것이니라."(눅9:23)고 하셨기 때문이다.

주님을 따르려면 자기의 존재감을 내려놓아야 한다. 하나님은 영이시기 때문에 인간적인 생각과 보편적인 개념에 의해 영향을 받지 않으신다. 그럼에도 불구하고 인간은 의학적인 원리에 사로잡혀 병 고침을 기대하고 있다. 그것은 '하나님께 예배를 드릴까, 의사에게 갈까?'라는 선택의 결과이다. 질병은 영적인 의미에서 보면, 자기를 포기하는 훈련인 동시에 성령의 개입을 기다리는 훈련이다. 현대인들은 이중적인 삶에서 좀처럼 벗어나려고 하지 않는 습성을 갖고 있다. 그것은 바로 죄의 열매를 떨어내지 못하기 때문이다. 자신에게 병이 찾아왔을 때 의술과 정보에 매달리며 속히 회복되기를 기도하는 것은 하나님을 전적으로 의지하는 믿음이 아니다. 여기에는 성령의 역사가 임할 수 없다. 성령의 감동이 오기까지는 무엇보다 자기 자신을 돌아보며 죄를 고백하고 회개하는 일, 주의 말씀에 귀를 기울이는 일이 선행되어야 한다.

필자가 개척교회에서 목회할 때 간경화와 복수 증상으로 사경을 헤매는 40~50대 남자를 전도하기 위해 온 정성을 쏟은 적이 있었다. 어느 날 그의 집에 찾아가 보니 일어나 앉을 수도 없고 통증으로 괴로워하는 것이 살아날 것 같지 않아 보였다. 매주 금요일은 동료 목회자들과 함께 산에서 철야 기도하는 날이기 때문에 눈이 오는데도 불구하고 눈 위에서 그의 영혼을 위해 간절히 기도하였다. 한창 기도하는 중에 내 앞에 건강한 그의 모습이 잠깐 나타났다가 사라졌다. 그 후 그를 찾아갔는데, 질병 가운데 일어나서 밥을 먹는 것을 보고 성령의 역사를 실감하였다.

칼뱅은 온전한 기도는 성령의 역사 없이는 불가능하다. 기도는 인간의 심령에 있는 절박함과 감사의 동기 때문에 드리지만, 즉흥적 충동에 의해서는 바른 기도를 드릴 수 없다……우리는 성령이 우리에게 임하여 오시기를 기도하기보다는 성령 충만을 위해서 기도해야 한다고 하였다.[115]

진정한 회개와 기도, 믿음과 사랑에는 성령의 치유도 있다. 치유는 하나님의 선물이요, 성령의 역사에 속한 것이다. 인간의 판단이나 믿음의 양과 질에 따라 치유가 좌우되는 것이 아니라 전적으로 하나님께 속한 것이다. 그리스도인이 예수님을 믿는다고 해서 치유가 나타나는 것이 아니라 성령의 역사에 의해 치유되는 것이다.

병자의 치유가 그 환자의 믿음의 정도에 따라 조건부로 이루어진다면, 이것은 병자에게 아주 잔인한 짐이 될 것이다. 만일 그가 치유되지 않았다면 믿음의 부족이라는 통렬한 현실을 짊어져야 한다. 병이 지속되는 것이 그 자신의 잘못 때문인 것이다. 아이러니하게도 믿음에 대해 이런 잘못된 개념을 가르친 사람은 항상 옳다. 그의 이론이 그 상황에서 잘못이라고 증명할 수 없기 때문이다. 만일 병자가 호전되거나 치유된다면 이 개념이 증명된다. 반면에 병자가 호전되지 않는다면 병자의 믿음이 충분하지 못하였기 때문으로 되어 버린다.[116]

대부분의 질병은 의술로도 거의 다 고침을 받을 수 있다. 그럼에도 불구하고 신앙인이 질병 중에 기도해야 함은 생명의 주인은 하나님이시기 때문이다. 또한 의술과 약, 수술, 회복 과정에서 얼마든지 일어날 수 있는 의료인의 실수와 의료 과오를 예방하기 위함이요, 보혜사 성령의 개입으로 말미암아 전인적인 치료를 위해 하나님이 함께하시도록 하기 위함이다. 하지만 인간은 인간적인 원리에 사로잡혀 영적인 치유, 성령의 역사가 일어나기를 기대하고 있다.

'왜 우리들은 하나님께 예배를 드리고 기도할까?' 그것은 자기를 포기하는 훈련인 동시에 하나님의 음성을 듣기 위한 시간이다. 세상적인 의술과 정보에 집중하면서 자신만을 위해 예배하고 기도한다면, 여기에는 성령의 역사가 임할 수 없다는 데 동의한다. 성령의 감동이 오기까지는 자기를 비우는 일, 자기를 고백하고 회개하는 일, 주의 말씀에 귀를 기울이는 일이 무엇보다 중요하다. 주님은 "진리를 알지니 진리가 너희를 자유롭게 하리라."(요8:32)고 말씀하셨으며, "귀 있는 자는 성령이 교회들에게 하시는 말씀을 들을지어다."(계2:11상)고 말씀하셨다.

지난 목회 현장에서 필자의 사례를 되돌아보면, 성령의 역사는 오늘날에도 진행형으로 일어나고 있다는 것을 부인할 수 없다. 일일이 열거할 수 없으나 기억에 남는 치유 사례 하나를 소개한다.

한 할머니가 다른 병원에서 설(혀)암으로 오랫동안 투병하였으나 말기 상태에 이르러 죽음을 앞두고 있었다. 마지막으로 예수님을 영접하기도 하고, 세례를 받기로 되어 있었기 때문에 몸을 제대로 움직일 수 없음에도 불구하고 휠체어에 의지해 예배에 참석하였다. 세례 문답하는 과정에서부터 필자의 온몸에 전율이 느껴지도록 성령이 충만해 온몸이 뜨거웠으며, 눈물이 앞을 가리고 있었다. 세례를 주고 안수기도를 하자, 할머니는 "나는 이제는 살았다!"고 분명하게 말할 뿐만 아니라 그 후 호전되어 퇴원해 수개월을 더 살다가 하나님의 부름을 받았다.

사도행전에서 베드로와 바울은 병을 고쳤고 죽은 자도 살렸다. 병을 고치는 은사는 성령의 은사 중 하나이다. 바울은 "하나님이 교회 중에 몇을 세우셨으니 첫째는 사도요 둘째는 선지자요 셋째는 교사요 그 다음은 능력을 행하는 자요 그 다음은 병 고치는 은사와 서로 돕는 것과 다스리는 것과 각종 방언을 말하는 것이라."(고전12:28)고 하였다.

20세기에 들어서 오순절 운동이 폭발적으로 일어나면서 치유가 수없이 간증되고 간증집도 많이 출간되었다. 그들 중 진위를 판단하기 어려운 것도 있지만 부인하기 어려운 사건도 많이 나타난 것이 사실이다.

어거스틴도 『하나님의 도성』에서 "나는 옛적의 기적과 같은 일들이 오늘날 얼마나 많이 일어나고 있는지를 깨닫게 되었을 뿐만 아니라 하나님 능력의 기적들이 사람들의 기억에서 사라지도록 하는 것이 얼마나 잘못된 것인지를 깨닫게 되었다."고 하면서 "70건 가까운 기적이 일어났다."고 하였다. 고든 피는 오늘날 "그리스도인들이 신학의 이름으로 고대 하나님의 일하심과 지금 하나님의 일하심을 엄격히 구별"하면서 병 고침의 은사를 인정하지 않는 것은 심각한 잘못이라고 보았다. 그는 성령은 주님이 재림하실 때까지 계속 병을 고치신다고 하였다.[117]

병 고치는 은사는 성령의 은사 중 하나이지만, 바울 자신도 '육체의 가시'로 고통을 받았으며, 모든 사도들이 다 병 고치는 능력을 가진 것은 아니다. 결론적으로 병 고치는 은사는 지금도 있지만 우리 마음대로 사용할 수 있는 것이 아니고 성령이 주권적으로 병을 고치신다는 것을 인정해야 한다. 때로 하나님께서는 의학적인 방법을 사용하셔서 고

치기도 하시고, 치유의 은사로 고치기도 하신다. 또한 두 가지로도 못 고칠 경우도 있다.[118]

성령의 역사는 결코 동떨어진 것이 아니라 옥토로 기경된 믿음이 있다면 성령도 역사한다. 믿음은 하나님의 은혜이지만, 치유는 성령의 역사에 의해 이루어진다. 하나님은 그리스도인이 예수님을 믿고 구원을 받았다면, 택한 자의 질병에 결코 무관심하시거나 질병을 방치하지 않으신다.

chapter 6

/

사단법인 한국원목협회 역사

한국원목협회는 1963년 5월 '한국병원전도연합회'로
출범하였으나 초기 제중원을 설립한 기독교 의료 선
교사들의 소명과 그 맥을 이어가고 있다.

chapter 6

사단법인 한국원목협회 역사

CHAPTER 06

사단법인 한국원목협회 역사

1 / 한국원목협회 태동

우리나라 병원목회의 역사는, 1884년 4월 10일 미국 북장로회 소속의 공의이며 선교사인 알렌(H. N. Allen, 1858~1932)에 의한 제중원(광혜원)에서의 전도 사역에 근거하고 있다. 처음 알렌은 환자들을 진료하면서 조심스럽게 전도하였으나 불교와 유교 사상에 길든 한국인에게 복음을 전하기가 결코 쉽지 않았다. 그러나 알렌은 목사로서 제중원을 통해 복음전파의 씨를 뿌렸다. 제중원 원장인 알렌 후임자들도 모두 선교사이자 의사였다.

1894년 제중원은 조선인 전도사로 하여금 환자들에게 전도 책자를 나누어주게 하였으며, 제중원 원장인 애비슨(O. R. Avison, 1860~1956)은 1901년 6월 서상륜(1848~1926)을 병원 전도사로 고용해 진료를 받기 위해 기다리는 환자들에게 복음을 전하게 하였다. 그 후 의료 선교사에 의해 우리나라의 주요 도시에 세워진 진료소에서 진료와 함께 복음을 전하였고, 전국 각지에 교회가 세워지자 기독교병원에서는 환자들에게 자연스럽게 복음을 전파할 수 있었다.

하지만 6.25 전쟁을 겪으면서 북한의 기독교인들이 남하함으로써 교회를 개척하는 데 주력한 나머지 병원 선교는 뒷전으로 밀려나고 말았다. 그런 와중에도 1950년 9월 18일, 한국기독교교단과 천주교는 '군종제도 추진위원회'를 조직하고 이승만 대통령에게 건의함으로써 1950년 12월 4일, 「해군작전편 34호 추가」에 의해 해군본부에 최초로 군목실이 설치되었다.[119]

전쟁 중에 한국교단은 해외 기독교 단체와 협력해 피난민 구제와 전쟁고아, 미망인 구제 사업 등을 하면서도 원목 사역이 제도권 사역에 편입되도록 건의하였다는 근거는 찾을 수 없다. 역사적으로 병원 선교사와 원목이 우리나라의 병원과 교회에 끼친 영향이 지대하였는데도 오늘날까지 병원목회에 관한 제도권 사역이 보장되어 있지 않다. 그나마 60년이 지난 1963년 5월, 영·호남 지역의 기독병원에서 전도하는 목회자 다섯 명(대구동산기독병원 김광훈 목사, 전주예수병원 이성화 전도사, 부산침례병원 홍동겸 전도사, 안동성소병원 이기형 전도사, 광주기독병원 장치만 전도사)이 발기해 '한국병원전도연합회'가 태동되었다.[120]

이듬해에 세브란스병원, 결핵병원, 나환자병원, 간질환자와 장애인 수용기관인 보건원과 재활원 등에서 사역하는 목회자들이 참여함으로써 전국 각지에서 사역하는 병원 목회자(목사, 전도사)들이 회원으로 가입하였다. 1966년 5월 총회에서 '한국병원전도연합회' 명칭을 '한국원목협회'로 변경하였다. 현재 본 협회는 비영리 사단법인으로 등록된 단체로, 추산 500여 명(회원 병원 300여 개)이 회원이 되어 병원 목회자로 사역하고 있다.

2/ 초기 정착기(1963~1982)

한국사회는 개발도상국으로 진입하기 위한 고도성장과 수출 주도형의 정책이 강화되고 있었으나 유신 체제에 대한 저항이 부산과 마산 등지에서 거세게 일어나고 있었다. 당시 한국교회는 전도의 물결이 힘차게 출렁이고 있었다.

창립 당시에는 기독교병원 목회자 중심으로 단순한 정보와 친목단체로 출발함으로써 원목 사역이 막 뿌리를 내리기 시작함에 따라 기독교병원 목회자와 비기독교병원 목회자(위생병원 원목 포함) 구분 없이 병원 사역자라면 누구나 참석하여 해마다 회원이 조금씩 증가하였다. 한편, 서울지구 원목협회에서는 '한국병원선교회(국립의료원 원목 황찬규)' 창립으로 회원들 간에 혼란을 겪기도 하였으나 관여치 않으므로 잘 대처하였다.

태동기 10년 동안은 정기총회와 함께 학술연구회 등이 개최되면서 원목단체로서 그 기반을 다져 나갔다. 괄목한 사업에는 두 가지가 있다. 하나는 '성서번역위원회'에 '문둥병'이라는 용어를 '나병'으로 번역할 것을 건의하였다. 다른 하나는 협회가 '국립경찰병원'에 전도사를 파송하여 지원하였다.

그 후 10년은 협회의 내실화와 국내 저명한 병원장과 교수를 초빙해 원목 사역의 질적 향상을 위한 학술세미나를 정기적으로 개최하였다. 두드러진 활동으로는 "그리스도를 증거하고자 하는 형제들에게"라는 한글과 영문 문서를 통해 병원 후원회 선교기금을 모금하는 운동을 전개하였으나 별다른 결실을 맺지 못하였다. 하지만 본 협회의 발전을 위한 숙제가 무엇인지를 발견하는 소중한 기회가 되었다.

3 / 변혁기(1983~1992)

성년을 맞이한 원목협회는 병원목회의 전문단체로 회원들의 다양한
의견 수렴과 원목 사역에 대한 정체성의 확립을 위해 진통을 겪게 되
었다. 그 일환으로 학술세미나에 관해 회원들을 대상으로 최초로 설문
조사를 실시하였다. 여러 차례 회칙 개정이 있었으며, 해마다 총회 참
석 회원이 증가함에 따라 20년 근속 회원에 대해 표창장과 공로패를
수여하기 시작하였다. 병원분과위원회를 세 개 분과에서 네 개 분과로
확대 분리하였으며, 학술세미나에서는 초청 강연과 더불어 회원 사례
도 발표함으로써 병원목회에 관한 회원들의 참여가 제고되었다. 매월
본 협회의 '회보'를 발간하였다. 특히 미국원목협회의 자료가 출간되
었고, 『한국원목협회 삼십년사』가 발간됨으로써 본 협회는 병원목회
전문단체로서 부상할 수 있는 토대를 마련하는 기회를 갖게 되었으며,
한국교단의 원목 사역의 중요성이 부각되었다.

한편, 1989년 서울지구 원목협회 총회에서 회원자격 심의 문제가
대두됨으로써 그동안 회원 병원으로 참여하였던 '서울위생병원'을 비
롯한 9개 병원이 회원 명단에서 삭제되었다.

- 『병원에서의 원목 활동』, 번역 장영택, 편역 이공사, 진주 : 한국원목협회,
  1986. 10.
- 『한국원목협회 삼십년사』, 서울 : 한국원목협회, 1992. 5.

4/ 성장기(1993~2002)

　　문민정부의 출범으로 군부 집권의 권위주의 시대가 막을 내렸다. 금융실명제 실시와 함께 경제가 활성화되었고 국민총생산(GNP)도 증가하였다. 또한 전 국민 의료보험 확대로 말미암아 서울 소재 대학병원들이 전국 주요 도시에 거점병원들을 건립함으로써 병상이 확충되기 시작하였으며, 지방의과대학 부속병원의 병상 수도 확장되었다. 그리고 점차 대형 교회들이 병원 선교에 관심을 갖기 시작함에 따라 원목들은 대형병원에 사역자로 파송되거나 사역을 지원하였고, 해마다 개최되는 본 협회에 참석하는 회원도 증가하기 시작하였으며, 한국원목협회회보가 정기적으로 발간되기 시작하였다. 1994년도 총회에서는 논란이 되었던 '한국병원선교회' 회원의 가입 문제가 매듭지어졌는데, 그동안 본 협회 활동에 참여해 왔던 '제7일 안식일' 교단 산하 '위생병원'의 원목이 회칙 개정으로 말미암아 회원 자격이 상실되었다. 한편, 제33회 총회(1995년)에서 결의한 대로 본 협회와 세 개 병원(중국 안산탕강자병원, 심양여명204병원, 통화시요양원)과의 '자매결연서'(1995. 6. 22.)를 상호교환하고 증경회장과 일부 회원이 방문하였으며, 세 개 병원의 병원장을 초청해 국내의 여러 병원을 견학할 수 있도록 하였다. 그리고 학술세미나의 주제로 병원 사역의 전문화를 위한 '임상목회'에 관한 내용도 많이 발표되었다.

　　본 협회는 처음으로 회원 사진(칼라)이 붙은 주소록과 각고 끝에 병원 심방에 관한 매뉴얼로 주옥같은 도서를 출간하였다.

- 『한국원목협회-회원 사진 주소록』, 서대전 : 한솔전자출판, 1995. 5.
- 『병실 문을 노크할 때-환자목회』, 서울 : 도서출판 싸론, 1995. 9.
- 『병상을 두드리는 목회』, 상권 p.172, 하권 p.136, 서울 : 두란노, 2002. 5.

5 / 안정기(2003~2012)

한국교회의 부흥과 함께 글로벌 선교 시대에 발맞추어 제42회 총회
와 학술세미나는 "한반도의 미래와 중국 선교"라는 주제로, 중국 단동
과 인천을 오가는 여객선 선상에서 회원 144명이 참석한 가운데 개최
되었다. 2006년에는 신년 하례예배와 함께 처음으로 회원을 대상으
로 한 연수 교육이 진행되었다. "생명 의료 윤리와 원목"이란 주제로
회원 130명이 참석한 가운데 본 협회와 '성산생명윤리연구소'가 회원
이 되어 공동으로 주최하였다. 제46회 총회와 학술세미나는 대만에서
회원 107명이 참석한 가운데 개최되었다. 제47회 총회와 학술세미나
는 설악산에서 "원목 사역과 전인치유"라는 주제로 개최되었는데, 주
요 안건으로 보류되었던 '원목윤리강령'을 '원목윤리지침'으로 명칭
을 수정하고 채택하였다. 또한 50주년 기념사업단을 발족하고 '50년
사 편찬위원회'와 '사단법인 추진위원회' 및 '학술대회준비위원회'를
결성하기로 결의하였다. 제50회 총회와 학술세미나는 제주도에서 개
최되었다.

이 밖에 서울지구에서는 창립 30주년 기념으로 『서울지구 원목협회
삼십년사』(편찬위원장 김영림)가 출간되었다.

• 『서울지구 원목협회 어제와 오늘』, 서울 : 코람데오 2008. 1.

6 / 새로운 도약기(2013~현재)

제51회 총회와 함께 '한국원목협회 50주년 기념대회'(2013년 5월 28일~ 30일, 서울 : 그랜드 힐튼)가 회원 155명과 국내 병원장 및 교계의 내외 귀빈들이 참석한 가운데 성대하게 개최되었다.

① 국제학술대회 : 주제 강연에서 국내 발표자가 3편, 미국 발표자가 1편을 발표하였다.

② 종교개혁 국가 순례 : 2013년 6월 11일~22일(11박 12일), 회원 33명이 종교개혁 국가-영국, 프랑스, 스위스, 체코, 오스트리아, 독일-를 순례하였다.

③ 한국원목협회 50년사 편찬 : 2013년 12월 31일 『한국원목협회 50년사』(편찬위원장 김영림 목사)가 출간되었으며, 2014년 1월 13일 한국교회 선교 요람지인 '정동감리교회'에서 출판기념예배를 드렸다.

④ 사단법인 허가 : 2015년 3월 20일, 민법 제32조에 의거 문화체육관광부에 의해 경기도로부터 '사단법인 한국원목협회'로 법인 설립 허가를 받았다.

50년 동안 숙원 사업이었던 사단법인 발기인 대회(사단법인 추진위원장 이석영 목사)와 함께 제52차 정기총회(회장 김무년 목사, 2015년 1월 22일 안동성소병원)가 개최되었으며, 비영리 '사단법인 한국원목협회'(이사장 유기성 목사)로 출범하였다. 또한 사단법인 설립 감사예배와 함께 제53회 정기총회(2015년 5월 26일~28일, 치악산 명성수양관)가 개최되었으며, 본 법인 한국원목협회 명예이사장으로 김삼환 목사(명성교회 담임목사)를 추대하였다.

사단법인 한국원목협회 첫 사업으로 본 협회 회원을 대상으로 '회원
실태조사위원회'(위원장 김영림 목사)를 구성하였고, 다섯 개 병원분과위원
장을 위원으로 위촉하였으며, 2016년 5월 11일 『(사)한국원목협회 회
원실태조사 분석 자료집』을 발간하였다.

chapter 7
/
영역별 병원에서의
원목 사역

병원목회 영역별 사역은 5개 분야(국공립병원,
기독병원, 사립대학병원, 일반사립병원, 요양병
원)로 구분하고 있다.

chapter 7

영역별 병원에서의
원목 사역

CHAPTER 07

영역별 병원에서의 원목 사역

2016년도 3월 '대한병원협회'의 통계에 따르면, 우리나라 병원 수는 3천 215개이다. 종합병원 337개(상급종합병원 43개 포함 : 2018년 42개 인정)**121**, 일반병원 1천 492개, 요양병원 1천 366개, 군병원 20개이다. 총 병상 수는 57만 8천 252개로, 종합병원 병상 수 14만 6천 205개, 일반병원 병상 수 19만 480개, 요양병원 병상 수 23만 6천 387개, 군병원 병상 수 5천 180개로 발표되었다. 현재 한국원목협회 가입 병원(추정 350개)과 전국 병원의 숫자를 비교해 보면, 11퍼센트 병원에서 원목이 사역을 하고 있다.

'사단법인 한국원목협회' 조직은 다음과 같다. 법인 이사회와 협회, 여섯 개 지구(서울·인천과 경기·강원지구, 부산지구, 대구·경북지구, 경남지구, 대전·충청지구, 호남지구)로 조직되어 있으며, 협회 산하에는 여섯 개 영역별 병원분과위원회가 구성되어 있다.

1 / 국공립병원에서의 원목 사역

본 협회 분과별 병원에서의 국공립병원이란 정부 산하 대학병원과 각 지방단체 의료기관, 특수법인 병원으로 분류되어 있다.

① 상급종합병원 : 서울대학교병원, 분당서울대학교병원, 충북대학교 병원, 충남대학교병원, 경북대학교병원, 부산대학교병원, 경상대학 교창원병원 등

② 국립의료기관 : 국립암센터, 국립경찰병원, 서울중앙보훈병원, 국민건강보험공단 일산병원, 근로복지공단 산하 인천병원과 대전병원 등

③ 지방단체 의료원 : 서울특별시 서울병원, 각 시도 지방공사 의료원 등

④ 특수법인 : 대한적십자사 서울병원, 인천적십자병원 및 경인의료재활센터병원 등

하지만 국공립병원에서 원목의 지위와 신분은 병원 조직상 구성원으로 인정받지 못하고 있다. 이미 6.25 전쟁 당시 정부조직법에서 군목에 관한 규정을 명문화하였으나 국공립병원에서는 원목이나 종교와 관련된 조직과 활동에 관한 명문화된 규정이 없다. 그나마 1981년 제정된 '대한병원협회'의 「병원윤리강령」 7항에 "병원은 환자 진료와 비밀을 지키고 환자의 신앙적 관습을 존중한다."고 명시하고 있다. 병원윤리란 시대적 변천에 따라 그 내용이 달라질 수 있으나 병원은 환자가 입원해 있는 동안 환자의 종교적 권리와 자유를 보장함에 있어서 그 영속성이 병원당국으로부터 제한되거나 차별받지 않아야 한다는 것을 의미한다.

의사는 이미 환자와 보호자들로부터 막강한 권한을 위임받은 성직자처럼 되어 있다. 환자는 의사로부터 치료를 받는 수혜자 입장에서 자기의 권리를 주장함에 있어서 불리한 입장에 있을 수밖에 없다. 더구나 환자는 자신의 병에 몰입한 나머지 의료 처치와 약물 투여 등으로 말미암아 심신 상태가 허약하고, 정신적 활동과 사고력이 미비한 상태이므로 약자의 입장에 설 수밖에 없다. 환자는 병원에 입원하는 순간 환자복으로 갈아입고 입원규칙을 준수해야 하며 병원 밖에서 누려 왔던 신분적 지위, 생존의 권리, 개개인의 일상적인 자유까지 포기해야 하는 경우가 많다. 하지만 종교적인 권리마저 주장할 수 없다면, 그것은 곧 천부적인 영혼의 자유를 박탈당하는 것과 같다. 병원에서의 의료 윤리 관점에서 의료적인 행위에 대한 진료비에 환자의 신앙적인 자유를 위한 서비스도 포함되어 있다고 보면, 이유를 불문하고 병원당국은 환자가 입원해 있는 동안에 신앙의 자유를 보장해 주어야 한다.

　환자의 권리란 환자가 의료진과 병원당국으로부터 정당하게 진료를 받을 권리를 뜻하며, 어떠한 이유에서든 종교적·민족적 차별을 받지 않아야 한다는 것을 의미한다. 이와 같은 권리는 생명 보존의 원리일 뿐만 아니라 하나님께서 인간에게 주신 천부적인 권리이다. 다시 말해, 환자는 의사로부터 양질의 진료를 받을 권리가 있고, 그 권리를 거부당해서는 안 된다. 또한 환자와 의사, 의사와 환자의 관계는 종속적인 관계가 아니라 법률적, 윤리적, 종교적으로 자유로워야 한다는 것을 의미한다.

　미국은 오래 전부터 의학협회 산하에 '의학과 종교'라는 부서가 신설되어 있는데, 제도적으로 원목 사역에 관한 내용을 명문화함으로써 환자의 종교적 서비스를 보장하고 있을 뿐만 아니라 원목의 신분과 생활비를 책임지고 있다. 안타깝게도 우리나라 국공립병원에서의 원목은 '이방인'과 다름이 없고, 병원 측에서 환자의 종교적 서비스에 매우 인색하다. 이러한 열악한 여건 하에서도 오늘날 국공립병원의 원목은 단지 목회자라는 소명감으로 사역하고 있다. 반면에 대학병원은 대형병원이라는 이점 때문에 원목 활동이 보장을 받고 있으며, 병원당국으로부터 간접적으로 지원을 받고 있다. 그러나 중소 국공립병원에서는 종교적인 시설-원목실과 예배 공간-을 제대로 확보하지 못한 상태에서 원목이 사역을 하고 있으며, 지방공사 의료원에서는 병원당국의 무관심으로 사역 자체가 위협을 받는 경우도 있다.

『한국원목협회 회원실태조사 자료집(2016. 5.)』에 따르면, 국공립병원 원목 가운데 68퍼센트가 기초생활비에도 이르지 못하는 교통비 정도의 보수에 의존하고 있으며, 일부 국공립병원의 원목 사역은 유명무실한 상태에 놓여 있다. 그 예로, 대형병원 이외의 중소병원에 입원한 환자 대부분은 서민층으로 사회사업의 지원을 받아야 할 대상자가 많으며, 이들에게는 영적·정신적인 돌봄만이 아니라 경제적인 지원도 필요한 경우가 많다. 교회에서 파송을 받은 원목이 아닌 경우, 원목은 생활비조차 자급하지 못하는 상황이라 사역에 전념하는 데 어려움이 있다. 그럼에도 불구하고 국공립병원 원목 사역은 타병원 사역과 비교하면, 사역의 활동 영역이 넓고 창의성과 자율성을 발휘할 수 있는 장점을 갖고 있다. 국공립병원에서의 병원 사역에는 병원 내의 신우회 및 지역교회의 후원이 매우 필요하다. 그마저 지원을 받을 수 없는 경우, 원목 사역은 위축될 뿐만 아니라 사역의 질이 낙후되고 만다. 국공립병원에서의 원목 사역의 안정화를 위한 해결 방안을 다음과 같이 제시한다.

첫째, 원목 파송은 원목단체와 교단이 해야 한다. 이를 위해서 병원

단체가 원목 사역에 관한 활동을 명문화해야 한다. 이 밖에 신우회를 활성화시켜 병원당국의 적극적인 협력을 이끌어 낼 수 있도록 방안을 찾아야 한다.

둘째, 원목 사역은 지역교회와 팀 사역으로 이루어져야 한다. 병원 주변의 지역교회(지역교회협의회)와 연대해 정기적으로 절기 행사(부활절과 성탄절, 음악회, 바자회 등)를 비롯하여 예배 강단을 교류함으로써 사역을 활성화할 수 있는 방안을 모색해야 한다.

셋째, 원목의 생활 안정과 연금 등을 위한 미래지향적인 대책을 세워야 한다. 교단은 지역교회 선교 정책을 수립하고, 소속된 원목을 후원해야 한다. 또한 원목협회는 미래지향적으로 미자립 회원에 대한 후원과 함께 양질의 사역을 위해 병원목회교육을 위한 정책을 수립해야 한다. 특히 국공립병원의 원목은 철저한 소명감이 선행되어야 하고, 양질의 사역을 위한 연계사업 등이 강화되어야 하며, 지속적인 선교 후원자를 확보해야 한다.

2 / 기독병원에서의 원목 사역

우리나라의 기독병원은 의료 선교사에 의해 의료와 선교 목적으로 설립된 병원으로, 소속 교단과 기독교인에 의해 운영되는 병원으로 구분할 수 있다. 우리나라에 최초로 서양 의학을 소개한 이들은 의료 선교사였고 일본에 의해 나라가 위기로 치닫고 있을 때 그들은 우리 국민들에게 큰 힘이 되었다. 의료 선교사들은 영적으로 무지해 잠을 자고 있는 우리 민족에게 기독교복음을 전파하였고, 서양 의학의 뿌리를 내리게 하였으며, 개화문명의 씨앗을 뿌렸다. 또한 의료 선교사에게 치료를 받은 환자들이 예수를 믿게 됨으로써 예배처소가 세워지고, 기독교학교도 세워지게 되었다. 현재 한국원목협회 회원으로 가입되어 있는 병원은 다음과 같다.

① 초기 의료 선교병원 : 연세의료원 세브란스병원(상급) 및 원주기독세브란스병원(상급), 이화대학교목동병원, 계명대학교동산병원(상급), 부산일신기독병원, 광주기독병원, 전주예수병원, 안동성소병원, 인천기독병원 등

② 기독교 계열 대학병원 : 고신대학교복음병원(상급), 한양대학교의료원(상급), 한양대학교 구리병원 등

③ 의료 선교병원 : 안양샘병원, G샘병원, 선한목자병원 등

기독병원은 원목 사역의 영역에서 그 활동의 폭이 넓고 활발하다. 병원 내의 선교 활동과 원목 사역이 조직적이며 안정되어 있다. 기독교 계열 대학병원인 경우, 원목은 각종 위원회(뇌사판정심의위원회, 생명의료윤리위원회, 병원운영위원회, 임상심사위원회)의 위원으로 참여함은 물론, 대외적으로

해외 의료 선교 활동이나 병원 또는 지역교회와 의료선교적인 협력관계를 이끌어가고 있다. 병원 내의 각종 예배와 병원 직원의 영성 훈련, 호스피스와 대외적인 선교 활동 등에 있어서 인적 및 물적 자원도 뒷받침이 잘 되어 있는 편이다. 그 밖에 기독병원에서의 원목 사역은 대동소이하지만, 선교사에 의해 설립된 기독병원과는 다소 차이가 있다. 그 차이는 원목 사역에서 사역의 폭이 제한되며, 병원 경영자의 지원 정책에 따라 병원 사역이 유동적으로 이루어진다는 것이다. 전자인 경우, 기독병원에서의 원목은 병원 직원(별정직)으로서 신분이 보장되고 노후 연금 등 생활이 비교적 안정된다. 하지만 직원이 아니라 파송 교역자인 경우에는 그렇지 못하다. 『한국원목협회 회원실태조사 자료집』에 따르면, 파송된 목회자(전도사) 가운데 100만 원 이하의 선교 후원에 의존하는 비율이 30퍼센트에 이르고 있다.

기독병원의 원목을 의료진과 더불어 병원 운영의 공동체 구성원이라는 측면에서 보면, 병원 목회자는 의료진과 직원들의 영적 프로그램에 대한 사역을 정례화시키고 병원 내 의료 선교와 해외 의료 선교, 사회복지와 호스피스 등에 관한 책임과 운영에서도 병원목회와 관계적 리더십을 발휘할 수 있어야 한다. 그러나 우리나라 기독병원의 선도적 역할에 있어서는 대외적으로 그 소명감이 정체되어 있다. 소명감을 되찾는 방법을 제시하면 다음과 같다.

첫째, 기독병원은 병원목회에서 주도적인 역할을 해야 한다. 기독병원은 역사성에 비추어 보면, 타병원에서의 원목 사역 활성화를 위해 선도적인 역할을 해야 한다.

둘째, 교회에서 파송된 원목(전도사 포함)도 기존 별정직 직원으로 전환함으로써 장기적으로 사역할 수 있도록 제도화되어야 한다. 특히 기독교인이 경영하는 기독교 계열 병원은 원목을 일반 직원으로 전환해 신분 보장과 함께 경제적인 어려움을 해결해 주어야 한다.

셋째, 기독병원의 원목에게 집중된 사역을 적절하게 조절할 수 있도록 지역교회 목회자와의 팀 사역을 활성화시켜야 한다.

3 / 사립대학병원에서의 원목 사역

　대학병원이란 사학재단에 의해 운영되는 병원을 의미한다. 사립대
학병원에서의 원목 사역은 의과대학 설립 이념이나 병원당국의 방침
에 따라 정착 여부가 좌우된다. 현재 한국원목협회 회원이 있는 지역
별 대학병원을 소개하면 다음과 같다.

① 서울 : 건국대학교병원(상급), 고려대학교안암병원(상급), 삼성서울병
　　원(상급)과 강북삼성병원(상급), 서울아산병원(상급), 중앙대학교병원(상
　　급), 상계백병원(인제대학교), 한강성심병원(한림대학교), 이화대학병원(이화대
　　학교), 순천향서울병원(순천향대학교) 등

② 지방 : 순천향대학부천병원(상급), 영남대학교의료원(상급), 천안단국
　　대학교병원(상급), 대전을지병원(을지대학교), 건양대학교병원, 부산백병
　　원, 동아대학교병원 등

　대학병원은 상급 및 대형병원으로 환자들을 위해 종교적(기독교, 천주교,
불교)인 시설이 대부분 비교적 잘 갖추어져 있고, 대외적 원목 사역이 보
장되어 있지만 원목이 직원(별정직)으로서 신분을 보장받는 경우는 드물
다. 그러나 대부분 대학병원에서의 원목 사역은 신우회가 조직되어 있
어서 뒷받침을 받는 경우가 많고, 일부 대학병원은 신우회 조직과 관
계없이 독자적으로 원목 사역이 이루어지기도 한다.

　대학병원은 대형(상급)병원으로 환자의 종교적 자유를 존중하고 그 시
설을 제공하고 있다고 하더라도 병원당국에 의해 원목 사역이 제한을
받기도 하지만, 원목 사역의 영역은 그 폭이 매우 넓다. 특히 대학병원
은 원목 사역을 통해 환자에게 정신적·영적 돌봄을 제공하기도 하지

만, 병원 내 자원봉사자의 활동이 원목실의 지원을 받아 운영되기도 한다. 나아가 병원 내에 뇌사판정위원회, 생명의료윤리위원회 등을 조직함에 있어서 법적으로 원목을 위촉해야 한다는 점에서 병원은 일거양득의 이익을 얻고 있는 셈이다. 이와 같이 원목이 단순히 환자를 위해 예배 사역만 하고 있는 것이 아니라 병원 내의 각종 위원회(뇌사판정위원회, 생명의료윤리위원회, 임상심사위원회)의 위원으로 위촉받아 참여하고 있다는 관점에서 보면, 원목실은 병원 조직 내의 한 부서로 인정되어야 한다.

『한국원목협회 회원실태조사 자료집』에 따르면, 사립대학병원에서의 원목 활동은 병원당국으로부터 협력과 지원을 제공받아야 함에도 불구하고 배제되어 있는 경우가 많다. 그 결과 원목이 병원당국으로부터 선교 후원을 받기보다는 원목이 파송을 받은 교회의 선교 후원에 의존하는 비율이 매우 높다. 미래지향적인 측면을 고려할 때 우리나라 병원당국은 미국처럼 원목 사역을 체계적으로 지원해야 하고, 원목을 병원 직원으로서 신분을 보장해야 하며, 병원목회에 관한 활동을 지원해야 한다. 지원 내용은 다음과 같다.

첫째, 대학병원은 병원목회 시설을 제공해야 한다. 국제의료기관평가위원회 JCI 평가 항목에 명시된 환자의 종교적·영적 서비스를 위한 시설을 갖추어야 한다.

둘째, 대학병원은 원목 신분을 보장해야 한다. 대학병원의 의료 윤리에 환자의 종교 및 영적 자유를 보장해야 한다면, 원목을 정규 직원으로 전환함으로써 사역 안정화와 원목의 신분을 보장해야 함은 당연하다.

4 / 일반사립병원에서의 원목 사역

일반사립병원이라 함은 의료법인이 운영하는 종합병원과 단과종합병원으로 분류할 수 있다. 사립병원은 병원 설립 이념과 경영자의 운영 방침에 따라 원목 사역이 안정화될 수 있다. 오늘날에는 병원 경영자가 비기독교인일지라도 원목 활동을 지원하는 병원도 있다. 서울과 수도권에서 사역 활동에 참여하는 병원들을 소개하면 다음과 같다.

① 원목 후원 병원 : 부평세림병원, 인천사랑병원, 일산명지병원, 시화시흥병원 등
② 사역 인정 병원 : 부천세종병원, 센트럴병원, 녹색병원, 뉴고려병원 등
③ 무지원 병원 : 강남성심병원, 서울중앙병원, 목동연세병원, 힘찬병원 등

『한국원목협회 회원실태조사 자료집』에 따르면, 한국원목협회에 등록된 사립병원 회원 분포는 약 47퍼센트를 차지하고 있는데, 교회에서 파송으로 사역하는 원목보다 단독 또는 독립적으로 원목 활동을 하는 원목의 비율이 46퍼센트에 이른다. 일반사립병원에서 원목 사역이 정착되려면, 원목의 소명감이 선행되어야 하고 병원과 지역교회의 선교 후원이 절실하게 필요하다. 선교 사역을 지원하는 일부 병원을 제외하고는 사립병원의 원목의 80퍼센트 정도가 기초생활비(50만 원 미만 45.6퍼센트, 50~100만 원 33.6퍼센트)에도 못 미치는 후원에 의존하거나 자비량 사역을 하고 있다. 그럼에도 불구하고 원목 사역의 활성화를 위한 잠재적 역량은 매우 높은 병원군에 속한다.

박천민은 사립병원에서의 원목의 역할을 다음과 같이 정리하였

다.[122]

제1군 : (병원과 교회) 원목은 신우회 활동을 통해 병원 직원들의 영적인 성장을 촉진시킬 수 있는 프로그램을 제공해야 하고, 지역교회를 대상으로 하는 프로그램을 통해 교인들이 병원을 자주 찾게 한다. 자원봉사자 발굴을 통해 병원과 협력해 지역 주민들에게 좋은 이미지를 심어주거나 원목실 기금으로 극빈환자와 이주 근로자를 선정해 지원한다.

제2군 : (병원과 환자) 원목실 자원봉사자로 하여금 직원들의 손길이 닿지 않는 부분들을 세심하게 돌보게 하며, 사회복지사와 협조해 어려운 환자를 지원한다. 지역 사회단체와 연결해 다채로운 이벤트로 병동마다 활기찬 분위기를 조성하며, 자원봉사자로 하여금 병원 안내, 중환자실 봉사, 이·미용 봉사, 도서 봉사를 하도록 해 병원 직원들의 수고를 덜어준다.

제3군 : (환자와 교회) 입원 중인 환자들에게 감동을 주는 섬김을 통해 믿음으로 초대한다. 병원 환경을 무시한 무분별한 전도 활동을 제한해 환자들의 불편을 최소화하고, 병원에서 결심한 환자들을 지역교회와 연결해 신앙생활을 지속하게 한다.

이와 같은 목적으로 병원 사역이 정착되기까지 원목의 뜨거운 복음적 소명과 노력이 선행되어야 하고, 원목으로서 인정받기까지는 교회와 병원, 병원 직원과 환자들과의 관계에서 관계적 리더십이 요구된다. 사립병원에서 원목 사역이 정착되기 위해서는 병원당국과 환자를 위한 프로그램을 지속적으로 개발해야 한다. 하지만 원목이 대외적인 활동에 전념하다 보면 탈진하거나 원목 사역의 본래의 목적에서 이탈할 소지가 있으므로 주의한다. 원목 사역이 정착되기 위해 선행되어야 할 것은 다음과 같다.

첫째, 사립병원의 원목 사역이 안정화되어야 한다. 병원 경영자는 환자의 종교적 자유를 존중해야 할 의무가 있다는 점을 감안해 종교적 시설을 제공하는 데 인색해서는 안 된다. 원목 사역의 안정화는 의료의 신뢰성을 높이고, 병원 발전에도 도움이 된다.

둘째, 사립병원의 원목 사역은 지역교회와 팀 사역을 이루어야 한다. 대부분 사립병원의 사역은 인적·물적 자원이 턱없이 부족하다. 그러므로 병원당국의 지원 내지 후원이 이루어지지 않고 있다면, 지역교회와 함께 사역을 공유해야 한다. 지역교회 또는 지역교회연합회와 팀 사역을 함으로써 원목 사역은 보다 장기적으로 정착화될 수 있다.

5 / 요양병원에서의 원목 사역

　인구통계에 따르면, 우리나라는 이미 고령화 시대에 진입한 것으로 나타나고 있다. 보건복지부 2011~2016년 보건의료 실태조사에 따르면, 2016년도 요양병원 수가 1,428개로 연평균 7.6퍼센트 증가하였으며, 300병상을 갖춘 요양병원도 122개로 31.5퍼센트 증가하며 대형화되고 있다고 한다. 해마다 한국병원협회에 등록하는 요양병원 수도 증가하고 있는 추세이다. 요양병원은 대부분 서울과 수도권에 편중되어 있다. 요양병원 가운데 원목 사역의 중요성을 인식하고 지원하는 요양병원은 소수에 불과하다.

① 원목 지원 병원 : 참예원의료재단 산하 참요양병원, 안산호원요양병원 등
② 위탁 운영 병원 : 경기도노인전문남양주병원
③ 그 밖에 병원은 종교적 시설은 물론, 자비량에 의해 원목 사역이 이루어지는 경우가 많다.

　요양병원의 원목 사역은 매우 중요하다. 입원 대상 환자들은 주로 만성질환(노인성 질환 및 만성퇴행성 질환, 치매 등)으로 말미암아 거동이 불편하고 간병인의 돌봄이 필요한 요양급여대상에 해당되는 65세 이상의 환자들이다. 우후죽순으로 늘어나는 요양병원 가운데는 시설과 운영에서 영세할 뿐만 아니라 환자에 대한 양질의 의료 시혜가 부족하거나 간병인과 종사자들의 근무 환경이 열악한 곳도 있다.
　2015년 12월 '대한노인요양병원협회'는 「요양병원헌장」에 "요양병원의 사명은 인간 생명과 인권 존중의 정신을 바탕으로 모든 환자가 정

신적, 육체적, 영적으로 보다 건강한 삶을 영위할 수 있도록 최선의 의료 서비스를 제공하는 것이다. 이를 실현하기 위해 요양병원은 지속적인 성장과 발전을 도모하는 동시에 모범적 사회 구성원으로서의 책임을 완수해야 한다. 이에 대한노인요양병원협회와 회원병원은 요양병원의 사회적 가치 실현과 윤리의식 함양을 최우선의 목표로 삼아 윤리헌장을 제정하고 적극 실천할 것을 다짐한다."라고 명시해 놓고 있다.

Ⅰ. 요양병원 경영자의 윤리적 의무
• 우리는 요양환자의 건강권 보호와 실현이라는 사회적 책임이 요양병원에 있음을 항상 자각하고, 인권 존중 정신을 바탕으로 건전하고 투명한 경영을 통해 환자에게 최선의 진료를 제공한다.
• 우리는 장기간 환자의 삶의 터전이 되는 요양병원의 환경을 청결하고 쾌적하게 유지하며 안전관리에 주의하고 의무를 다한다.
• 우리는 요양병원의 모든 종사자들이 직업에 대해 자긍심을 느끼고, 질 높은 서비스를 제공할 수 있도록 직원에 대한 인권 존중 정신을 바탕으로 최고의 근무 환경을 제공한다.
• 우리는 윤리적이며 적정한 홍보 활동을 하고 환자 유인행위 및 법정 본인부담금 할인 등의 불법 행위를 하지 않는다.
• 우리는 지역의 의료, 보건, 복지를 포괄적으로 발전시키기 위해 관계기관, 타 시설, 지역 주민 등과 협력적 관계를 구축한다.

Ⅱ. 요양병원 종사자의 윤리적 의무
• 우리는 인간 생명의 마지막에 이르기까지 건강을 증진하고, 질병을 예방하며, 건강을 회복하고, 고통을 완화시키기 위해 노력하는 것이

책무임을 인식하고 환자의 인간적 존엄을 지키며 이들이 가정과 사회에 복귀할 수 있도록 최선의 의료와 돌봄 서비스를 제공한다.

- 우리는 국적, 종교, 사상, 연령, 성별, 사회적·경제적 지위, 질병의 종류와 장애의 정도에 따른 편견과 차별 없이 환자를 대한다.
- 우리는 환자의 사생활을 보호하고, 비밀을 유지하며, 의료에 필요한 정보만을 수집하고 공유한다.
- 우리는 의료와 돌봄의 전 과정에 있어 충분한 정보와 설명을 환자에게 제공하여 환자 스스로 의사결정을 하도록 돕고 환자의 요구를 존중하는 수혜자 중심의 의료와 돌봄 서비스를 제공한다.
- 우리는 모든 업무를 요양의료 표준과 병원의 규정에 따라 수행하고 윤리적으로 올바르게 판단하고 행동한다.
- 우리는 스스로의 건강을 보호하고 전문가로서의 품위를 지키기 위해 노력한다.

위 윤리강령의 요지에 '인권 존중의 정신을 바탕으로 모든 환자가 정신적, 육체적, 영적으로 보다 건강한 삶을 영위할 수 있도록 최선의 의료 서비스를 제공하는 것이다.'라고 명시는 되어 있으나, '병원 경영자의 윤리적 의무' 조항에서 환자의 신앙적 관습을 존중한다는 내용은 찾아볼 수 없다. 이것은 '대한병원협회'의 윤리강령에 위배될 뿐만 아니라 노년에 이른 환자들의 인간 본연의 권리를 제한하고 있다고 볼 수 있다. 물론 요양병원 시설과 운영에 있어서 환자의 신앙적인 자유를 언급할 때 타종교의 개방적인 요구를 모두 수용해 시설을 갖추기 위해서는 공간적 확보에 어려움이 있지만, 환자들의 영적 서비스의 중요성을 직시해야 한다. 추상적인 '인권 존중 정신'이라는 문구와 함께 '병원 종사자의 윤리적 의무'에서 '사상과 종교'라는 문구를 명시함으로써 인간의 종교적인 자유를 도모하는 것으로 보이지만, '윤리강령'에서 환자들의 종교적 자유를 명문화해야 한다. 요양병원에 입원하는 것은 치료의 개념보다 돌봄의 차원이라 할 수 있다. 당연히 요양병원당국은 인생의 마지막을 보내는 환자들에게 영적·정신적 안정을 치료보다 우위에 두어야 한다. 나아가 이들이 죽음 이후에 '저 너머의 평안'을 바라보며 하루하루의 삶을 지탱하고 있다는 사실을 망각해서는 안 된다.

『한국원목협회 회원실태조사 자료집』에 따르면, 요양병원의 사역 환경은 타병원과 비교해 매우 열악하다고 한다. 일부 요양병원을 제외하고는 요양병원의 원목 사역자들은 제대로 원목실과 예배 공간이 갖추어지지 않은 상태에서 사역하는 것으로 조사되었으며, 사역자 가운데 64퍼센트는 50만 원 미만의 후원(교회 및 선교단체)을 받는 것으로 나타나 있다. 그러나 요양병원에서 원목 사역이 중요한 점은, 요양병원은 타병원과 비교하였을 때 1인 월간 평균 결심자 수(10명 이하)가 100퍼센트로 가장 높다. 이것은 요양병원 환자들이 신앙적인 힘에 의존해 하루하루를 보내고 있다는 것을 반증하는 것이다. 해마다 요양병원 수(2016년 3월 통계 : 1천 366개 병원으로 병상 수 23만 6천 387개)가 증가하고 있는 것을 고려한다면, 요양병원은 환자를 위한 원목 사역을 강화해야 한다. 경영자는 환자의 영적 치유에 보다 세심한 관심을 갖고, 원목 사역자가 안정된 사역을 할 수 있도록 원목을 별정직 직원화해야 한다.

또한 '대한요양병원협회'가 요양병원 환자의 돌봄의 중요성을 인식한다면, '종교적 자유'를 윤리 규정에 명문화해야 한다.

첫째, 요양병원은 환자의 영적 안정을 위해 원목을 직원으로 전환해야 한다.

둘째, 요양병원의 원목은 지역교회와 팀 사역을 공유해야 한다.

셋째, 요양병원의 원목은 환자를 돌보는 상담 전문인으로서의 역할도 병행해야 한다.

chapter 8

/

병원목회의 미래

병원목회는 병원과 교회의 연계과정으로 말미암아
병원에서의 원목 사역이 정착화를 이루는 데 초점
을 두어야 한다.

chapter 8

병원목회의 미래

병원목회의 미래

1/ 병원목회의 역할

오늘날 병원들은 과거에 비해 대형화되거나 또는 지방으로 분산해 거점병원을 건립하기도 한다. 하지만 대부분 병원은 병원 경영을 위한 영리 목적에 의료 행위의 초점을 둠으로써 환자의 의료 윤리와 영적 서비스에는 매우 인색하다. 역사적으로 보면, 고대사회는 의술이 철저하게 종교적이었고 영리 추구 대상이 아니었다. 당시의 가난한 환자와 나그네 수용 시설이 확대되어 수요가 증가함으로써 현대병원으로 발전하였다. 여전히 유럽병원은 국가가 운영하고 있다는 점에서 그 정신이 계승되고 있다고 할 것이다.[123] 국민건강이 정부에 의해 통제되고 관리되고 있다는 점에서 보면, 병원 경영자의 경영 방침과 사사로운 종교적 이해관계에 의해 환자의 진료와 영적 자유를 침해할 수는 없다. 물론 국가가 환자의 종교적 자유를 간섭해도 안 되지만, 환자의 진료 의무와 종교의 권리는 보장되어야 한다.

미국의 예를 들면, 미국에서는 개인의 권리나 자유가 책임에 대한 강조보다 훨씬 중시되고 있다.[124] 이것은 개인이 아무리 잘못을 하였더라도 국가로부터 의료와 도덕, 사회적(영적)인 돌봄을 받을 권리를 우선적으로 보장받는다는 것을 의미한다. 인류 역사를 보면, 의료 윤리에 영적인 권리가 포함되어 왔다는 점에서 병원목회의 역할이 매우 중요하다. 환자 치료에는 영적 갈등과 그로 말미암아 파생되는 후유증을 치유하기 위해 병원목회가 활성화되어야 한다. 특히 병원이 환자의 생명과 신앙의 자유를 존중한다면 의학 교육과 연구, 질병에 관한 모든 치료적 행위와 윤리, 임종에 이르기까지 모든 과정이 환자를 위해 존재해야 한다는 사실을 망각해서는 안 된다.

미국원목협회는 원목의 역할에 대해 "전인적 환자 치료에 있어서 환자의 신앙, 즉 정신생활을 다룬다는 것은 매우 중요한 요소이므로 원목은 병원 의료 팀의 일원이 되어야 한다. 원목은 환자의 질병으로 유발되는 문제점들을 고도로 세분화하고 복합적으로 운영해 가는 병원 내에서 자칫하면 환자가 겪게 되는 소외와 대화의 단절 및 편파적이고 산발적인 데서 오는 문제에 관심을 가져야 한다. 원목은 위의 문제점들을 중심으로 환자 가족들의 고조되는 근심과 투병으로 인한 경제적인 어려움 및 환자를 돌보는 의료 팀들을 도울 수 있다. 원목의 역할은 어디까지나 위에서 언급한 바와 같이 협력자이지 의료 팀의 리더가 아니다. 그러나 원목은 환자나 그 환자를 돌보는 의료 팀을 위해 지대한 영향력을 가지고 있다."고 명시하고 있다.[125] 더구나 의사와 환자, 환자와 의사의 관계는 종속적이 아니라 계약적인 관계로 당연히 병원은 환자의 질병과 관련해 원목의 역할을 존중해야 한다.

2/ 원목 사역과 지역교회

우리나라는 6.25 전쟁 후 16개국에서 구호품과 의약품 등을 원조받았으나, 오늘날에는 원조를 할 만큼 경제가 성장하였다.[126] 또한 한국 교회와 선교단체는 미국 다음으로 선교사를 많이 파송(2만 7천 명)한 나라가 되었다. 의료 시설이 낙후된 나라에 병원을 건립하고, 의료 선교사를 파송하며, 지속적으로 빈민구호와 사회사업 등을 활발하게 펼치고 있다. 그럼에도 불구하고 우리나라 안에는 선교의 사각지대가 곳곳에 도사리고 있다. 이미 학원 선교는 이단의 침투로 위협을 받고 있으며, 농어촌 선교와 직장 선교는 위축되고 있을 뿐만 아니라 한국교회의 위상이 날로 추락하고 있다.

최윤식은 한국교회 위기의 진원지를 다섯 가지로 구분하였다.

첫째는 경제적인 원리에 의해 초대형 교회만 살아남기 때문이며, 둘째는 목회 생태적 교란(초대형 교회와 대형 교회들이 초원의 사자처럼 개척교회와 중소형 교회 교인들을 흡수하는 것)이 가속화되기 때문이며, 셋째는 '농부아사 침궐종자'(農夫餓死枕厥種子)[127]로 한국교회의 전도의 씨를 농부처럼 열심히 뿌리지 않기 때문이며, 넷째는 변화된 시대적 소명에 둔감해졌기 때문으로 보았다.[128] 이 같은 분석을 미래지향적으로 보면, 한국교회의 안일한 선교 정책 부재에서 비롯되고 있다. 역사적으로 한국교회의 뿌리는 의료 선교사가 복음의 통로를 열어 놓음으로써 태동되었다. 그들이 의료와 복음의 불모지인 한국에 뿌린 헌신과 희생이 있었기에 오늘날 한국교회의 부흥을 가져왔으며, 선진 국가와 버금가는 병원들이 세워졌던 것이다.[129]

그럼에도 불구하고 한국교단과 대형 교회들은 병원 선교의 중요성을 감안해 원목 사역을 지원하고 있는 경우가 일부분에 지나지 않는다. 병원 사역의 활성화는 곧 지역교회의 성장을 위한 시금석이다. 많은 교회들이 병원 선교를 한다고 주장하고 있으나, 그것은 전시 효과에 지나지 않을 뿐더러 전도 열매를 맺기가 어렵다. 오히려 지역교회가 병원 전도를 주도함으로써 병원 내의 원목 사역을 더욱 위축되게 할 뿐만 아니라 걸림돌이 되는 경우도 허다하다. 이미 병원에는 이단집단 세력들이 알게 모르게 교묘히 침투해 기독교인 환자를 비롯하여 질병의 위기 가운데 있는 환자들에게 접근하고 있으며, 원목 사역을 교란하고 있다. 결국 한국 기독교교단과 지역교회가 병원 선교를 방치할 경우, 그것은 한국교회의 성장을 가로막는 결과를 가져올 것이다.

원목은 교회가 파송한 국내 선교사이다. 기독병원 이외의 원목은 교회와 선교단체에서 파송을 받아 사역을 하거나 병원에서 전도하다가 원목으로 정착하는 경우가 많다. 일부분이지만 병원에서 투병하다가 사망한 사별 가족이 자원봉사자로 활동하던 중 전도사로 사역하는 경우도 있으며, 교회에서 잘 적응하지 못해 원목으로 사역하는 이들도 있다. 그러나 교회에서 파송을 받지 않고 사역하는 목회자인 경우에는 사역 자체가 지속적이지 못하고 불안전하며 이탈될 우려가 있다. 『한국원목협회 회원실태조사 자료집』에 따르면, 이 같은 경우는 세 가지로 분석할 수 있다.

첫째, 기독병원과 대학병원 이외의 병원에서는 원목 사역이 안정화되어 있지 못하다. 원목 사역에서 가장 중요하게 여기는 부분은 '사역의 안정화'(35.7퍼센트), '사례비 재원 확보'(22.9퍼센트), '사역 업무 과다'(14.6퍼센트) 순으로 조사되었다. 이와 같은 분석을 다섯 개 병원을 중심으로 영역별로 살펴보면, '사역의 안정화' 분야에서는 일반사립병원에서의 원목 사역(37.6퍼센트)이 가장 취약하고, 그 다음이 요양병원(36.4퍼센트)으로 나타난다.

　이것은 그만큼 한국교단과 한국교회가 병원 사역을 위한 선교 후원에 인색하다는 것을 의미한다. 물론 병원은 교회가 아니므로 교회처럼 마음대로 출입하며 전도할 수 있는 장소가 아니라 관심 밖에 둘 수 있다. 그러나 이것은 매우 소극적인 인식의 차이에서 비롯된 안일한 사고이다. 한국교단이나 교회는 병원 선교를 원목에게만 일임해서는 안 된다. 병원 선교가 팀 사역을 통해 활발하게 이루어졌을 때 병원은 전도의 황금어장이 될 수 있기 때문이다. 우리나라가 선교 대국의 시금석이 되기 위한 미래의 선교 지도를 그린다면, 교단과 지역교회는 원목에게 그 사역을 일임할 것이 아니라 특정 교단을 초월해 우리나라의 원목 사역과 병원 선교에 관한 정책을 조속히 수립해야 한다.

　둘째, 대다수 병원에서 원목이 기초생활 수준 이하의 사례를 받고 있다. 『한국원목협회 회원실태조사 자료집』에서 원목의 월 사례비 현황을 보면, 70퍼센트에 이르는 원목이 100만 원 미만(30만 원 미만 15.4퍼센트, 50만 원 미만 19.2퍼센트)에 이르고 있다. 이것은 원목 사역자 가운데 1/2 이상은 기초생활 수준 이하의 사례를 받고 있다는 것인데, 그것보다 더 놀라운 사실은 그 지원마저도 60퍼센트가 가족(배우자와 자녀)들이 선교 헌금을 통해 충원한다는 것이다. 병원 사역은 교회와 같이 자립할 수 없는 구조를 갖고 있지만, 물적 자원은 지속적으로 투입되어야 한다. 그 이유는 사역의 활성화와 전도 프로그램을 위한 절기 행사와 구제, 봉사 활동을 위한 선교 자원이 필요하기 때문이다. 이런 구조적 모순을 타개하기 위한 방법을 원목 스스로 찾아야 한다는 데서 소명의 부재를 가져올 수밖에 없다.

셋째, 교단과 지역교회가 연계해 원목을 후원해야 한다. 『한국원목협회 회원실태조사 자료집』에 의한 원목 파송 현황을 보면, 교회와 선교단체에서 파송한 경우가 52퍼센트이지만, 30.4퍼센트는 단독 사역으로 조사되었다. 파송을 받았다고 하지만 지원 없이 사역하는 원목도 있으며, 후원이 있다고 해도 통상적인 후원인 경우가 많다. 또한 파송을 받지 못한 원목인 경우에는 거의 다 미자립인 상태로 보아야 한다.

특히 개척형이나 자비량 원목은 국공립병원이나 일반사립병원이 가장 많고, 그 다음이 요양병원이다. 따라서 사립병원과 요양병원의 원목은 타병원의 원목과 비교해 교회와 선교 후원도 열악한 상태에서 사역하고 있는 것으로 분석할 수 있다. 또한 원목이 교단으로부터 지원을 받을 수 있는 통로인 '교단과의 인프라 구축'도 4.1퍼센트에 불과하며, '사역의 불안정'(28.6퍼센트)이나 '경제적인 어려움'(28.6퍼센트)으로 이직하겠다는 비율도 사립병원과 요양병원군에서 가장 높다.

게다가 사립병원에서의 원목은 병원목회(임상목회 포함)에 관한 교육과 훈련을 받지 않고 사역에 투신하는 경우가 많아 병원에서 원목 사역이 정착하기까지는 평균 5년 이상이 걸리는 것으로 보인다(5년 미만 사역자 43.5퍼센트). 이 같은 상황으로 보면, 교단과 교회에서 파송을 받아 사역할 때 원목에게는 일정 기간 동안 병원목회에 관한 교육과 훈련이 요구되며 그래야만 병원 사역이 안정화를 이룰 수 있을 것으로 분석된다. 또한 회원단체인 한국원목협회는 원목 사역을 원하는 회원을 양성해야 하며, 이들과 회원을 대상으로 병원목회에 관한 연수 교육이 상시적으로 실시되어야 할 것으로 보인다.

3 / 병원목회 프로그램

병원 현장에서의 프로그램은 병원 영역별 분야에 따라 다양하다. 기독병원과 대학병원, 국공립병원과 사립병원 등은 병원 환경과 규모, 예배 장소와 원목실 확보, 병원 경영자의 신앙, 신우회의 조직, 원목의 파송 여부 등에 따라 사역의 대상과 종류가 일정치 않고 차이가 있다. 하지만 병원 사역은 크게 다섯 가지로 구분할 수 있다. 예배 사역과 절기 행사, 환자 돌봄에 관한 상담, 병원 직원을 위한 영성 훈련, 각종 위원회 참여 및 의료 선교 활동 등이다.

대형병원의 원목 사역인 경우에는 사역 분야도 광범위하고, 새벽 기도회와 예배의 횟수도 일반교회와 거의 대동소이하다. 『한국원목협회 회원실태조사 자료집』에 따르면, 기독병원 원목인 경우에는 '업무 과다' 비율도 25퍼센트로 나타나고 있다. 병원에 따라 예배 시간도 일정하지 않을 뿐더러 사역 내용에도 다소 차이가 있으나 다음과 같이 병원에서의 사역을 분류할 수 있다.

1) 예배 사역

① 예배 사역[130] : 새벽기도, 주일예배(오전과 오후), 수요예배, 치유예배 등
② 병상예배와 세례
③ 임종과 장례예배
④ 세례와 성례
⑤ 직능별 예배(의사와 간호사) 또는 직원 신우회 예배
⑥ 부서별 직원 성경 공부

⑦ 환자 퇴원 후 방문예배

2) 절기 행사

① 부활절 : 환자와 병원 직원을 위한 기념행사
② 추수감사절 : 환자와 직원 대상으로 떡과 과일 나눔
③ 성탄절 : 양말과 무릎 담요, 내복, 선물 봉지 등
④ 기념행사 : 창립예배와 함께 직원 찬양제
⑤ 환자를 위한 음악회

3) 영적 돌봄을 위한 상담

① 신앙 상담 : 환자, 간병인, 병원 구성원
② 가족 상담 : 환자와 보호자
③ 병상 상담 : 환자와 보호자, 간병인
④ 입원과 퇴원 환자 방문
⑤ 결심 환자 지역교회 연결
⑥ 호스피스 환자와 사별 가족 상담
⑦ 자원봉사자 교육
⑧ 의료 보호 환자를 위한 자선바자회 개최

4) 병원 직원을 위한 영적 프로그램

① 교직원 정규예배
② 병원목회교육(CPE)

③ 기독병원인 경우 : 특별예배 및 영성 훈련

④ 신우회 지도 및 선교 프로그램 지원

⑤ 호스피스 팀 사역

⑥ 의료사회사업 지원

⑦ 지역교회와 병원 간의 협력 사업

5) 각종 위원회 및 의료 선교 활동

① 위원회 참여 : 뇌사판정위원회, 생명의료윤리위원회, 임상심사위
   원회 등

② 국내 및 해외 의료 선교 지원

③ 주보와 전도지, 문서 선교 발간

④ 사회봉사단체와 연계사업

⑤ CPE 훈련 및 세미나 개최

4/병원목회의 과제

21세기 신학은 거센 제4차 산업혁명과 함께 새로운 변혁을 예고하고 있다. 병원목회 환경도 환자 중심의 사역에서 벗어나 새로운 변화가 요구되고 있다. 종전의 의술과 치료에서 벗어나 인공지능에 의한 첨단의학으로 변화되는 과정에서 병원에서의 목회 활동이 위축될 가능성도 예견할 수 있다. 의료기기와 진단 장비 산업에서 만들어 낸 제품-전산화 단층촬영(CT)과 양전자 방출 단층촬영(PET), 자기공명 단층촬영(MRI) 등-으로 인체 장기의 생생한 움직임을 잡아내는 초음파와 형광 투시법 덕분에 의사들은 인체 내부에서 진행되고 있는 일을 놀라울 만큼 또렷하게 볼 수 있게 되었다.[131] 이같이 의사 보건 의료의 질이 높아지고, 인공지능에 의한 의료 장비들이 발달하고 있으나 하나님의 형상으로 창조된 인간의 질병 자체는 뿌리 뽑을 수 없다. 미래사회의 인간은 육체적인 질병에 의한 고통보다 마음과 정신세계를 지배하는 영과 혼이 더 큰 고통을 겪게 될 것이다.

병원목회는 신학 및 의학적인 이론과 철학적인 사조보다는 병원 현장에서 질병에 고통당하는 인간을 치유함으로써 현대 의학으로 치료할 수 없는 분야를 감당하는 목회 분야로 자리매김할 수 있어야 한다.

현대 의학과 병원이 요구하는 병원목회의 과제는 다음과 같다.

첫째, 병원목회 사역의 전문화이다. 병원은 원목이 의료진의 영역을 이해할 수 있는 자격을 갖춘 목회자를 원한다. 앞으로 병원목회는 병원의 구성원으로 자리매김하게 될 것이다. 이를 감당하기 위해서는 원목은 정규 신학을 전공하고 병원목회 훈련 과정(대학원)을 이수한 자에 한해 파송되어야 하고, 병원은 원목을 병원목회 전문인으로서 신분을 보장해야 한다.

둘째, 병원목회 사역의 과학화이다. 병원에서 원목 사역도 과학화되어야 한다. 환자의 맞춤의료와 함께 입원하고 퇴원할 때까지 영적 케어도 이루어져야 한다. 예를 들면, 환자의 입원에서부터 퇴원에 이르기까지 영적 진단과 함께 케어 과정을 자료화해 주치의와 함께 공유할 수 있어야 한다.

셋째, 병원목회 사역의 안정화이다. 병원은 환자의 영적 관리 책임자로서 병원목회 전문화 과정(임상목회 훈련 및 대학원)을 이수한 목회자를 원목으로 청빙해 직원으로 신분을 보장함으로써 사역의 안정화를 이룰 수 있다.

5/원목의 리더십

원목은 병원 선교를 위한 선교사일 뿐만 아니라 병원목회 전문 사역자이다. 원목은 환자와 병원 구성원의 신앙 교육과 영성 훈련, 환자와 직원 간에 연계된 병원 선교 관련 행사를 주도하고, 지역교회나 병원과의 선교 및 의료 융합 프로그램을 활성화하기 위한 프로그램을 이끌어갈 수 있어야 한다. 기독병원이나 대학병원의 원목인 경우에는 국내 및 해외 의료 선교와 병원 내의 각종 위원회의 위원으로 참여해야 하므로 목회자로서 환자의 생명과 의료 윤리에 관한 성경에 부합된 올바른 지식과 판단이 요구된다. 또한 신학과 목회에 관한 선교적 소명과 영적인 자질 등이 겸비되어야 한다.

원목은 몇 가지 측면에서 다음과 같은 리더십이 겸비되어야 한다.

첫째, 원목은 병원 목회자로서 영적인 자질을 겸비해야 한다.

예수님의 열두 제자들은 3년 반 동안 훈련을 받았으나 예수님이 체포되시고 사형언도를 받으시자 뿔뿔이 흩어지고 말았다. 베드로는 주의 곁을 떠나지 않고 지키겠다고 장담하였으나 제자들 가운데 가장 먼저 주를 부인하였다. 이내 다른 제자들도 주를 버리고 이전의 상태로 돌아갔지만 주님은 제자들을 절대로 포기하지 않으셨다. 인간적으로 보면, 배신과 함께 제자들을 포기하셔야 하지만 주님은 제자들을 끝까지 신뢰하고 사랑하셨다. 병원 목회자도 주의 사랑과 섬기는 자로서의 소명감이 겸비될 때 원목으로서의 자격을 갖추었다고 볼 수 있다.

미국의 원목은 제도권에서 사역하고 있을 뿐만 아니라 정규신학대학을 졸업하고 일반목회 경험을 가진 목회자로서 최소한 병원에서 임상목회교육을 2년 수료하고 원목으로서의 자격이 검증된 후에 파송되고 있다. 그러나 우리나라의 원목인 경우, 일반교회에서의 경험과 단기간의 실습으로 병원 사역에 투신함으로써 사역이 안정화되지 못하고 어려움을 겪는 경우가 많다.

둘째, 원목은 병원 구성원과의 관계에서 관계적 리더십을 겸비해야 한다.

오래 전에 필자는 한 여전도사가 13년 동안 희생과 헌신으로 오로지 병원 선교에 소명을 다하였으나 종교적인 이해관계가 있는 환자와 병원 직원의 모함으로 병원을 떠나는 일을 목격하였다. 필자는 그 사건을 원만히 해결해 보려고 병원 원장을 만나 보았으나 이미 결정된 사안이라 번복할 수 없었다. 그로 말미암아 두 개 병원에서 병원 선교의 문이 닫히고 폐쇄되고 말았다.

원목 사역에는 양치기 리더십이 요구되어야 한다. 리먼(K. Leman)과 펜택(W. Pentak)은 '위대한 양치기에게 양 떼를 이끄는 일은 단순한 작업이 아닌 삶의 일부이다.'라고 정의하면서 일곱 가지의 원칙-양들의 상태를 파악하라, 양들의 됨됨이를 파악하라, 양들과 일체감을 갖도록 하라, 목장을 안정된 곳으로 만들어라, 방향을 가리키는 지팡이가 되라, 잘못된 방향을 바로잡는 회초리가 되라, 양치기의 마음을 품어라-을 제시하였다.[132]

예수 그리스도가 양 99마리보다 길 잃은 양 한 마리를 찾아 나서셨던 것처럼 원목도 이와 같은 심정으로 환자들의 병상을 찾아가야 한다. 투병기간 동안 환자에게는 병실이 '창살 없는 감옥'으로 여겨질 수 있으며, 정신적·심리적으로 크고 작은 상처를 받을 수 있다. 때로는 의사와 간호사로부터 수혜자 입장에서 환자들의 영혼이 유린당하고, 그로 말미암아 괴로워하는 이들도 보게 된다. 이때 원목은 그들에게 다가갈 수 있는 위로자이고 성직자이며 상담자이고 치유자이다. 원목 사역의 대상은 교인인 입원 환자들만이 아니라 입원해 있는 모든 환자들이다. 그들 가운데 길 잃고 상처로 고통을 당하는 이들이 많다. 원목은 그들의 상처를 치유하며, 사악한 이리 떼로부터 그들을 지킬 수 있는 파수꾼으로서의 투철한 소명감과 함께 탁월한 신학과 복음으로 무장되어 있어야 한다.

원목이 보다 안정되게 사역하기 위해서는 병원당국으로부터 원목으로 청빙을 받거나 교회에서 선교사로서 파송을 받는 것이 바람직하다. 어쩌면 원목이 처음부터 교회와 선교단체로부터 파송을 받지 않고 병원 사역을 개척하는 것은 매우 무모한 도전일 수 있다. 그만큼 사역의 어려움이 가중될 수밖에 없고 나아가 병원당국으로부터 병원 사역에 관한 오해와 불신을 불러일으킬 가능성도 크다.

필자도 처음부터 원목으로 투신한 것이 아니라 병원 직원 4~5명을 대상으로 3년 동안 매주 한차례 성경 공부를 실시한 이후에 환자가 아닌 병원 직원들을 대상으로 예배를 드리기 시작하였다. 이러한 과정을 통해 병원 원목으로서 환자를 위한 사역을 이끌어 낼 수 있었고, 신우회도 자발적으로 조직되었다. 그만큼 원목으로서 병원 사역을 정착시키기까지는 많은 시간과 인내가 필요하며, 직원들과의 관계적 리더십이 매우 중요한 자원이다.

셋째, 원목은 지역교회 담임목사와의 관계에서 관계적 리더십을 겸비해야 한다.

원목은 병원 안에서 전도에만 치중해서는 안 된다. 사역의 활성화를 위해서는 지역교회와 팀 사역을 구축하는 일도 중요하다. 바울이 3차 전도여행을 통해 곳곳마다 팀 사역자를 발굴함으로써 그들과 함께 전도

여행을 성공적으로 수행할 수 있었다. 원목이 독자적으로 병원 선교를 개척하고 사역한다고 할지라도 그 사역은 원목이 사유화할 수 없다. 사유화하게 되면 병원당국 또는 신우회로부터 원목 사역의 자율성이 제한받게 되거나 개입될 소지를 주게 된다. 따라서 원목 사역의 안정화를 위해서도 평소에 팀 사역을 구축해 놓지 않으면, 예기치 않은 어려움을 만날 수 있다.

원목의 울타리는 병원 내의 신우회 회원과 지역교회이다. 이를 위해 원목은 양치기 리더십으로 교량적인 역할을 해야 한다. 그러나 주의해야 할 것은 원목이 목회자의 신분을 망각하고 병원과의 이해관계(환자 유치와 병원 홍보, 선교 후원, 개교회 사역)로 말미암아 소명의 약화를 가져와서는 안된다는 것이다. 원목은 건강하고 안정된 병원 사역을 위해서 지역교회 또는 병원 소재지의 교회협의회와 유대관계를 지속해야 한다.

넷째, 원목은 종교와 사상을 초월한 목회자로서의 자질을 겸비해야 한다.

오늘날 병원에 입원한 환자의 분포를 보면, 우리나라 사람만 입원하는 것이 아니라 외국인도 입원하는 경우가 늘어나고 있다. 탈북자를 비롯해 동남아 근로자들도 자주 만날 수 있다. 이들이 갖고 있는 종교적 신념이나 사상이 각각 다르다고 할지라도 원목은 그들의 종교와 문화에 대해 차별하지 않고 이해할 수 있어야 한다. 그들은 입원해 있는 동안에 그들 자신의 종교적인 자유를 누릴 권한을 가지고 있다. 그래서 원목은 그들을 사랑하되 차별해서는 안 되고, 예수님을 믿으라고 강요해서도 안 된다. 하지만 원목은 그들도 전도 대상에 포함시켜야 한다. 특히 탈북자들 가운데는 결핵으로 입원하는 경우가 많다. 결핵환자인 경우, 감염의 우려로 격리 병동에 있거나 면회사절인 경우가 대부분이므로 지혜롭게 접근하고 무리하게 전도하려고 하지 않아야 한다. 외국인 근로자인 경우, 가능한 한 그들의 말로 번역된 성경을 읽어보라고 권면하고, 자주 접촉해 대화를 나누는 것도 바람직한 일이다.

다섯째, 원목은 병원목회 전문인으로서의 자질을 겸비해야 한다.

제4차 산업혁명 시대가 다가옴으로써 병원 진료 시스템도 정보통신기술의 발달로 놀랄만한 혁신이 일어나고 있다. 미래에는 의사가 청진기에 의존하는 시대가 사라질 것이고, 환자가 의사를 찾아가는 시대가 아니라 의사가 환자를 찾아가는 시대로 탈바꿈하게 될 것이다. 그러므로 환자들을 보다 인간적으로 대하고 존중하도록 하기 위해 병원 구성원들은 그들의 직무와 관련이 있든 없든 간에 환자에 대한 돌봄과 환자와의 공감이라는 병원의 미션과 연결시키는 일들이 중요하게 될 것이다.[133]

이왕준은 "시대적 변화는 의료 제도와 면허 제도까지도 바꿔 놓게 될 공산이 크다. 최상의 안전을 외치면서 검사와 임상시험에 큰 비용을 지출하였던 의료 패러다임이 약간의 위험을 감수하더라도 경제적 지출을 줄이는 방향으로 변화할 것이다. 의사는 보조 인력의 관리와 임상시험에 따른 의사결정(Decision Marking)에 주안점을 두며, 반복되는 처치와 처방은 잘 교육된 보조 인력의 몫이 될 가능성이 크다."[134]고 하였다. 이와 같은 변화는 원목 사역도 병원 환경에 맞는 전문화를 요구한다. 단순히 예배와 전도를 위해 원목이 존재하는 시대는 퇴보할 수밖에 없다.

원목 사역을 생계 수단으로 삼는다면, 그것은 바람직한 사역으로 볼 수 없다. 원목은 목회자로서 하나님으로부터 부름을 받은 자이지만 디지털 시대에 맞는 영적 사역에서의 혁신이 이루어져야 한다. 그 예로, 병상 방문 대신에 휴대폰을 활용해 복음의 메시지를 전달하거나 환자와의 통화를 통해 영적 돌봄을 보다 강화할 수 있다. 그러나 분명한 것은 원목으로서 찾아가는 사역 자체를 포기하라는 것은 아니다. 원목은 시대가 변해도 청지기의 사명인 길 잃은 양을 찾아가는 소명감까지 변질되어서는 안 된다. 원목은 병원 목회자로서의 뜨거운 소명감과 영혼 사랑과 구원에 대한 열정, 병원 구성원이나 지원 교회와의 영적 서비스를 통신 매체를 활용하는 등 변화하는 병원 환경에 응용할 수 있는 창의적인 프로그램을 개발할 수 있어야 한다. 나아가 원목은 영성 훈련을 위한 목회 전문인으로서 자리매김할 수 있어야 한다.

6/병원목회의 전망

2017년 12월 기준, 사단법인 한국세계선교협의회의 '한국 선교사 파송 현황'을 보면, 170개국에 27,436명을 파견한 것으로 발표하고 있다. 이미 우리나라는 미국 다음의 제2위 선교 국가로 인정받고 있으나 이 중 해외로 의료 선교사들이 많이 파송되어 있다. 그러나 안타깝게도 국내 병원 선교는 사각지대에 놓여 있다. 한국교회와 병원의 뿌리인 병원 선교를 외면함으로써 스스로 전도의 문을 닫고 있는 것이다. 한국교회는 해외 선교사 파송과 함께 군선교회, 경목 선교회, 연합 선교 활동 등에는 지대한 관심을 가지고 있으면서도, 황금어장이라 불리는 병원 선교에는 무관심하다. 그 원인은 무엇일까?

원목인 필자는 병원목회와 선교를 연구해 왔으나 그 답을 찾는다는 것은 마치 산에서 산삼을 발견하는 것만큼이나 어렵다. 그래도 답을 한다면, 교회 입장에서는 병원 선교가 교회 성장에 도움이 안 된다고 판단되어 병원 선교를 후원한다고 해도 전도 열매가 없다는 인식이 깊이 내재되어 있기 때문이 아닐까 생각한다.

'교회가 왜 존재할까?' 그것은 전도하기 위해서이다. 병원 원목도 국내 선교사이다. 그렇다면 한국교단과 교회는 병원 선교에 대한 전도의 소명을 포기해서는 안 된다. 통계상, 입원 환자의 25퍼센트 정도가 기독교인이다. 원목은 이들이 입원해 있는 동안에 이들을 기독교 신앙으로 양육하고, 이들이 질병 가운데도 정상적인 신앙생활을 하며, 이들을 이단세력의 유혹에서 지킬 수 있는 파수꾼이다. 한국교회는 병원 목회자에게 약 25퍼센트에 이르는 기독교인 환자들을 위탁하고 있는 셈이다.

또한 오늘날 병원은 교회가 아니기 때문에 이단들이 방문객을 가장해 기독교인 환자에게 쉽게 접근하고 있다. 또한 종교의 자유라는 미명 아래 대형병원에는 기독교뿐만 아니라 타종교(불교·원불교, 천주교)도 함께 공존하고 있다. 그런데도 한국교회가 병원 선교를 외면한다면, 그것은 병들어 있는 양 떼를 포기하고 있다는 증거가 아닐 수 없다. 종교의 자유 아래 병원은 전쟁터와 같다. 물적·인적 자원을 지원하는 타종교에 비하면, 기독교 원목 사역은 맨손으로 적들과 싸우고 있는 셈이다. 그럼에도 불구하고 기독교 원목 사역자 입장에서 보면, 전도할 대상도 많고 예배 참석 비율도 타종교보다 월등하게 앞서 있다.

타종교의 병원 선교는 종단 또는 지역본부가 집중적으로 지원하고 있다. 하지만 기독교는 소속교단과 교회가 무파송과 무지원, 무관심으로 일관하고 있다. 기독교 원목들이 안정된 사역을 할 수 있도록 지원하는 선교 정책이 매우 시급하다. 해마다 원목 사역을 원하는 목회자도 증가 추세에 있으므로 병원목회의 전문화를 위한 선교 훈련과 재교육도 시급히 요청되고 있다.

병원의 기능이 진료와 예방, 교육에 초점을 두고 있다면, 병원목회의 기능은 예배와 상담, 돌봄에 있다. 이미 미국과 캐나다 등에서는 원목을 의료진의 일원으로, 팀 사역자로서 협력해야 할 주요 멤버로 인정하고 있을 뿐만 아니라 병원목회의 전문성을 발휘할 수 있도록 행정적인 지원과 더불어 원목의 신분 보장은 물론, 생활비를 책임지고 있다.

오늘날 우리나라의 병원 시설과 진료는 선진국에 버금가는 것으로 인정을 받고 있다. 이미 세브란스병원(2009년)을 비롯한 많은 대학병원이 국제의료기관평가위원회 평가 인증인 JCI(Joint Commission

International)¹³⁵를 받았거나 받기 위해 노력하고 있다. 이 규준 안에는 '환자와 가족(보호자)의 권리'(PFR, Patient and Family Rights)에 대해 다음과 같은 '영적인 지지 정책'(Spiritual Support)에 관한 내용이 담겨 있다.

병원-조직은 목회 서비스 또는 환자의 영적 및 종교적 신념과 관련된 환자 및 가족의 유사한 요청에도 응답해야 한다(The organization has a process to respond to patient and family requests for pastoral services or similar requests related to the patient's spiritual and religious beliefs).

① 병원-조직은 종교적·정신적 지원과 관련된 복잡한 요청에 의해서가 아니라 일상적인 과정으로 설계되어야 한다(The organization has a process designed to routine as well as complex requests related to religious and spiritual support).

② 병원-조직은 종교적·정신적 치료 요청에 응해야 한다(Organization responds to requests for religious and spiritual care).

미국을 비롯한 선진국의 병원은 환자가 입원해 있는 동안에 그들의 영적 및 종교적 요청에 응할 수 있도록 시설을 갖추고 있을 뿐만 아니라 안정된 사역을 위해 원목의 신분을 보장하고 사례비를 지급하고 있다.

우리나라의 병원이 의술의 선진화와 의료 시장의 국제화를 위해 진력하고 있다면, 특히 환자를 위한 서비스에 부합된 종교적 및 영적 시설을 갖추어야 한다. 또한 병원에는 원목이 있어야 한다. 미국과 같이 원목을 지원하지는 못하더라도 환자의 영적 권리는 보장되어야 한다.

우리나라는 비기독교 국가이지만 제도권 영역에서 군목이 제도화되어 있다. 국가의 예산으로 군목의 신분과 종교적 활동을 보장하고, 법적인 근거에 의해 사역하고 있다. 그뿐만 아니라 한국교계는 군대의 선교 활동을 지원하기 위해 군선교회에 능동적으로 대처하거나 후원하고 있다. 그러나 병원 선교는 원목을 파송한 일부 교회에서만 지원하고 있을 뿐, 이렇다 할 선교 지원 정책이 배제되어 있다. 한국교회의 뿌리는 의료 선교에서 출발하였으므로 더 이상 병원 선교를 방치해서는 안 될 것이다.

또한 병원은 환자들의 영적 권리를 보장해야 할 책임이 있다. 환자가 부담하는 진료비에는 영적인 케어 비용까지도 포함되어 있다고 볼 수 있다. 법률로 환자의 종교적 자유를 제도화할 필요성은 없다고 하더라도 최소한 보건정책당국과 병원 관련단체는 종교적인 시설과 이에 따른 원목 사역에 관한 규정을 명문화해야 한다. 병원 경영자가 모든 환자와 그 가족의 영적인 안녕을 위해 전인적인 치유를 받을 수 있는 영적 및 종교적 시스템을 갖추었을 때 현대 병원이 추구하는 의료 선진화를 이루게 될 것이다. 나아가 환자의 영적 서비스와 함께 병원의 신뢰성을 감안한다면, 병원 경영자는 병원목회가 왜 중요한지에 대해 환자 입장에서 깊이 인식하고 현재 사역 중에 있는 원목 사역에 세심한 지원을 강화해야 할 것이다.

① 병원목회는 병원 발전을 위한 영적 서비스이다. 역사적으로 우리나라의 서양 의학과 의술은 의료 선교사의 헌신적인 시혜에 의해 발전되어 왔다. 그들은 기독교 정신에 따라 병든 이들을 위해 병원을 세웠다. 서양 의학이 하나님의 말씀에 의해 보급되었다는 점에서 보면, 오늘날 병원은 원목을 의료 팀의 구성원으로 인정해야 한다.

② 병원목회는 교회 성장을 위한 선교 활동이다. 우리나라의 중·대형 교회와 교단들은 해외 선교사 및 의료 선교사를 파송하고 있다. 그

럼에도 불구하고 원목을 병원 선교사로 파송하는 일에 매우 인색하다. 병원목회는 교회의 성장과 깊은 관련이 있다. 필자가 조사한 바에 따르면, 입원 환자 가운데 기독교인 환자 비율은 20~30퍼센트를 차지한다. 원목은 기독교인 환자들이 이단종파에 현혹되지 않도록 파수꾼 역할을 하고 있으며, 예배와 영적 돌봄을 책임지고 있다. 한국교회와 교단은 협력해 병원 원목을 파송하는 일에 앞장서야 하고, 각 교단에 소속된 원목을 해외 선교사와 같이 지원해야 한다.

③ 병원목회는 원목 사역을 위한 소명이다. 회원 공동체인 (사)한국원목협회와 기독교 교단은 지역교회의 선교를 활성화하기 위해서도 병원 선교 정책을 재수립해야 한다. 일부 신학대학원에서 임상목회교육(CPE) 과목이 개설되어 있으나, 정규신학생들을 대상으로 병원목회에 관한 실습이 이루어져야 한다. 지금 우리나라는 목회자의 수요와 공급이 매우 불균형 상태에 놓여 있다. 때 늦은 감이 있으나 병원목회교육(CPE 포함)을 통해 우리나라의 병원 특성에 맞게 원목을 양성하고 파송에 의해 사역하도록 해야 한다. 그렇게 될 때 원목 사역이 안정화될 뿐만 아니라 병원 목회자로서의 소명에 자부심을 갖게 될 것이다.

더불어 병원목회가 정착해야 할 당위성을 부언한다면, 질병 치료는 현대 의학과 의술의 영역에 앞서 '나는 너희를 치료하는 여호와 하나님'의 영역으로 원목 사역은 하나님의 명령을 수행함으로써 투병하는 모든 환자에게 개방된 치유 사역이다. 이것은 길잃은 이들이 하나님과의 관계를 회복하기 위한 구원의 기회인 동시에 새로운 삶을 향한 축복의 통로이기도 하다.

주석

1) Klaus Schwab, *The NEXT* (Switzerland : World Economic Forum, 2017), 김민주와 이협 역, 『클라우스 슈밥의 제4차 산업혁명』, 서울 : 새로운 현재, 2018, 216.

2) American Hospital Association, *MANUAL ON HOSPITAL CHAPLAINCY*, 『병원에서의 원목 활동』, 이공사 편역, 한국원목협회, 1986, 1.

3) Ibid., 2.

4) 신유섭 · 신재의, 『한국 근대 의료의 인식』, 서울 : 참윤퍼블리싱, 2015, 14. 재인용 ; 알렌 저 · 김원모 역, 『알렌의 일기』, 73, 21.

5) 광혜원 · 제중원 개원 122주년 기념 「연세의료원의 역사」 자료집. "서울의대에서 제중원을 자신의 뿌리로 주장하는 이유 중 하나는 형식적으로 제중원이 '국립병원'이었다는 점입니다. 하지만 형식적으로만 조선정부의 기관이었지 가장 중요한 의료활동에서는 선교사들이 독자성을 지니고 활동을 하였습니다. 그러다가 1894년 9월 말 제중원의 운영권이 미국 선교부로 이관되면서 정부와의 관계가 완전히 청산되고, 제중원은 순수한 사립병원으로 탈바꿈됩니다."

6) 조우현, 박종현, 박춘석, 「우리나라 근대 병원의 등장─19세기 말 20세기 초의 병원들」(의학사, 제11권 제1호), 31. 스크랜턴은 1885년 5월 3일 감리교 선교사로는 최초로 서울에 도착하였다. 몇 달 동안은 북장로교의 선교사인 알렌(H. N. Allen)을 도와 제중원(濟衆院)에서 의료사업을 하다가 1885년 9월 10일 정동에서 민간의료 기관으로 진료소를 개원하였는데, 나중에 고종 황제의 명에 의해 시병원(施病院)이

주석   **297**

라고 하였으며, 1887년 동대문에 부인전문병원인 보구여관을 설립하였다. 1894년 남대문 근처의 빈민 지역인 상동으로 병원을 옮겼다. 그는 특히 전염병에 걸려 버려진 환자들을 데려다가 치료하고, 고아들을 돌보았다. 스크랜턴의 선교병원은 부녀자와 어린이 치료를 전문으로 하게 되었고, 여의사들의 도움으로 오늘날 이화대학교 부속병원과 의과대학으로 발전하였다.

7) 연세대학교 의료원 원목실,『세브란스의 초기 역사와 선교』, 서울 : 연세대학교 의료원, 2009, 49.

8) 서영석, "제중원 활동의 선교사적 의의", 한국교회사학회 학술발표회,『한국 최초의 근대식 병원 세브란스의 선교사적 의미』, 2009. 2. 24, 16.

9) 연세대학교 · 원목실,『연세 선교 백서』, 서울 : 연세대학교 · 원목실, 2003, 55.

10) 서상륜은 양반 가문의 장남으로 중국을 드나들며 중국어에 능통해 인삼장사를 하였는데, 장티푸스에 걸려 사경을 헤매다가 의료 선교사의 도움으로 치료를 받아 회복되었고, 그 후 성서 번역 사업에 참여하고, 로스 선교사와 함께 한글성경 쪽 복음 누가복음 3천 여 권을 최초로 발간하였다.

11) 조우현, 박종현, 박춘석, 27. 당시 한성의 제중원은 연세대 세브란스병원으로, 한성의 보구여관은 이화대학병원으로, 대구의 제중원은 계명대학교동산의료원으로, 광주의 제중원은 광주기독병원으로, 전주의 부인환자진료소는 전주예수병원으로, 성소병원은 안동성소병원으로 명칭이 변경되어 오늘날에도 의료 선교사의 정신을 이어가고 있으며 병원목회 발전에 이바지하고 있다.

12) Timothy Keller, *Walking with Pain and Suffering* (New York: McCormick Literary co.), 최종훈 역『고통에 답하다』, 서울 : 두란노, 2018, 368.

13) 유영권 외 공저,『한국임상목회교육개론』, 서울 : 한국장로출판사, 2010, 16~19.

14) Ibid., 13.

15) 한국원목협회,『한국원목협회 50년사』, 서울 : 코람데오, 2013, 139~140.

16) Charles V. Gerkin, *THE LIVING HUMAN DOCUMENT* (Nashville : Abingdon Press, 1994),『살아 있는 인간 문서』, 안석모 역, 서울 : 한국심리치료연구소, 1998, 72.

17) 양유성,『이야기 치료』, 서울 : 학지사, 2011, 133.

18) 연세의료원 원목실,『다시 뛰는 생명의 북소리 쿵쿵』, 서울 : 넥서스, 2014, 69~70.

19) 오성춘,『목회 상담 사례 분석』, 서울 : 한국장로교출판사, 2003, 46~47.

20) 한국원목협회,『병상을 두드리는 목회』, 두란노, 2002, 73~74. 클라인벨

(Clinebell)은 상호의존적 차원의 관계를 성장 상담(목회)의 주요한 개념으로 보았으며, 1980년 후반부터 한국을 여덟 차례나 방문하고, 학술 세미나 등을 통해 이에 대해 강의한 바 있다. H. Clinebell, *WELL BEING* (USA : Harper San Francisco, 1992), 이종헌 & 오성춘 역, 『전인 건강』, 서울 : 성장상담연구소, 2003. 전인 건강에 있어서 가장 핵심 요인은 영성 관계에 있다는 것을 강조하였다.

21) Charles V. Gerkin, 48.

22) Ibid., 65.

23) 황성주, 『성서건강학』, 서울 : 국민일보, 1999, 20.

24) Robert S. Mendelsohn, *CONFESSIONS OF A MEDICAL HERETIC* (USA : NTC/Contemporary Publishing Group, 1979), 남점순 역, 『나는 현대 의학을 믿지 않는다』, 서울 : 문예출판사, 2000, 33~40.

25) Michael Dieterich, *Handbuch Psychologie und Seelsorge* (Germany : R. Brockhaus Verlag GmbH & Co. 1989), 홍종관 역, 『심리학과 목회 상담』, 서울 : 학지사, 2010, 290.

26) 유진열, 『현대인과 기독교』, 안양 : 성결대학교, 2014, 183~184.

27) Martin Lloyd Jones, *HEALING AND MEDICINE* (English : Kingsway Publications, 1987), 정득실 역, 『의학과 치유』, 서울 : 생명의 말씀사, 1997, 10.

28) Melvin J. Konner, *Medicine at the Crossroads* (USA : Educational Broadcasting Corporation, 1994), 소의영 외 역, 『현대 의학의 위기』, 서울 : 사이언스 북스, 2001, 100.

29) Franklin E. Payne Jr., *Biblical Healing for Modern Medicine* (USA : Originally Published, 1993), 김민철 역, 『의료의 성경적 접근』, 서울 : 한국누가회출판부(CMP), 2001, 74.

30) George H. Malkmus, *WHY CHRISTIANS GET SICK* (USA : Halleujah Health Institute), 최재경 역, 『기독교인이 왜 병에 걸리는가?』, 서울 : 엘맨, 2001, 46~49.

31) Franklin E. Payne Jr., 74.

32) Paul Tournier, *A Doctor's Casebook in the Light of the Bible* (San Francisco : Harper & Row, 1960), 정동철, 정지훈 역, 『폴 투르니에의 치유』, 서울 : CUP, 2007, 24.

33) 강경호, 『성령론』, 서울 : 요나, 1998, 30~34.

34) Franklin E. Payne Jr., 59.

35) 우리나라에서 1999년부터 '한국형 유전체 기능 연구사업'을 10년간 연구한 바 있다. 한국과학기술원, 『인간 유전체 연구에 대한 사회적 신뢰 구축의 연구』, 한국과학기술원, 2010. 참조하다.

36) Dallas Willard, *Renovation of the Heart : Putting on the Character of Christ* (Colorado Springe : NAV press, 2002), 31~39, 199~216 ; 정은심, 『정신 건강과 기독교 상담』, 서울 : 대서, 2015, 16~17. 재인용하다.

37) George H. Malkmus, 47~49.

38) Paul Tournier, 197.

39) Don Baker, *Korean Spirituality* (Hawaii : University of Hawaii Press, 2008), 박소정 역, 『한국인의 영성』, 서울 : 2012, 32.

40) 흔히 호스피스 환자를 치료하는 것을 완화 의료라고 한다. 완화 의료는 환자가 겪는 통증을 의학적으로 조절할 뿐만 아니라 환자를 심리적 · 사회적 · 영적으로 케어하기 위해 의사와 간호사, 성직자, 사회복지사, 가족 등이 팀의 일원이 되어 환자가 죽음에 이르기까지 삶의 질을 향상시키는 데 목적을 두고 있다. 현재 우리나라의 호스피스 서비스 종류는 입원형, 자문형, 가정형으로 분류한다.

41) M. Burton & M. Watson, *COUNSELLING PEOPLE WITH CANCER* (John Wiley & Sons, Ltd., 1998), 이은희 역, 『암으로 고통받는 사람들을 위한 심리 상담』, 서울 : 학지사, 2003, 189.

42) 최의헌, 『최의헌의 정신병리 강의』, 서울 : 시그마프레스, 2011, 69.

43) American Hospital Association, 2.

44) Martin Bobgan & Deidre Bobgan, *How To Counsel from Scripture* (Chicago : The Moody Bible Institute, 1985), 전요섭 역, 『영혼 치료 상담』, 서울 : CLC, 2008, 53.

45) 이관직, 『기독교 심리학』, 서울 : 대한예수교장로회, 2012, 38.

46) 유영권, 『기독 (목회) 상담학』, 서울 : 학지사, 2014, 69.

47) 박근원 역, 『목회학 원론』에서 재인용 ; 안석, 『정신분석과 기독교 상담』, 서울 : 인간희극, 2010, 106.

48) 오성춘, 『목회 상담 사례 분석』, 서울 : 한국장로교출판사, 2003, 33~34.

49) Roland Antholzer, *Plädoyer für eine biblische Seelsorge* (Germany : Schwengeler Published, 1986), 이해란 역, 『심리 치료와 성경적 상담』, 서울 : CLP, 2005, 37.

50) Michael Dieterich, 48~50.

51) 오성춘, 『목회 상담학』, 서울 : 한국장로교출판사, 2002, 24. "환원주의라는 말은 '전체를 있는 그대로 보지 못하고 하나의 작은 지점에서 전체를 보면서 전체를 그 작은 지점으로 축소시켜 버린다.'는 뜻으로 사용한다. 즉, 전체적인 모습을 보기보다는 전체를 한 지점에 축소시켜서 보는 것을 의미한다. 환원주의라고 하는 것은 잘못 보는 것이 아니라 전체를 보지 못하기 때문에 제한적이며 부분적이요, 축소되어 버린다. 그러므로 환원주의적인 이해는 실상을 그대로 파악할 수 없다는 약점을 가지고 있다."

52) Ibid., 31~32.

53) Larry Crabb, *Understanding People* (USA : Originally published, 1987), 윤종석 역, 『인간 이해와 상담』, 서울 : 두란노, 2015, 320~322.

54) 정은심, 『정신건강과 기독교 상담』, 서울 : 대서, 2015, 17.

55) Larry Crabb, 54.

56) Ibid., 56

57) 성경적-치료적이란 목회 상담이 성경적인 동시에 치료적이 되어야 한다는 의미에서 인간적인 관계-곧 심리적인 문제, 나아가 상담(치료)-도 중요하지만, 성경적으로 접근해야 한다는 의미이다.

58) Michael Dieterich, 286.

59) Ibid., 289.

60) 조병희, 『질병과 의료의 사회학』, 서울 : 집문당, 2007, 346~347.

61) Frank B. Stanger, *God's Healing Community*, 배상길 역, 『위대한 의사 예수』, 서울 : 나단, 1995, 32~34.

62) 김창모, 『한국 종교 문화 속의 구원과 치유』, 서울 : 한들출판사, 2009, 134.

63) 홍윤철, 『질병의 종식』, 서울 : 사이, 2017, 82.

64) 흔히 안락사는 심한 불치병이나 말기 환자의 고통을 인위적으로 제거하기 위한 방법으로 죽음에 이르게 하는 것으로 이해하고 있다. 안락사에는 적극적인 안락사와 소극적인 안락사가 있다. 전자는 환자의 생명을 단축시켜서 죽음을 앞당김으로써 고통을 해결한다면, 소극적인 안락사는 환자의 고통을 연장시키는 데 불과한 연명장치를 제거하거나 영양 공급 · 치료를 중지하는 것을 의미한다. 그러나 존엄사란 인간으로서 최소한의 품위를 지키면서 죽을 수 있게 하는 행위를 말한다. 환자가 회복이 불가능한 사망의 단계에 처하였을 때 무의미한 연명치료를 중단하고 자연적인 죽음을 받아들이게 함으로써 의사의 생명 유지 의무보다 환자의 자기결정권 (또는 가족의 처분권), 즉 환자의 권리와 선택을 더 중시하게 된다.

65) C. S. Lewis, *The Problem of Pain* (Great Britain : First published, 1940), 이

종택 역, 『고통의 문제』, 서울 : 홍성사, 2007, 139~140

66) 김영준, 『자생력, 하나님의 선물』, 서울 : 국민일보, 2010, 63~65.

67) 김영림, 『건강 칼럼』, 인천 : 한국성서신학원, 2003. 위 내용은 인천 『기호일보』에서 매주 칼럼으로 기고하였던 내용 가운데 일부를 재인용한다.

68) 히포크라테스는 "병은 자연이 고쳐 주고 보수는 의사가 받는다."고 하였다. 어떤 병이든 간에 생명 본연이 가지고 있는 자연 치유력에 의해 병이 낫는다는 이야기이다. 결자해지(結者解之)란 말처럼 질병은 일차적인 책임이 환자 자신에게 있다는 점에서 환자 자신이 몸의 자연성을 회복하면 스스로 병이 나을 수 있다. 의사란 어떤 면에서는 환자의 조력자(助力者)이며 조언자(助言者)이다.

69) Frank B. Stanger, *God's Healing Community* (Nashville : Abingdon, 1978), 배상길 역, 『위대한 의사 예수』, 서울 : 나단, 1995, 32~33.

70) 한국원목협회, 74.

71) 손영규, 「총체적 치유 사역의 이론」, 『총체적 치유신학의 개념과 실제』, 대전 : 건양대 보건복지대학원 치유선교학과 심포지움, 2006, 38.

72) Franklin E. Payne Jr., 214~215.

73) M. Lloyd Jones, 9.

74) Melvin J. Konner, 27.

75) R. S. Mendelsohn, *CONFESSIONS OF A MEDICAL HERETIC* (NTC : Contemporary Publishing Co. 1979), 남정순 역, 『나는 현대 의학을 믿지 않는다』, 서울 : 문예출판사, 2001, 9.

76) 홍윤철, 274.

77) Ibid., 325.

78) Franklin E. Payne Jr., 22.

79) 나노(nano)는 10-9를 나타내는 단위로, 1nm 원자 3~4개의 크기에 해당되는 10억분의 1미터로 Bottom-Up 방식에 의해 원자나 분자 하나로 조합하고 극미세 수준에서 정밀하게 조작 · 제어하는 기술이다. 오늘날 첨단 의료 장비인 로봇 수술과 인공지능과 빅 데이터를 응용한 영상의학연구 분야에서 접목되고 있다. 미래의 영상의학은 인간의 인체 내부를 실물 그대로 재현할 수 있을 것이다.

80) Paul Tournier, 43.

81) John Wilkinson, *The Bible and Healing* (UK : Originally published, 1998), 김태수 역, 『성서와 치유』, 기독교연합신문사, 2001, 20.

82) 면역력(免疫力, immunity)은 인체 외부에서 들어오는 병원균(세균과 바이러스, 독

소 등)이 공격해 올 때 맞서 싸울 수 있는 저항하는 능력을 의미한다. 그 예로, 면역력이 떨어지면 비교적 가벼운 감기나 독감, 폐렴, 아토피, 비염 등의 알레르기 질환, 류머티즘과 암, 자가 면역질환 등을 앓게 된다.

83) 자생력(自生力, Self-sustaining Force)이란 "스스로 살 길을 찾아 살아나가는 능력이나 힘"으로 설명되고 있으나 몸 안에 있는 자기 스스로 회복하는 힘으로 이해되고 있다. '의사들의 의사' 조엘 펄먼 박사의『내 몸의 자생력을 깨워라』참조 ; 병에 걸린 것도 아닌데 어느 날 갑자기 체력이 떨어지고 사소한 상처가 쉽게 낫지 않는 것은 몸의 자생력이 무너져 버렸기 때문이다. 자생력은 허약해진 몸을 다시 재생시키는 능력, 즉 저항력, 면역력, 회복력을 합친 것이다. 자생력이 서서히 떨어지게 되면 어느 순간 크고 작은 바이러스와 병균을 물리치지 못해 암이나 당뇨, 심근경색 등 큰 병에 노출되기 쉽다.

84) 자연 치유력(自然治癒力, Natural Healing Force)은 약과 의술에 의존하지 않았음에도 자신도 모르게 질병에 걸렸다가 치유되거나 회복하는 능력이다. 특히 결핵균에 감염되었으나 스스로 치유되는 경우가 그 예이다.

85) 예수교대한성결교회 총회,『헌장』, 예수교대한성결교회, 2017, 29. "신유라 함은 「하나님」의 보호로 육신이 항상 건강한 것과 병날 때「하나님」께 기도함으로써 병 고침을 받는 경험을 이름이니 이는「하나님」의 뜻이며(마8:2-3),「하나님」의 약속이며(출15:26, 신7:15, 약5:15),「하나님」의 능력의 역사이다(시103:3)."

86) Franklin E. Payne Jr., 44.

87) Melvin J. Konner, 35.

88) Ibid., 84.

89) Wilkinson, 74.

90) Mayhue, R., *Divine Healing Today* (Chicago : Moody Press, 1983), 26~28.

91) Ibid., 111.

92) Munter S., *Medicine in Ancient Israel*, in Fred Rosner, *Medicine in the Bible and Talmud* (New York : Ktav Publishing House, 1977), 9. ; Ibid., 112.

93) Ibid., 113.

94) Colin Urguhart, *Receive your Healing*, 이광호 역,『치유함을 받으라』, 기독교문서선교회, 1988, 32.

95) Wilkinson, 108.

96) 김창엽 외 3인,『한국의 건강 불평등』, 서울 : 서울대학교출판문화원, 2015, 18.

97) Wilkinson, 127.

98) 흔히 영적이란 의미는 매우 포괄적인 용어이다. 이 가운데 이단과 사이비 종교집
단, 타종교도 심지어 무신론자도 영적인 말을 많이 사용한다. 기독교에서 말하는
영적이라는 것은 타종교에서 말하는 영적인 의미와 다르다. 일반적으로 영이 주로
인간 중심적인 자아실현에 초점을 두고, 인간의 감성과 자신의 사상과 신념 등에서
주장하는 의미에서의 표현이라면, 타종교(불교와 힌두교, 영지주의 등)는 인간의
삶을 초월한 존재적 의미에서 그들의 집단에서 주장하는 종교적 목적을 실현하기
위한 행위와 공로, 어떤 선행을 이루는 영을 의미한다. 기독교 영성은 삼위일체 하
나님으로, 예수 그리스도의 계시와 역사하시고 현존하시는 하나님의 영, 즉 성령을
의미한다. 이것은 믿음에 의해 체험되는 성령의 역사와 은혜와 구원의 증거로서 하
나의 은사로 체험되는 것이다. 주로 통합적인 의미에서 영적이란 철학과 심리학과
인본주의 학문적 이론 등에 적용되고 있으나, 성경에서 표현되는 전인적인 의미에
서의 영은 육체적·심리적·영적인 것을 모두 포함하는 용어로 표현되고 있다. 하
지만 편의상 영적으로 표기되고는 있지만, 영성이라는 용어로 표현되는 것이 바람
직하다.

99) Colin Urguhart, 198.

100) Allen Frances, *Essentials of Psychiatric Diagnosis : Responding to the
Challenge of DSM-5* (USA : Guilford Publication, Inc. 2013), 박원명 외 5인
역,『정신의학적 진단의 핵심 : DSM-5의 변화와 쟁점에 대한 대응』, 서울 : 시그마
프레스, 2015, 147.

101) John Wimber, *Power Healing* (New York : Harper and Row Publishers,
1987), 106~110.

102) J. Dawson, *Some of the Ways of God in Healing* (USA : YWAM
Publishing, 1991), 22~23

103) M. Lloyd Jones, 112.

104) T. L. Osborn, *HEALING THE SICK* (Oklahoma : Harrison House, 1986),
함무근 역,『나는 너희를 치료하는 여호와임이니라』, 서울 : 글터, 1996, 88.

105) 폴임, 369~370.

106) C. Samuel Storms, *Healing and Holiness, 59~65 passim* ; 김창모,『한국 종
교문화 속의 구원과 치유』, 서울 : 한들출판사, 2009, 94.

107) 김창모, 94~100.

108) T. L. Osborn, *HEALING THE SICK* (Oklahoma : Harrison House, 1986),
함무근 역,『나는 너희를 치료하는 여호와임이니라』, 서울 : 글터, 1996, 88.

109) Vincent Edmunds & C. Gordon Scorer, *SOME THOUGHTS ON FAITH HEALING* (London : Christian Medical Fellowship, 1979), 신재구 역, 『진정한 치유』, 생명의 말씀사, 1994, 169.

110) Paul Tournier, *The Strong and The Weak* (Delachaux & Niestle, 1948), 정동섭 역, 『강자와 약자』, 서울 : IVP, 2000, 281~282.

111) 조병희, 『질병과 의료의 사회학』, 경기 : 집문당, 2007.

112) 김재성, 『존 칼빈 성령의 신학자』, 서울 : CLC, 2014, 162.

113) 김동수, 『성령운동의 제3물결』, 서울 : 예찬사, 1991, 97.

114) C. S. Lewis, *Miracles*, 116.

115) Ibid., 439.

116) Franklin E. Payne Jr., 223.

117) 유창령, 『기독교 성령론 : 성령의 온전한 얼굴』, 서울 : CLC, 2016, 337.

118) Ibid., 338.

119) 윤선자, 「한국전쟁과 군종 활동」 자료, 2004.

120) 한국원목협회, 『한국원목협회 삼십년사』, 한국원목협회, 1992, 31.

121) 상급종합병원이란 '난이도가 높은 의료 행위(중증환자를 우선적으로 치료하기 위한 목적)를 전문적으로 행하는 종합병원으로, 3년마다 보건복지부장관이 지정하는 3차 의료 진료기관'을 말한다. 2018~2020까지 지정된 상급종합병원은 43개였으나 이화대학교병원이 보류됨으로써 42개이다.

122) (사)한국원목협회 실태조사 위원회, 『사단법인 한국원목협회 회원실태조사 자료집』, 41.

123) 김영림, 「병원 원목 사역의 정착을 위한 유형별 분석 연구」, 박사학위 청구논문, 백석대학교 2006. 대부분 선진 유럽병원에서는 환자가 진료비를 부담하지 않고, 의료보험당국에서 부담한다.

124) Franklin E. Payne Jr., 87.

125) American Hospital Association, 9~10.

126) 2009. 11. 25. 파리 OECD본부에서 개최된 OECD DAC(개발원조위원회) 가입 심사 특별회의에서 DAC회원국들의 전원합의로 24번째 회원국으로 가입하였다.

127) '農夫餓死'(농부아사)라도 '枕厥種子'(침궐종자)의 의미는 '농부는 굶어죽을지언정 내년에 심을 종자는 먹지 않는다.'는 속담으로, 세속적 욕망만이 최고의 가치가 되어 버린 현대인의 사고체계를 빗대는 것이며, 한국교회의 선교의 사명이 실종되었

다는 것을 의미한다.

128) 최윤식, 『한국교회 미래지도』, 서울 : 생명의 말씀사, 2013, 67~87.

129) 제중원(광혜원)은 알렌 선교사가 고종 황제의 인허로 문을 연 의료기관으로, 우리 나라 최초의 서민을 위한 국립병원이자 선교병원이다. 이것은 서울대학교병원과 연세대학교의료원의 뿌리이기도 하다.

130) 기독병원과 대학병원인 경우에는 일반교회처럼 예배를 드리는 병원도 있으며, 예 배 공간을 함께 사용할 경우에는 주 1~2회 예배를 드리기도 한다.

131) Clayton M. Christensen, Jerome H. Grossman, James Hwang, *The Innovator's Prescription*, 배성윤 역, 『파괴적 의료 혁신』, 서울 : ㈜청년의사, 2010, 388~389.

132) Kevin Leman & W. Pentak, *The Way of the Shepherd* (Michigan : Grand Rapids, 2004), 김승욱 역, 『양치기 리더십』, 서울 : 김영사, 2014, 115~119.

133) Toby Cosgrove, *The Cleveland Clinic Way*. 홍상진 역, 『병원의 미래』, 서울 : 김앤김북스, 2014, 185.

134) Clayton M. Christensen, Jerome H. Grossman, James Hwang, 8.

135) JCI는 세계보건기구(WHO)가 인정한 의료기관평가위원회로, 환자의 안전과 양질 의 의료 서비스 제공을 목적으로 하여 전 세계 의료기관을 대상으로 일정한 평가기 준을 통과한 병원에 부여하는 인증이다. 환자가 병원에 들어와서 퇴원하기까지 엄 격한 1,033개의 평가항목에 대해 국제표준 의료 서비스 심사를 통과한 의료기관에 JCI 인증을 발급하지만 3년마다 재평가를 받아야 한다.

부록

1) 연세대학교 의료원, 『세브란스인의 기도』, 서울 : 연세대학교 의료원, 2010, 10.

2) Ibid., 12~13.

3) 한양대학병원 원목실, 『이 기도를 들으소서』, 서울 : 한양대학교 원목실, 1991, 41.

4) 유창기 외 2인, 『환자가 드리는 기도』, 서울 : 진흥, 1997, 36~37. 고(故) 유창기 목 사는 한국원목협회 증경회장, 한양대학병원 원목실장과 기독교신문사 사장을 역임 하였다.

부록

I. 영적 돌봄 측정에 관한 도구

(*필자가 국립암센터 호스피스 전문인교육 수강 시 자료)

1. 영적 고통 측정 간이도구 사용 안내서

목적	말기(암) 환자의 영적 고통을 초기에 측정하기 위해 영적 돌봄과 영적 사정의 기초 자료로 사용하고자 개발된 안내서이다.
대상	말기(암) 환자 가운데 의식이 또렷하고, 기본적인 관계 형성이 이루어져 있어서 영적 의사소통이 가능한 환자(입원 또는 상담)를 대상으로 사용한다.
사용 시기	호스피스 완화 돌봄의 초기(3일 이내)인 환자 상태가 적절하며, 편안하게 대화할 수 있는 시간과 분위기에서 사용한다.
설명	환자가 잘 이해하고 응답하도록 설명한다.
기입, 면담 방식	• 생각을 잘 정리하고 기입할 수 있는 환자는 본인이 직접 기입하게 한다. • 그 밖에 환자들은 면담 방식으로 진행한다. – 적절한 용어로 설명하고 의미를 알고 응답하도록 돕는다. – 문항의 순서를 바꾸어도 좋으며 환자가 부담을 느끼지 않도록 편하게 대답하게 한다.
추가적인 말과 질문	문항 이외에 더 할 이야기가 있는지 질문하고, 듣는 시간을 가져야 한다. 예1) 혹시 '이것만은 꼭 하고 싶다.'는 것(이루고 싶은 소원)이 있습니까? 예2) 지금 제일 걱정(염려)되는 것은 무엇입니까? 예3) 혹시 '잘못해서 미안하다고 용서를 받고 싶다.'고 느끼는 사람이 있습니까? 또는 미워하거나 원망스럽지만 가능하면 용서하고 싶은 사람이 있습니까? 예4) 지금까지의 삶에서 가장 가치 있었던 일은 무엇입니까? 사랑하였던 사람은 있습니까? 예5) 지금(어렵지만 그래도 희망을 가지고 계신다면) 어떤 희망을 가지고 계십니까?
결과 와 평가	점수 계산 *역산주의	① 10~20점(1단계 : 영적 고통이 적다) ② 21~30점(2단계 : 영적 고통이 중등도이다) ③ 31~40점(3단계 : 영적 고통이 크다)
	영적 고통의 순위	가장 영적 고통이 심한 것, 둘째로 심한 것 등을 파악해 다른 고통의 항목들과의 관계를 이해하고 영적 고통이 심한 항목부터 영적 돌봄의 계획을 세운다. 영적 고통 측정을 반복하여 영적 돌봄의 효과를 측정해 본다.

| 영적
요구,
파악
질문
(예문) | 상담자 : 신(하나님)은 당신에 대해 관심이 있고 당신을 사랑한다는 것을 믿습니까?
환자 : 예, 믿습니다.
상담자 : 그렇다면 어떻게 설명할 수 있습니까?
환자 : 오늘날까지 살아온 것이 하나님의 사랑이 아닙니까?
상담자 : 예, 그렇습니다. 우리 모두 하나님의 사랑 안에서 살고 있습니다. 이것이야말로 축복입니다. 이 시간도 하나님은 당신(배우자, 형제자매)을 사랑하고 계십니다. |

1) 영적으로 무관심한 환자

목표	환자 스스로 하나님의 사랑을 받아들이고, 그리스도인이 될 수 있다는 것을 알게 한다.
계획	① 상담자는 먼저 목회자 또는 호스피스 환자에게 알리고, 도와줄 의향이 있다는 것을 알린다. ② 환자에게 하나님의 사랑을 알리고, 돌봄 제공자의 행동을 통해 보여 준다. ③ 환자가 원할 경우, 하나님의 사랑과 은혜—구원의 길—를 설명해 준다. 확신 있게 증거하고 구원에 대한 방법을 이해할 때까지 자꾸 반복하여 설명해 준다. ④ 환자가 신앙을 갖고 있다면 도와줄 의향이 있다고 제안한다. ⑤ 환자를 위한 기도에 대해 의견을 묻고 응하면 기도한다. 나아가 찬송도 부른다.

2) 영적으로 관심이 있는 환자

목표	예수님을 구주로 믿고 결심을 나타내며 더 알기를 원하도록 긍정적인 기회를 갖게 한다.
계획	① 현재 환자가 알고 있는 지식보다 더 필요한 사실을 첨가한다. ② 환자가 처해 있는 개인적인 문제, 고통, 죽음, 남는 가족 걱정, 죽음 이후의 세계, 고독감, 죄책감, 공포, 근심, 우울, 나쁜 기억들, 슬픔, 자기비하, 거짓된 겸손, 수치심 등과 관련해 예수님의 사랑을 이해하도록 돕고, 성경으로부터 해답을 찾게 한다. ③ 환자가 예수를 믿기로 결심하는 뜻에서 거듭하는 행동 실천을 할 수 있도록 돕는다.

3) 예수를 받아들이기로 결심하려는 사람 : 2)와 유사하게 적용한다.

4) 신앙이 발전하고 있는 기독교인 : 적절한 예화와 간증을 활용한다.

5) 성숙한 기독교인 : 영적 돌봄과 질문에 있어서 다소 다르다.

목표	헌신, 간증, 전도에 힘쓰며 생활의 기쁨과 고난을 잘 수용하고, 철저한 신앙생활을 하며, 하나님의 뜻을 찾아 자신을 다스려 나갈 수 있도록 도와준다.
계획	① 성경 말씀과 기도를 통해 하나님과 친밀한 관계를 맺으면서 신앙 성장을 지속하는 방법을 찾도록 도와준다. ② 고난을 통해 그 의미와 승리를 경험하도록 이끌어준다. ③ 역경과 고난 중에 하나님을 찬양해야 할 가치를 가르친다. ④ 자신의 신앙을 타인에게 증거하도록 격려한다. ⑤ 모든 것을 하나님께 의지하고 감사하도록 보여 준다. ⑥ 성령의 열매, 특히 화평과 기쁨 가운데 성장할 것을 격려한다. ⑦ 하나님께 주신 선물과 성령을 활용해 성장할 것을 격려한다. ⑧ 환자 자신과 타인의 치유와 기적을 위해 함께 기도한다.

2. 영적 고통 측정 간이도구

다음은 현재의 영적 상태(영적 괴로움 등)를 묻는 내용입니다.
해당하는 번호에 √ 표시해 주시기 바랍니다.

No.	문 항	(1) 전혀 그렇지 않다	(2) 거의 그렇지 않다	(3) 대체로 그렇다	(4) 매우 그렇다
1※	내가 믿는 신(절대자)은 나를 돌봐주고 계신다.				
2	내 인생이 허무하다고 느낀다.				
3※	신(절대자)은 나의 죄와 잘못을 모두 용서해 주실 것이다.				
4	나는 가치 없는 사람이라고 생각된다.				
5※	나에게는 내세(다음 세상)에 대한 희망이 있다.				
6	나는 신(절대자)이 원망스럽다.				
7※	내가 필요할 때 언제나 도와주는 사람이 있다.				
8	나는 죽음에 대한 두려움이 있다.				
9※	나는 신앙에 의지해 힘을 얻고 있다.				
0※	고통스러운 현재의 내 삶에도 의미는 있다.				
※ 역산 문항(그 밖에 하고 싶은 말씀들)					
점수 계산(※역산주의) : 1단계(10~20), 2단계(21~30), 3단계(31~40)					
영적 고통 순위 1. 2. 3.					

일시,   (입원   일 후), 면담자 :

3. 영적 사정 및 진단 기록지

이름 :			성별/나이 :				
진단명/주요 증상 :							

환자, 가족의 특기 사항							
종교	종류 : 종교력 :		신앙심(1~5) : 받고 있는 영향/긍정적(1~5), 부정적(1~5)		소속 종교 단체 :		

영적 요구	영적 고통	질문	전혀 그렇지 않다	거의 그렇지 않다	대체로 그렇다	매우 그렇다
절대자(신) 와의 관계	1. 불신	※신(절대자)의 당신에 대한 관심, 사랑을 믿으시나요?	1	2	3	4
	2. 죄의식	신(절대자)에게 죄를 지어 어떤 고통을 당한다고 생각하시나요?	1	2	3	4
	3. 원망	신(절대자)이 원망스럽나요? (섭섭하거나 화가 나십니까?)	1	2	3	4
의미와 목적	4. 허무감	인생이 허무하다고 느끼시나요?	1	2	3	4
	5. 무력감	의욕이 없고 무기력하다고 느끼시나요?	1	2	3	4
용서와 사랑	6-1) 죄책감	누군가에게 잘못해 죄책감을 느끼시나요?	1	2	3	4
	6-2) 미움	생각하면 밉거나 화가 나는 사람이 있으시나요?	1	2	3	4
	7. 외로움	외로움(또는 소외감)을 느끼시나요?	1	2	3	4
	8. 가족 염려	가족들에 대한 염려(또는 미안감)가 있으시나요?	1	2	3	4
죽음 수용과 희망	9-1) 죽음에 대한 두려움	죽음에 대한 두려움을 느끼시나요?	1	2	3	4
	9-2) 고통에 대한 두려움	죽음 전에 너무 아프거나 고통스러울까봐 두려우신가요?	1	2	3	4
	10. 절망감	현재나 미래에 대해 절망감을 느끼시나요?	1	2	3	4

영적 고통	총점 : 점(심한 정도 1 2 3 4)		영적 고통 순위 : 1. 2.				
원하는 영적 돌봄 종류	기도, 종교의식, 찬송(성가), 경전 읽기, 영적 환경 조성, 명상, 종교방송, 가족의 영적 지지, 영적 상담, 자연과의 친교, 산책, 외출/소풍, 음악요법, 미술요법, 원예요법, 웃음요법, 마사지, 기타 만나고 싶은 영적 지지자 : 성직자( ), 의사, 간호사, 사회복지사, 자원봉사자, 친구, 가족						
비고							

※역산 항목 기록일 :   년   월   일, 기록자 :

4. 영적 사정 진단도구

영적 요구와 진단에 따른 영적 돌봄의 목표와 중재 내용입니다.

하나님(신)과의 관계		
영적 진단	돌봄 목표	중재 내용
불신	신뢰와 확신	• 한계에 부딪친 인간이 절대자(신)에게 도움을 요청하는 것은 염치없는 짓이 아니고, 신이 기뻐하시는 일임을 찾아보도록 격려한다. • 지금까지의 삶에서 신의 도움의 손길을 찾아보도록 격려한다. – 삶의 주인은 내가 아니라 하나님이시다. • 사랑을 조건 없이 받아주시는 신의 사랑을 깨닫도록 진실한 사랑으로 돌본다. • 신앙을 통해 새로운 희망의 삶이 가능함을 느끼도록 돕는다.
죄의식	용서, 평화	• 질병과 고통은 신의 징벌이라는 생각을 바꾸도록 돕는다. • 신은 자비로우시므로 모든 잘못을 용서해 주시는 것을 알게 한다. • 자신의 허물을 용서받아 평화를 누리도록 돕는다.
원망	감사	• 질병과 고난을 선으로 바꾸시는 신의 섭리를 돕는다. • 지금도 신의 도우시는 손길을 느끼도록 돌본다. • 현재의 어려움 중에서도 감사할 일들을 찾아보도록 격려한다.
의미와 목적		
영적 진단	돌봄 목표	중재 내용
허무감	의미, 보람	• 과거의 삶의 의미를 찾고, 자신이 가치 있는 사람임을 느끼도록 돕는다. • 주위 사람들이 그 수고에 존경과 감사를 표현하도록 안내한다. • 질병의 고통을 신앙과 인격 성숙의 기회로 삼도록 돕는다. • 잘 마무리하는 일의 중요성과 의미를 깨닫도록 돕는다.
무력감	의욕, 활기	• 어려운 문제의 중압감을 일단 내려 놓게 돕는다. • 의욕을 느낄 수 있는 일을 함께 찾아 시도해 본다. • 시간을 의미 있게 활용하도록 방법을 찾아 돕는다.
용서와 사랑		
영적 진단	돌봄 목표	중재 내용
불화	화해	• 죄책감을 표현하게 하고 그 원인을 찾도록 돕는다. • 원망이나 분노를 표출하도록 돕고 경청, 공감한다. • 용서하고 용서받아 화해를 이루도록 구체적으로 돕는다.

고독과 소외	사랑, 만족과 유대	• 대상자에게 진실한 관심과 돕고자 하는 의지가 있음을 말한다. • 짐을 같이 지고 동행하는 것을 느끼도록 최선을 다해 계속 돕는다. • 가족, 친지, 친구들을 격려해 함께 사랑의 분위기를 만들도록 한다. • 즐길 수 있는 일을 만들고 같이 즐거워한다.
가족 염려	안심	• 가족에 대한 염려가 무엇인지 구체적으로 표현하게 한다. • 그 해결책을 같이 의논한다(가족 돌봄 팀과 협조한다). • 해결을 위한 구체적인 시도를 한다. • 남은 가족들을 신뢰하고 맡기도록 돕는다(그들을 도울 것을 약속한다).

수용과 희망

영적 진단	돌봄 목표	중재 내용
두려움, 불안	평안	• 두려움을 표현하고 그 실체가 무엇인지 파악해 보도록 돕는다. • 도움의 손길(신, 의료진, 기타)을 체험하고 기억하도록 격려한다. • 문제가 생길 때 반드시 도울 것을 약속한다. • 두려움이 올 때 직면해 해결함으로써 자신감을 갖도록 돕는다.
절망	희망	• 절망감을 표현하도록 돕고 경청, 공감한다. • 작은 희망을 가지고 그것이 이루어짐을 체험하게 한다. • 희망의 사람으로 늘 옆에 있음을 느끼게 한다. • 가족과 함께 내세에 희망을 가지도록 돕는다.

Ⅱ. 연명 의료 중단 자료

1. 연명 의료 중단 등 결정 진행 절차

임종 과정 : ① 회생가능성이 없고, ② 치료를 하였음에도 불구하고 회복되지 않고, ③ 급속도로 증상이 악화되어, ④ 사망에 임박한 상태

	임종 과정에 있는 환자	말기환자
대상 질병	질병 제한 없음	암, AIDS, 만성폐쇄성호흡기질환, 만성간경변 등
확인	담당 의사 + 해당 분야 전문의 1인	담당 의사 + 해당 분야 전문의 1인
상태	급속도로 증상이 악화되어 사망에 임박한 상태	점차 증상이 악화되어 수개월 이내에 사망할 것으로 예상

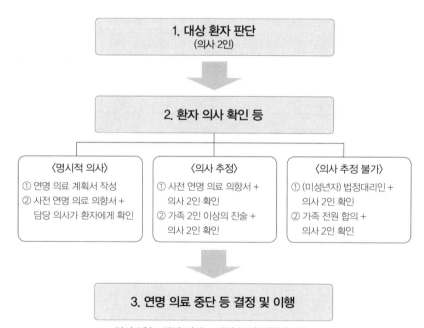

1. 대상 환자 판단
(의사 2인)

⬇

2. 환자 의사 확인 등

〈명시적 의사〉
① 연명 의료 계획서 작성
② 사전 연명 의료 의향서 +
　담당 의사가 환자에게 확인

〈의사 추정〉
① 사전 연명 의료 의향서 +
　의사 2인 확인
② 가족 2인 이상의 진술 +
　의사 2인 확인

〈의사 추정 불가〉
① (미성년자) 법정대리인 +
　의사 2인 확인
② 가족 전원 합의 +
　의사 2인 확인

⬇

3. 연명 의료 중단 등 결정 및 이행

– 의사 2인 : 담당 의사 + 해당 분야 전문의 1인
– 가족 : 배우자, 직계비속, 직계존속(형제자매)

2. 사전 연명 의료 의향서

사전 연명 의료 의향서

※ 색상이 어두운 부분은 작성하지 않으며, [ ]에는 해당되는 곳에 ✓표시를 합니다.

등록번호		※ 등록번호는 등록기관에서 부여합니다.	
작성자	성명		주민등록번호	
	주소			
	전화번호			
연명 의료 중단 등 결정 (항목별로 선택합니다.)	[ ] 심폐소생술		[ ] 인공호흡기 착용	
	[ ] 혈액투석		[ ] 항암제 투여	
호스피스의 이용 계획	[ ] 이용 의향이 있음		[ ] 이용 의향이 없음	
사전 연명 의료 의향서 등록기관의 설명 사항 확인	설명 사항	[ ] 연명 의료의 시행 방법 및 연명 의료 중단 등 결정에 대한 사항		
		[ ] 호스피스의 선택 및 이용에 관한 사항		
		[ ] 사전 연명 의료 의향서의 효력 및 효력 상실에 관한 사항		
		[ ] 사전 연명 의료 의향서의 작성·등록·보관 및 통보에 관한 사항		
		[ ] 사전 연명 의료 의향서의 변경·철회 및 그에 따른 조치에 관한 사항		
		[ ] 등록기관의 폐업·휴업 및 지정 취소에 따른 기록의 이관에 관한 사항		
	확인	년 월 일 성명 (서명 또는 인)		
환자 사망 전 열람 허용 여부	[ ] 열람 가능	[ ] 열람 거부	[ ] 그 밖의 의견	
사전 연명 의료 의향서 보관 방법				
사전 연명 의료 의향서 등록기관 및 상자	기관명칭		소재지	
	상담자 성명		전화번호	

본인은 「호스피스·완화 의료 및 임종 과정에 있는 환자의 연명 의료 결정에 관한 법률」 제12조 및 같은 법 시행규칙 제8조에 따라 위와 같은 내용을 직접 작성하였습니다.

작성일   년   월   일

작성자   (서명과 인)

등록일   년   월   일

등록자   (서명과 인)

Ⅲ. 병원목회에 관한 자료

1. 사역자의 병실 방문 시 유의 사항

-(사)한국원목협회 서울지구 교육원 자료 수정-

1) 병실 복장은 단순하고, 화려함과 향수는 절제한다.

2) 다정다감한 얼굴로 환자를 편안하게 대한다.

3) 무례한 언행을 하지 않는다.

4) 먼저 인사하고, 자신을 정확하게 소개한다.

5) 환자의 질병으로 인한 영혼의 고통을 공감한다.

6) 환자에게 집중하되, 호기심으로 대하지 않는다.

7) 대접받거나 인정받으려 하지 않는다.

8) 환자가 요청할 때만 악수한다.

9) 가족과 간병인에게도 관심을 갖는다.

10) 환자가 편히 바로 볼 수 있는 곳에 서거나 앉는다.

11) 환자의 침상에는 절대로 앉지 않는다.

12) 환자가 하고 싶은 말을 하도록 경청한다.

13) 환자의 사생활과 영적 상태를 관찰하되, 집요하게 질문하지 않는다.

14) 환자가 침묵할 때 침묵하도록 여유를 준다.

15) 환자의 질문에 어설픈 답변을 하지 말고, 진솔해야 한다.

16) 환자가 감정(슬픈 감정)을 자유롭게 표출하도록 억제하지 않는다.

17) 환자의 불평을 받아주되, 옹호하지 않는다.

18) 환자의 죄책감을 인정하되, 정죄하지 않는다.

19) 질문할 때 답을 재촉하거나 강요하지 않는다.

20) 사역자는 자신에 대한 자랑이나 업적을 소개하지 않는다.

21) 환자가 원할 때만 기도한다(상황에 따라 다르다).

22) 환자가 기도를 거부할 때 그 이유를 묻지 마라.

23) 안수 기도할 때 성적인 오해를 불러일으켜서는 안 된다.

22) 안수할 때 남성은 남성에게, 여성은 여성에게 안수 기도한다.

23) 병실 안에 의사나 간호사가 있을 때 들어가지 않는다.

24) 환자가 의료진과 가족으로부터 케어를 받고 있을 때 들어가지 않는다.

25) 병실에 환자가 없는 경우, 다음 기회로 미루어라.

26) 환자가 병실 화장실에 있을 경우, 다음 기회로 미루어라.

27) 심방 시 다른 환자에게도 관심을 갖는 것이 좋다.

28) 타종교인에게도 친근하게 대하되, 신앙적 논쟁을 삼가라.

29) 사역자는 간호 스테이션 앞을 지날 때 그들에게 먼저 인사하라.

30) 방문 시 환자로부터 음료수 등을 받을 때 정중하게 거절하라.

2. 상담에 있어서 대화를 위한 제언들

－(사)한국원목협회 서울지구 교육원 자료－

※ 상담에는 정답과 오답이 없다. 자신의 스타일을 개발하라.

　자신을 돌아보며 매순간 자신이 효과적인 대화를 하고 있나 점검하라. 대화는 춤추듯, 노래하듯 하라.

1) 춤추듯－슬로 슬로 퀵 퀵(《동감, 동향, 동행》)

2) 노래하듯－음정, 박자, 리듬, 감정을 넣어서 생동감 있게

〈효과적인 대화를 위한 실제적 제언〉

• '무슨 말을 할까, 무슨 일을 할까?' 걱정하지 말고 존재에 가치에 두라.

• 지금 여기, 현재의 주제를 다루라.

• 들은 만큼 알고, 들은 부분에서 사역하라.

• 기자나 형사가 즐기는 육하(5W 1H)원칙보다 감정에 초점을 맞추라.

• 의미와 중요한 사항을 놓치지 마라.

• 자신의 추측을 말하지 말고, 경청한 내용에 개입하라.

• 긍정이든 부정이든 평가를 피하라.

• 관심과 배려를 반드시 양념 치킨처럼 할 필요는 없다.

• 차선을 임의로 바꾸지 마라.

• 입질하면 당겨라, 접근하였거든 심층적으로 돌입하라.

• 감정의 언어가 나오면 노다지 입구이다.

• 사실에 근거한 희망을 말하라.

• 기도 내용을 기록해 평가하라.

- 침묵이 어설픈 대화보다 훨씬 낫다.
- 환자나 가족이 던지는 표면적 견제를 넘어 실제 주제에 접촉하라.
- 교훈이나 설교보다 환우의 의견을 표현하는 질문을 활용하라.
- 한 번에 한 가지만 질문하라.
- 단답형 질문을 피하라(Yes or No Question).
- 환우나 보호자에게 도움이 되는 질문인가 한 번 더 생각하라.
- 문제의 해결사가 되려고 하지 마라. 해결할 수 없다면 그것은 성령님께 맡겨라.

3. 병원 사역에 도움이 되는 기도

알렌(1858~1932)의 기도[1]

사랑이 충만하시고 공의로우신 하나님 아버지!
저희에게 하나님의 사랑과 인도하심을
늘 깨닫게 하시니 감사합니다.

하나님의 섭리 안에서
이 땅에 복음을 전파할 일꾼으로
저희를 택하여 주심을 감사드립니다.

이 나라에는 주님의 길을 알지 못하고
이도교로 살고 있는 이들이 너무나 많습니다.

그들은 아직 주님의 구원과 은혜를 받지 못하였습니다.
이제 그리스도의 종, 저희들은 "가서 만민에게 복음을 전하라."고 하신
주님의 말씀을 따르려 합니다.

저들과 함께 하늘나라의 한 백성,
한 자녀임을 알고 눈물로 기뻐할 날이 있음을 믿나이다.
태평양 건너 메마르고
가난한 이곳이 은총의 땅이 되기를,
우리 주 그리스도의 이름으로 기도합니다. 아멘.

-『제중원』중에서

언더우드(1859~1916)의 기도[2]

주여! 지금은 아무것도 보이지 않습니다.
주님, 메마르고 가난한 땅
나무 한 그루 시원하게 자라 오르지 못하고 있는 땅에
저희들을 옮겨와 심으셨습니다.

그 넓고 넓은 태평양을 어떻게 건너왔는지 그 사실이 기적입니다.
주께서 붙잡아 뚝 떨어뜨려 놓으신 듯한 이곳
지금은 아무것도 보이지 않습니다.

보이는 것은 고집스럽게 얼룩진 어둠뿐입니다.
어둠과 가난과 인습에 묶여 있는 조선 사람뿐입니다.
그들은 왜 묶여 있는지도, 고통이라는 것도 모르고 있습니다.
고통을 고통인 줄 모르는 자에게 고통을 벗겨주겠다고 하면
의심부터 하고 화부터 냅니다.

조선 남자들의 속셈이 보이지 않습니다.
이 나라 조정의 내심도 보이지 않습니다.
가마를 타고 다니는 여자들을 영영 볼 기회가 없으면 어쩌나 걱정입니다.
조선의 마음이 보이지 않습니다.
그리고 저희는 해야 할 일이 보이지 않습니다.

그러나 주님, 순종하겠습니다.
겸손하게 순종할 때 주께서 일을 시작하시고
그 하시는 일을 우리의 영적인 눈이 볼 수 있는 날이 있을 줄 믿나이다.
"믿음은 바라는 것들의 실상이요, 보지 못하는 것들의 증거니……"라고
하신 말씀을 따라 조선의 믿음의 앞날을 볼 수 있게 될 것을 믿습니다.

지금은 우리가 서양귀신 양귀자라고 손가락질을 받고 있사오나

저들이 우리 영혼과 하나인 것을 깨닫고, 하늘나라의 한 백성,
한 자녀임을 알고 눈물로 기뻐할 날이 있음을 믿나이다.

지금은 예배드릴 예배당도 없고 학교도 없고
그저 경계의 의심과 멸시와 천대함이 가득한 이곳이지만
이곳이 머지않아 은총의 땅이 되리라는 것을 믿습니다.

주여! 오직 제 믿음을 붙잡아주소서!

– 『양화진』 중에서

성 프란시스코의 평화의 기도

오, 주여 나로 하여금
당신의 평화의 도구로 삼으소서.
믿음이 있는 곳에 사랑을
범죄가 있는 곳에 용서를

분쟁이 있는 곳에 화해를
잘못이 있는 곳에 진리를
회의가 자욱한 곳에 믿음을
절망이 덮인 곳에 소망을

어두운 곳에는 당신의 빛을
설움이 쌓인 곳에 기쁨을
전하는 사신이 되게 하소서.

위로받기보다는 위로하고
이해받기보다는 이해하며
사랑받기보다는 사랑하게 하여 주소서.

우리는 줌으로써 받고
자기를 버리고 죽음으로써
영생을 얻기 때문입니다. 아멘.

굽어보소서, 이 병상을[3]

자비로우신 하나님 아버지!
병상에 눕게 된 이 몸, 굽어보소서.
허물 많고 약해진 이 몰골로
오직 주님의 자비를 기다리옵니다.
세상 재미에 휩쓸려
헛된 것에 정성을 쏟았고, 시간을 잃고,
비록 욕심스럽게 살아온 몸일지라도
속죄의 은총을 내리시어 구원하옵소서.
고통스러운 몸과 허약해진 마음으로
몹쓸 병에 눌려 방황하는 영혼과 함께
이제 주 앞에 손들고 나왔사오니

주여,
당신이 흘리신 보혈의 능력으로 깨끗하게 하소서.
새롭고 건강한 모습으로 주님을 찬양하리이다.
몸과 마음의 평화가 깨졌사오니
주님, 어서 굽어보소서.
비록 미미한 죄라고 할지라도 말끔히 씻으사
평화로운 몸과 마음으로 새로 지어주시고
온전한 모습으로 회복케 하시옵소서.
고통의 멍에를 벗겨주시어
찬양과 감사로 주께 영광돌리기를 원합니다.
긍휼이 많으신 예수님의 이름으로 기도합니다. 아멘.

원목이 드리는 기도[4]

고(故) 유창기 목사

우리를 지키시는 하나님,
당신은 피난처요, 요새이며 어려울 때마다 도움이 되십니다.
사고와 질병으로 괴로워하고 생명의 위협을 느끼고 있는
자녀들을 불쌍히 여기소서.
생명을 내신 분께 부르짖어 기도하오니
주님의 구원의 손길을 의지하게 하소서.

사랑의 하나님,
병상에서 아픔을 당하는 모든 이의 몸과 마음을 고쳐주소서.
스스로의 모습을 돌아보며
하나님 앞에서 바르게 살지 못한 죄를 깨달아 알게 하시고
영혼 깊은 곳에서부터 참회의 눈물이 솟아나
주님께 겸손히 무릎 꿇고 속죄의 은총을 기다리게 하옵소서.
참 생명의 주인을 찾는 이들이 은총을 입어
병상에서 사랑의 하나님을 만나는 축복을 누리게 하소서.

치유하시는 하나님,
당신께서 창조하신 생명이 병들었사오니 어서 치료하소서.
치료자의 권능을 의사에게 내리시고 여기에 세우셨나니
모든 의료진들에게 지혜와 용기를 주시고
사랑의 마음으로 신뢰받는 치료자가 되어
맡은 일에 최선을 다하게 하소서.

위로하시는 하나님,

환자를 돌보며 함께 고통당하고 있는 가족들을 위로해 주소서.

불안과 긴장을 풀어주는 믿음을 주시고

어떠한 절망이 닥쳐와도 인내와 믿음과 소망으로 이겨내게 하소서.

위로하시는 하나님 안에서 더 큰 사랑으로 환자를 돌보게 하소서.

어느 환자의 기도
-미국 뉴욕재활병원의 벽에 붙어 있는 무명 환자의 글-

큰일을 이루기 위해 힘을 주십사 하나님께 기도하였더니
겸손을 배우라고 연약함을 주셨습니다.

많은 일을 하려고 건강을 구하였더니
보다 가치 있는 일을 하라고 병을 주셨습니다.

행복해지고 싶어 부유함을 구하였더니
지혜로워지라고 가난을 주셨습니다.

세상 사람들의 칭찬을 받고자 성공을 구하였더니
뽐내지 말라고 실패를 주셨습니다.

풍요로운 삶을 누릴 수 있도록 모든 것을 달라고 기도하였더니
모든 것을 누릴 수 있는 삶, 그 자체를 선물로 주셨습니다.

구한 것 하나도 주어지지 않은 줄 알았는데
내 소원 모두 들어주셨습니다.

하나님의 뜻을 따르지 못한 삶이었지만
미처 표현 못한 기도까지 모두 들어주셨습니다.

나는 가장 많은 축복을 받은 사람입니다.

참고 문헌

1. 동서

강경호. 『성령론』. 서울 : 요나, 1998.

김기복. 『임상목회교육』. 서울 : 한들출판사, 2006.

김동수. 『성령운동의 제3물결』. 서울 : 예찬사, 1991.

김영림. 『건강 칼럼』. 인천 : 한국성서신학원. 2003.

김영준. 『자생력, 하나님의 선물』. 서울 : 국민일보, 2001.

김재성. 『존 칼빈 성령의 신학자』. 서울 : CLC, 2014.

김창모. 『한국 종교문화 속의 구원과 치유』. 서울 : 한들출판사, 2009.

김창엽 외 3인. 『한국의 건강 불평등』. 서울 : 서울대학교출판문화원, 2015.

박동석 외 2인. 『고령화 쇼크』. 서울 : 굿인 포메이션, 2003.

서울지구원목협회. 『서울지구 원목협회 어제와 오늘』. 서울 : 코람데오, 2008.

신유섭·신재의. 『한국 근대 의료의 인식』. 서울 : 참윤퍼블리싱, 2015.

안 석. 『정신분석과 기독교 상담』. 서울 : 인간희극, 2010.

양유성. 『이야기 치료』. 서울 : 학지사, 2011.

연세대학교 교목실·원목실. 『연세 선교 백서』. 서울 : 연세대학교 교목실·원목실, 2003.

연세대학교 의료원. 『세브란스인의 기도』. 서울 : 연세대학교 의료원, 2010.

연세대학교 의료원 원목실. 『세브란스의 초기 선교와 역사』. 서울 : 연세대학교 의료원, 2009.

연세의료원 원목실. 『다시 뛰는 생명의 북소리 쿵쿵』. 서울 : 넥서스, 2014.

오성춘.『목회상담학』. 서울 : 한국장로교출판사, 2002.

　　　　『목회상담 사례 분석』. 서울 : 한국장로교출판사, 2003.

유영권,『기독(목회)상담학』. 서울 : 학지사, 2014.

유영권 외.『한국임상목회교육개론』. 서울 : 한국장로교출판사, 2010.

유창기 외 2인.『환자가 드리는 기도』. 서울 : 진흥, 1997.

유창형.『기독교 성령론: 성령의 온전한 얼굴』. 서울 : CLC, 2016.

이관직.『기독교 심리학』. 서울 : 대한예수교장로회, 2012.

　　　　『개혁주의 목회 상담학』. 서울 : 대서, 2007.

이종윤.『예수의 기적』. 서울 : 엠마오, 1994.

이종훈.『성경 속 의학 이야기』. 서울 : 새물결플러스, 2015.

정은심.『정신건강과 기독교 상담』. 서울 : 대서, 2015.

조병희.『질병과 의료의 사회학』. 파주 : 집문당, 2007.

　　　　『의료개혁과 의료권력』. 서울 : 나남출판, 2003.

차 한.『성경과 의학』. 서울 : 라온누리, 2017.

최윤식.『한국교회 미래지도』. 서울 : 생명의 말씀사, 2013.

최의헌.『최의헌의 정신병리 강의』. 서울 : 시그마프레스, 2011.

폴 임.『질문하는 바이블』. 서울 : 평단아가페, 2011.

한국과학기술원.『인간 유전체 연구에 대한 사회적 신뢰 구축에 연구』. 서울 : 한국과학
　　　　기술원, 2010.

한국원목협회.『병상을 두드리는 목회』. 서울 : 두란노, 2002.

　　　　『병실 문을 노크할 때-환자목회』. 서울 : 샤론, 1995.

　　　　『한국원목협회 삼십년사』. 서울 : 한국원목협회, 1992.

　　　　『한국원목협회 50년사』. 서울 : 코람데오, 2013.

한양대학교 원목실.『이 기도를 들으소서』. 서울 : 한양대학교 원목실, 1991.

황성주.『성서건강학』. 서울 : 국민일보, 1999.

홍윤철.『질병의 종식』. 서울 : 사이, 2017.

2. 번역서

Alexander, Ebon. *The Map of Heaven*. 이진 역.『나는 천국을 보았다. 두 번째 이야
　　　　기』. 서울 : 김영사. 2016.

American Hospital Association. *MANUAL ON HOSPITAL CHAPLAINCY*. 이공사
　　　　편역.『병원에서의 원목 활동』. 진주 : 한국원목협회. 1986.

Antholzer, Roland. *Plädoyer für eine biblische Seelsorge*. 이해란 역.『심리 치료
　　　　와 성경적 상담』. 서울 : CLP. 2005.

Baker, Don. *Korean Spirituality*. 박소영 역. 『한국인의 영성』. 서울 : 모시는 사람들. 2008.

Benedetti, Fabrizio. *THE PATIENT'S BRAIN*. 이은 역. 『환자의 마음』. 서울 : 청년의 사. 2011.

Bobgan, Martin and Bobgan, Deidre. *How to Counsel from Scripture*. 전요섭 역. 『영혼 치료 상담』. 서울 : CLC. 2008.

Burton, M. and Watson, M. *COUNSELLING PEOPLE WITH CANCER*. 이은희 역. 『암으로 고통받는 사람들을 위한 심리 상담』. 서울 : 학지사. 2003.

Cartwright, Frederick F. and Michael B. *Disease & History*. 김훈 역. 『질병의 역사』. 서울 : 가람. 2004.

Clinebell, H. *Well Being*. 이종헌과 오성춘 역. 『전인건강』. 서울 : 성장상담연구소. 2003.

Cosgrove, Toby. *The Cleveland Clinic Way*. 홍상진 역. 『병원의 미래』. 서울 : 김앤 김북스. 2014.

Crabb, Larry. *Understanding People*. 윤종역 역. 『인간이해와 상담』. 서울 : 두란노. 2015.

Cristensen, Clayton M. et al. *The Innovator's Prescription*. 배성윤 역. 『파괴적 의료혁신』. 서울 : ㈜청년의사. 2010.

Dieterich, Michael. *Handbuch Psychologie und Seelsorge*. 홍종관 역. 『심리학과 목회 상담』. 서울 : 학지사. 2010.

Edmunds, Vincent and Scorer C. Gordon. *SOME THOUGHTS ON FAITH HEALING*. 신재구 역. 『진정한 치유』. 서울 : 생명의 말씀사. 1994.

Eric, Topol. *The Patient Will See You Now*. 김성훈 역. 『청진기가 사라진 이후 : 환자 중심의 미래 의료보고서』. 서울 : 청년의사. 2016.

Frances, Allen. *Essentials of Psychiatric Diagnosis : Responding to the Challenge of DSM-5*. 박원명 외 역. 『정신의학적 진단의 핵심 : DSM-5의 변화와 쟁점에 대한 대응』. 서울 : 시그마프레스. 2015.

Gerkin, Charles V. *The Living Hunman Document*. 안석모 역. 『살아 있는 인간 문서』. 서울 : 한국심리치료연구소. 1998.

Goleman, Daniel. *EMOTIONAL INTELLIGENCE*. 한창호 역. 『EQ감성지능』. 서울 : 웅진지식하우스. 2014.

Kara, Platoni. *We Have the Technology*. 박지선 역. 『감각의 미래』. 서울 : 네스트 웨이브미디어(주). 2017.

Keller, Timothy. *Walking with Pain and Suffering*. 최종훈 역, 『고통에 답하다』. 서

울 : 두란노, 2018.

Konner, Melvin J. *Medicine at the Crossroads*. 소의영 외 역. 『현대 의학의 위기』. 서울 : 사이언스 북스. 2001.

Leman, Kevin and Pentak W. *The Way of The Shepherd*. 김승욱 역. 『양치기 리더십』. 서울 : 김영사. 2014.

Lewis, C. S. *Miracles*. 이종태 역. 『기적』. 서울 : 홍성사. 2008.

Lloyd Jones, D. Marty. *HEALING AND MEDICINE*. 정득실 역. 『의학과 치유』. 서울 : 생명의 말씀사. 2003.

Malkmus, George H. *WHY CHRISTIANS GET SICK*. 최재경 역. 『기독교인이 왜 병에 걸리는가?』. 서울 : 엘맨. 2001.

Mendelsohn, Robert S. *CONFESSIONS OF A MEDICAL HERETIC*. 남점순 역. 『나는 현대 의학을 믿지 않는다』. 서울 : 문예출판사. 2001.

Munson, R. 『의료 문제와의 윤리적 성찰』. 박선건·정유석 외 역. 서울 : 단국대학교. 2001.

Murray, Andrew. *Divine Healing*. 장광수 역. 『하나님의 용서와 치유』. 서울 : 누가. 2006.

Nouwen, Henri J. M. *The Wounded Healer*. 최원준 역. 『상처 입은 치유자』. 서울 : 두란노. 2011.

Osborn. T. L. *HEALING THE SICK*. 함무근 역. 『나는 너희를 치료하는 여호와임이니라』. 글터. 1996

Parker, James I. *Rediscovering Holiness*. 장인식 역. 『거룩의 재발견』. 서울 : 토기장이. 2011.

Payne, Franklin E. *Biblical Healing for Modern Medicine*. 김민철 역. 『의료의 성경적 접근』. 서울 : 한국누가회출판부CMP. 2001.

Richmond, Ken D. and Middleton. *The Pastor and the Patient*. 신민규 역. 『병원심방과 목회 상담』. 서울 : 한국장로교출판사. 2000.

Sigerist, Henry. *Civilization and Disease*. 황상익 역. 『문명과 질병』. 서울 : 한길사. 1976.

Stanger, Frank B. *God's Healing Community*. 배상길 역. 『위대한 의사 예수』. 서울 : 나단. 1995.

Tournier, Paul. *A Doctor's Casebook in the Light of the Bible*. 정동철과 정지훈 역. 『폴 투르니에 치유』. 서울 : CUP. 2007.

　　　　　　　The Healing of Persons. 권달천. 『인간 치유』. 서울 : 생명의 말씀사. 2002.

Urguhart, Colin. *Receive your Healing*. 이광호 역. 『치유함을 받으라』. 서울 : 기독

교문서 선교회. 1988.

Veggeberg, Scott K. and Restak, Richard. *Medication of the Mind*. 박은숙 역. 『마음의 치료』. 서울 : 김영사. 1988.

Wilkinson, John. *The Bible and Healing*. 김태수 역. 『성서와 치유』. 서울 : 기독교연합신문사. 2001.

3. 영서

Clinebell, Howard. *Basic Types of Pastoral Care and Counseling*. Nashville : Abingdon Press, 1984.

Dawson, Joy. *Some of the Ways of God in Healing*. USA : YWAM Publishing, 1991.

Mayhue, Richart. *Divine Healing Today*, Chicago : Moody Press, 1983.

Munter, Sussman. *Medicine in Ancient Israel*. in Fred Rosner, *Medicine in the Bible and Talmud*. New York : Ktav Publishing House, 1977.

Tournier, Paul. *A doctor's case in the light of the Bible*. New Youk : Harper & Brother, 1960.

Willard, Dallas. *Renovation of the Heart: Putting on the Character of Christ*. Colorado Springe : NAV press, 2002.

Wimber, John. *Power Healing*. New York : Harper and Row Publishers, 1987.

4. 논문 및 간행물

광혜원·제중원 개원 122주년 기념. 「연세의료원의 역사」. 서울 : 연세대학교의료원, 2007. 4. 10.

김영림. 「병원 원목 사역의 정착을 위한 유형별 분석 연구」. 박사학위 논문 : 백석대학교 기독교전문대학원. 2006.

　　　 "사단법인 한국원목협회 회원실태조사 분석 자료집". (사)한국원목협회 회원실태조사 위원회, 2016. 5.

　　　 "병원목회와 원목 사역". 「의료와 선교」. 통권43호(2005), 18~23.

　　　 "병원복음화를 위한 제도권 모색". 「병원 선교의 방향과 비전」. 서울 : 한국기독교총연합회 한국병원선교협의회, 2005, 17~20.

배명복. "AI 위협 방치하면 16세기 잉카 제국 꼴 난다". 중앙일보 칼럼니스트, 2018. 8. 2.

서영석. "제중원 활동의 선교사적 의의". 한국교회사학회 학술발표회. 「한국 최초의 근대식 병원 세브란스의 선교사적 의미」, 2009. 2.

손영규 (2006). "총체적 치유 사역의 이론". 「총체적 치유 신학의 개념과 실제」. 대전 : 건
   양대학교 보건복지대학원 치유선교학과 심포지움.
여인석. "아스클레피오스 신앙과 초기 기독교의 관계에서 본 병원의 기원". 서울 : 연세
   대학교 의사학과 및 의학사연구소, 2017. 4.
윤선자. 「6.25 한국전쟁과 군종활동」. (2004) ; 해군작전편 추가 34호(1950. 12. 4.)
조우현, 박종현, 박춘석. "우리나라 근대 병원의 등장"-19세기 말 20세기 초의 병원들.
   "대한醫史의학회" 의사학, 제26권 제1호(2017. 4.)

병원목회와 치유

초판 발행 2018년 12월 10일

지 은 이 김영림
펴 낸 곳 코람데오
등   록 제300-2009-169호
주   소 서울시 종로구 세종대로 23길 54, 1006호
전   화 02)2264-3650, 010-5415-3650
            FAX. 02)2264-3652
E-mail soho3650@naver.com

ISBN | 978-89-97456-66-6 03230

값 15,000원

※ 잘못된 책은 바꾸어 드립니다.